故宫

博物院藏文物珍品全集

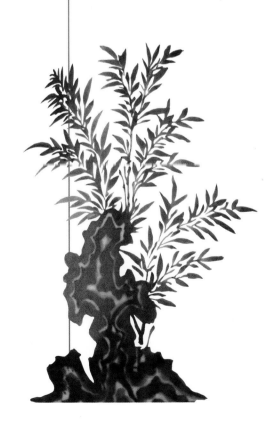

故宮博物院藏文物珍品全集

青花釉裏紅

（上）

主編：耿寶昌

商務印書館

青花釉裏紅 (上)

**Blue and White Porcelain with
Underglazed Red (I)**

故宮博物院藏文物珍品全集

**The Complete Collection of the Treasures
of the Palace Museum**

主　　編 …………… 耿寶昌

副 主 編 …………… 邵長波

編　　委 …………… 趙　宏　蔡　毅　王健華　陳潤民

攝　　影 …………… 胡　錘　趙　山

出 版 人 …………… 陳萬雄

編輯顧問 …………… 吳　空

責任編輯 …………… 田　村

設　　計 …………… 嚴欣強

出　　版 …………… 商務印書館 (香港) 有限公司
　　　　　　　　　　 香港筲箕灣耀興道 3 號東匯廣場 8 樓
　　　　　　　　　　 http://www.commercialpress.com.hk

發　　行 …………… 香港聯合書刊物流有限公司
　　　　　　　　　　 香港新界荃灣德士古道 220-248 號荃灣工業中心 16 樓

製　　版 …………… 中華商務聯合印刷有限公司
　　　　　　　　　　 香港新界大埔汀麗路 36 路中華商務印刷大廈 14 樓

印　　刷 …………… 中華商務聯合印刷有限公司
　　　　　　　　　　 香港新界大埔汀麗路 36 路中華商務印刷大廈 14 樓

版　　次 …………… 2022 年 7 月第 1 版第 3 次印刷
　　　　　　　　　　 © 2000 商務印書館 (香港) 有限公司
　　　　　　　　　　 ISBN978 962 07 5268 1

故宮博物院藏文物珍品全集

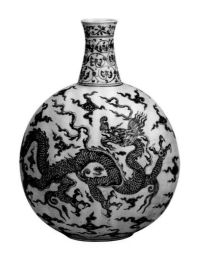

總序

楊新

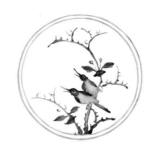

故宮博物院是在明、清兩代皇宮的基礎上建立起來的國家博物館，位於北京市中心，佔地 72 萬平方米，收藏文物近百萬件。

公元 1406 年，明代永樂皇帝朱棣下詔將北平升為北京，翌年即在元代舊宮的基址上，開始大規模營造新的宮殿。公元 1420 年宮殿落成，稱紫禁城，正式遷都北京。公元 1644 年，清王朝取代明帝國統治，仍建都北京，居住在紫禁城內。按古老的禮制，紫禁城內分前朝、後寢兩大部分。前朝包括太和、中和、保和三大殿，輔以文華、武英兩殿。後寢包括乾清、交泰、坤寧三宮及東、西六宮等，總稱內廷。明、清兩代，從永樂皇帝朱棣至末代皇帝溥儀，共有 24 位皇帝及其后妃都居住在這裏。1911 年孫中山領導的"辛亥革命"，推翻了清王朝統治，結束了兩千餘年的封建帝制。1914 年，北洋政府將瀋陽故宮和承德避暑山莊的部分文物移來，在紫禁城內前朝部分成立古物陳列所。1924 年，溥儀被逐出內廷，紫禁城後半部分於 1925 年建成故宮博物院。

歷代以來，皇帝們都自稱為"天子"。"普天之下，莫非王土；率土之濱，莫非王臣"(《詩經·小雅·北山》)，他們把全國的土地和人民視作自己的財產。因此在宮廷內，不但匯集了從全國各地進貢來的各種歷史文化藝術精品和奇珍異寶，而且也集中了全國最優秀的藝術家和匠師，創造新的文化藝術品。中間雖屢經改朝換代，宮廷中的收藏損失無法估計，但是，由於中國的國土遼闊，歷史悠久，人民富於創造，文物散而復聚。清代繼承明代宮廷遺產，到乾隆時期，宮廷中收藏之富，超過了以往任何時代。到清代末年，英法聯軍、八國聯軍兩度侵入北京，橫燒劫掠，文物損失散佚殆不少。溥儀居內廷時，以賞賜、送禮等名義將文物盜出宮外，手下人亦效其尤，至 1923 年中正殿大火，清宮文物再次遭到嚴重損失。儘管如此，清宮的收藏仍然可觀。在故宮博物院籌備建立時，由"辦理清室善後委員會"對其所藏進行了清點，事竣後整理刊印出《故宮物品點查報告》共六編 28 冊，計有文物 117 萬餘件（套）。1947 年底，古物陳列所併入故宮博物院，其文物同時亦歸故宮博物院收藏管理。

二次大戰期間，為了保護故宮文物不致遭到日本侵略者的掠奪和戰火的毀滅，故宮博物院從大量的藏品中檢選出器物、書畫、圖書、檔案共計 13427 箱又 64 包，分五批運至上海和南京，後又輾轉流散到川、黔各地。抗日戰爭勝利以後，文物復又運回南京。隨着國內政治形勢的變化，在南京的文物又有 2972 箱於 1948 年底至 1949 年被運往台灣，50 年代南京文物大部分運返北京，尚有 2211 箱至今仍存放在故宮博物院於南京建造的庫房中。

中華人民共和國成立以後，故宮博物院的體制有所變化，根據當時上級的有關指令，原宮廷中收藏圖書中的一部分，被調撥到北京圖書館，而檔案文獻，則另成立了"中國第一歷史檔案館"負責收藏保管。

50 至 60 年代，故宮博物院對北京本院的文物重新進行了清理核對，按新的觀念，把過去劃分"器物"和書畫類的才被編入文物的範疇，凡屬於清宮舊藏的，均給予"故"字編號，計有 711338 件，其中從過去未被登記的"物品"堆中發現 1200 餘件。作為國家最大博物館，故宮博物院肩負有蒐藏保護流散在社會上珍貴文物的責任。1949 年以後，通過收購、調撥、交換和接受捐贈等渠道以豐富館藏。凡屬新入藏的，均給予"新"字編號，截至 1994 年底，計有 222920 件。

這近百萬件文物，蘊藏着中華民族文化藝術極其豐富的史料。其遠自原始社會、商、周、秦、漢，經魏、晉、南北朝、隋、唐，歷五代、兩宋、元、明，而至於清代和近世。歷朝歷代，均有佳品，從未有間斷。其文物品類，一應俱有，有青銅、玉器、陶瓷、碑刻造像、法書名畫、印璽、漆器、琺瑯、絲織刺繡、竹木牙骨雕刻、金銀器皿、文房珍玩、鐘錶、珠翠首飾、家具以及其他歷史文物等等。每一品種，又自成歷史系列。可以說這是一座巨大的東方文化藝術寶庫，不但集中反映了中華民族數千年文化藝術的歷史發展，凝聚着中國人民巨大的精神力量，同時它也是人類文明進步不可缺少的組成元素。

開發這座寶庫，弘揚民族文化傳統，為社會提供了解和研究這一傳統的可信史料，是故宮博物院的重要任務之一。過去我院曾經通過編輯出版各種圖書、畫冊、刊物，為提供這方面資料作了不少工作，在社會上產生了廣泛的影響，對於推動各科學術的深入研究起到了良好的作用。但是，一種全面而系統地介紹故宮文物以一窺全豹的出版物，由於種種原因，尚未來得及進行。今天，隨着社會的物質生活的提高，和中外文化交流的頻繁往來，無論是中國還是西方，人們越來越多地注意到故宮。學者專家們，無論是專門研究中國的文化歷史，還是從事於東、西方文化的對比研究，也都希望從故宮的藏品中發掘資料，以探索人類文明發展的奧秘。因此，我們決定與香港商務印書館共同努力，合作出版一套全面系統地反映故宮文物收藏的大型圖冊。

要想無一遺漏將近百萬件文物全都出版，我想在近數十年內是不可能的。因此我們在考慮到社會需要的同時，不能不採取精選的辦法，百裏挑一，將那些最具典型和代表性的文物集中起來，約有一萬二千餘件，分成六十卷出版，故名《故宮博物院藏文物珍品全集》。這需要八至十年時間才能完成，可以說是一項跨世紀的工程。六十卷的體例，我們採取按文物分類的方法進行編排，但是不囿於這一方法。例如其中一些與宮廷歷史、典章制度及日常生活有直接關係的文物，則採用特定主題的編輯方法。這部分是最具有宮廷特色的文物，以往常被人們所忽視，而在學術研究深入發展的今天，卻越來越顯示出其重要歷史價值。另外，對某一類數量較多的文物，例如繪畫和陶瓷，則採用每一卷或幾卷具有相對獨立和完整的編排方法，以便於讀者的需要和選購。

如此浩大的工程，其任務是艱巨的。為此我們動員了全院的文物研究者一道工作。由院內老一輩專家和聘請院外若干著名學者為顧問作指導，使這套大型圖冊的科學性、資料性和觀賞性結合得盡可能地完善完美。但是，由於我們的力量有限，主要任務由中、青年人承擔，其中的錯誤和不足在所難免，因此當我們剛剛開始進行這一工作時，誠懇地希望得到各方面的批評指正和建設性意見，使以後的各卷，能達到更理想之目的。

感謝香港商務印書館的忠誠合作！感謝所有支持和鼓勵我們進行這一事業的人們！

1995 年 8 月 30 日於燈下

目錄

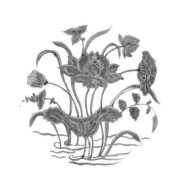

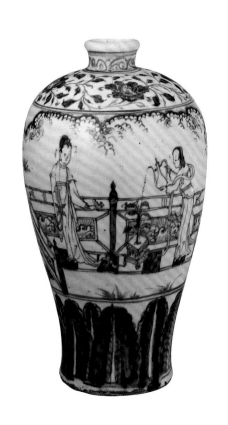

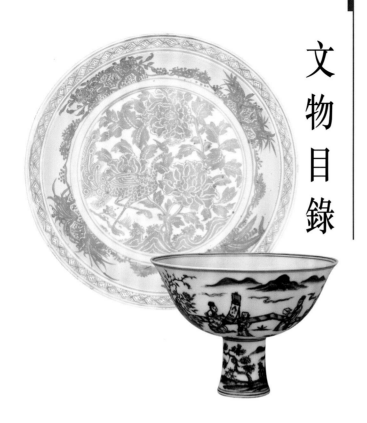

文物目錄

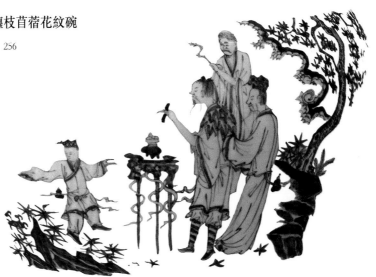

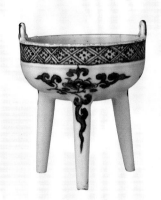

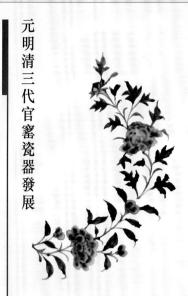

簡述

耿寶昌

元、明、清三代是中國陶瓷發展的輝煌時期。自元代朝廷在江西景德鎮徵派官府用瓷開始，全國瓷器生產的重心就移向景德鎮。明、清之時，朝廷在景德鎮設御窰廠，遣官督造，集中全國最優秀的製瓷工匠，獨佔優質原料，不惜工本地大量生產宮廷用瓷。由於各朝皇帝的審美趣味不同和社會時尚的變化，促使工匠不斷改進生產技術，既有仿古，又有創新，瓷器花色品種層出不窮。官窰的繁盛帶動了民營瓷業的迅猛發展，致使天下至精至美之瓷器莫不出於景德鎮。儘管磁州窰、龍泉窰、德化窰等仍在繼續燒造瓷器，但無論產量、質量，還是品種，都不能同景德鎮窰相比。

在中國陶瓷發展史上，元代是一個承前啟後的重要時期。由於元政府實行"匠戶"制度，重視有一技之長的工匠，並加強了對外貿易，從而促使陶瓷生產有了進一步發展。早在元王朝統一中國的前一年，即至元十五年(1278)，元政府就在景德鎮設立了浮梁瓷局。傳世或出土的帶"樞府"、"太禧"字樣的卵白瓷即是浮梁瓷局為軍事機構"樞密院"和專掌祭祀的機構"太禧宗禋院"特製的貢瓷。元代景德鎮窰除了繼續生產青白瓷和黑釉瓷以外，還創燒出青花、釉裏紅、青花釉裏紅、高溫銅紅釉、高溫鈷藍釉、高溫卵白釉瓷以及特殊的釉上五彩戧金、孔雀綠釉瓷等新品種。

明代，皇帝日常所需各項物品皆設立專門機構或作坊生產，按時供給。洪武二年(1369)，朝廷為祭祀和賞賚之需，開始在景德鎮設御窰廠(亦稱"御器廠")專燒宮廷用瓷，此後，這種制度歷朝沿襲。據《明實錄》記載，永樂四年(1406)，皇帝曾謝絕了回回進貢的玉碗，並說："朕朝夕所用中國瓷器，潔素瑩然，甚適於心，不必此也。"御窰廠平時由饒州府的官吏管理，每逢大量燒造時，朝廷均派宦官至景德鎮督陶，管理十分嚴格。宣德二年(1427)曾有內官因在監造瓷器期間貪黷酷虐而被斬。

御窰廠初設時有窰二十座，宣德年間增至五十八座。內設六種不同類型的窰：風火窰、色窰、大小爐熿窰、匣窰、大龍缸窰、青窰。廠內分工設大碗作、碟作、盤作等二十三作，有工匠三百三十四人，作頭五十八人。從原料開採至最後燒成，"一坯工力，過手七十二，方克成器"。如此細緻的分工使生產專業化，從而促使瓷器的產量和質量不斷提高。明代御窰廠歷時二百餘年，燒造了大量精美瓷器，根據《明實錄》、《大明會典》等記載，宣德八年（1433），應專掌御膳的機構尚膳監的要求，一次燒造各樣瓷器四十四萬三千五百件。萬曆十九年（1591）燒造數為十五萬餘件。至於每件瓷器的耗費，《明經世文編》中有"瓷器節傳二十三萬五千件，約費銀二十餘萬兩"的記載，由此可推算每件瓷器的平均耗費約為一兩白銀。

洪武時期瓷器以青花、釉裏紅瓷為主，其中釉裏紅瓷曾盛極一時，這與明太祖以紅為貴的規定有密切關係，由此造成洪武官窰青花竟較釉裏紅稀少的現象。永樂、宣德時期，國力強盛，百業俱興，由於皇帝的嗜好及賞賜之需，以及頻繁的對外交流，促使瓷器品種大增，特別是青花、甜白、祭紅、祭青，備受時人及後世青睞。明代陶瓷的絕大多數品種都是在永樂、宣德時開創的。正統、景泰、天順三朝的官窰瓷器均不署年款，所以長期以來，人們對其面貌的認識一直模糊不清。近些年，通過對傳世品和墓葬出土物排比研究後發現，此三朝燒造品種以青花瓷為主，另有白釉、藍釉瓷等。成化時的青花、鬥彩，弘治時的黃釉，正德時的孔雀綠釉、三彩都是明代瓷器中膾炙人口的名品。嘉靖、隆慶、萬曆三朝的瓷器，造型之豐富達到歷史上的最高峰，各種異形器和大器明顯增多。青花瓷和五彩瓷是此三朝的主流產品，另外，素三彩和各種雜彩也頗為盛行。萬曆三十六年（1608）以後，國力衰微，景德鎮御窰廠也逐漸停止生產。官窰器罕見，傳世所見多為民窰製品，且花色品種急劇減少。

清統治者入關後，勵精圖治，迎來了十七世紀下半葉，延及整個十八世紀的"康乾盛世"，中國的製瓷業也隨之步入黃金時代。

清代御窰廠在順治時即已恢復，到康熙十九年（1680）其運轉開始走上正軌。在歷朝皇帝的關注下，經臧應選、郎廷極、年希堯、唐英等督陶官的苦心經營，取得了巨大成就。康、雍、乾三代皇帝對陶瓷都表現出極大興趣，經康熙皇帝提倡，將銅胎畫琺瑯的技法移置到瓷器上，創燒出瓷胎畫琺瑯（即琺瑯彩），此技術對粉彩瓷器的創燒產生直接影響。雍正皇帝有時還指定瓷器的造型和紋飾，有關這方面的記載，在當時宮廷檔案中屢見不鮮。乾隆皇帝熱衷於各類藝術，對於瓷器更是情有獨鍾，這從其所作 199 首詠瓷詩中即可略見一斑。乾隆皇帝有時也對瓷器的造型、紋飾、顏色甚至款識，都一一做出規定。如《清檔》載："奉旨：

照樣准燒造，將盅上字着唐英分勻挪直，再按此盅的花樣、詩字，照甘露瓶抹紅顏色亦燒造些。其藍花盅上花樣、字、圖、書俱要一色藍；紅花盅上花樣、字、圖、書俱要一色紅。盅底俱燒'大清乾隆年製'篆字方款，其款亦要隨盅的顏色。"清代宮廷用瓷的造型和紋飾一般先由宮廷畫家設計成紙樣、木樣或漆樣，然後交由景德鎮御窰廠照樣製作。康熙初年，以刑部主事充內廷供奉的書畫家劉源，就曾管理瓷器的設計工作，集歷代瓷器造型之大成，獨創新意。

從康熙朝開始，朝廷即採取選派督陶官的方式管理景德鎮御窰廠生產。雍正、乾隆朝的督陶官唐英悉心研究陶瓷工藝，他在《瓷務事宜示諭稿》中寫道："與工匠同其食息者三年"，終於從"向之唯諾於工匠意旨"的門外漢，成為"今可出其意旨唯諾夫工匠矣"的行家。

關於清代御窰廠的生產數量和耗費，總數已無法統計，但從有關文獻記載中可略見一斑。據雍正十三年（1735）唐英《陶成紀事》記載，每年秋、冬兩季向宮廷上交圓、琢器皿有盤、碗、鍾、碟等上色圓器一萬六七千件；瓶、罍、罐、尊、彝等上色琢器二千餘件。每年的總支出是八千兩銀子。

清代御窰廠亦設二十三作，但其中的仿古作和創新作是明代所沒有的，這就決定了清代瓷器生產總的特點是"仿古加創新"。康、雍、乾三朝新創的彩瓷和顏色釉瓷主要有琺瑯彩、粉彩、郎窰紅、豇豆紅、天藍釉、窰變釉、仿古玉釉、爐鈞釉、金釉、銀釉等。唐英在《陶成紀事》中記載，當時御窰廠的花色品種達五十七種之多。從傳世品看，康熙時的青花以國產上等"浙料"或"珠明料"繪畫，濃淡相宜，呈色鮮明。康熙五彩的重大突破是發明了釉上藍彩，導致了釉上五彩的盛行，改變了明代五彩以青花五彩佔主導地位的局面。雍正、乾隆時的鬥彩，將當時新出現的粉彩引入畫面，呈現柔潤亮麗的藝術效果。乾隆時還發展了特種製瓷工藝，各種轉心瓶、轉頸瓶、交泰瓶等技術精湛，構思巧妙，令人歎為觀止。而仿核桃、櫻桃等各種水果、乾果以及仿螃蟹、海螺等的象生瓷，還有仿漆釉、仿石釉、仿木紋釉、仿古銅彩等釉色，均惟妙惟肖，足以亂真。

乾隆以後，經濟狀況日漸衰微，尤其是清代晚期，內憂外患接踵而至，瓷器生產亦每況愈下，只是延續康、雍、乾時的一小部分品種。

在北京故宮博物院近一百萬件藏品中，陶瓷一項就佔三分之一，原清宮舊藏的唐、宋貢瓷，官窰瓷器和明清景德鎮御窰廠瓷器，構成了故宮藏瓷的基礎。1949年以後再經徵集、捐贈等方式的充實，使故宮所藏中國陶瓷數量之多、質量之精、時代之全面，在世界上首屈一指。這次在編輯《故宮博物院藏文物珍品全集》六十卷中，元、明、清陶瓷採取了按品種編排分卷的方式，即分為《青花釉裏紅》三卷及《五彩‧鬥彩》、《琺瑯彩‧粉彩》、《顏色釉》各一卷，凡六卷。每卷按時代順序編寫，力求全面反映各品種的發展過程。還需要說明的是故宮還收藏有素三彩、色地彩瓷、琺花等類文物，以及宜興窰、廣窰等地方窰的製品，由於篇幅有限，此次未收進六卷之內。六卷中選錄藏品一千五百餘件，匯集了故宮藏元、明、清三代的瓷器精華，且相當大的部分屬首次公開發表，因此，此次出版對深入研究這一時期的中國陶瓷將產生重要影響。

元代至明代中期青花釉裏紅瓷器概述

導 言

耿寶昌

北京故宮博物院收藏的元、明、清三代青花、釉裏紅瓷器多係官窰御器，其質量之高，數量之多，均居全國首位。本集選取故宮藏青花、釉裏紅，包括少量青花釉裏紅及青花加彩瓷器，以時間為序，分編為三卷，上卷自元代至明代天順朝；中卷自明代成化朝至崇禎朝；下卷為清代。此三卷的出版，將首次全面介紹有關重要藏品。

青 花

青花瓷係在素瓷胎上以鈷藍為着色劑描繪紋飾，再敷以玻璃質透明釉經高溫燒結而成。因成品花紋呈青藍色，故名"青花"或"青華"，又因花紋與地藍白相間，亦稱"青白花瓷"。

在瓷胎上單獨用鈷藍料進行彩繪的器物，所見最早的是於江蘇省揚州市觀音閣出土的唐代白瓷藍彩折枝牡丹如意紋碗殘器，該器係河南省鞏縣窰的產品。故此可以説青花肇始於唐代，元代時在景德鎮正式燒製。元代中期以後青花瓷器開始大批生產。元青花以明豔素雅的青白色獨樹一幟，成為陶瓷藝術史上最引人入勝的品種之一。明、清兩代青花瓷生產達到鼎盛，青花色調於青藍之中蘊含豐富的變化，濃淡散暈、青翠披離，如同水墨畫的效果。青花瓷器不僅在中國陶瓷史中佔有重要地位，對世界陶瓷的發展也具有重大影響。

（一）元代青花

早在二十世紀三十年代，就開始了有關宋、元青花瓷的研究。但當時的研究尚處在朦朧時期，有些海內外學者將明初和明中期一些受水土浸漬變質的青花瓷誤認為是宋、元的。到六十年代，中國陶瓷學者的研究目光才關注到域外的藏品。據統計，流散海外的元青花瓷傳世品數約二百件，其中最為珍貴的是兩件元至正十一年 (1351) 的青花雲龍紋象耳瓶，其頸部題有記事銘文。兩件藏品原係北京智化寺案前供器，1929 年被閩籍旅英華僑吳賚熙運至英國，現藏英國倫敦大維德基金會。五十年代初，美國波普博士將其定為 "至正型" 並發表介紹文章，使之聞名於世。此對瓶又稱為 "賚熙型"，成為研究中國元代青花瓷的標準器。隨着標準器的確定和考古的新發現，元代青花瓷在海內外陸續被發現並公諸於世。

在中國境內，北起內蒙，南達兩廣，東抵遼東海濱，西到絲綢之路、甘 (肅) 青 (海) 古道，皆有元代青花瓷器出土。出土器多為完器，且造型秀美、紋飾精彩，只可惜有的已流落海外。景德鎮湖田窰址亦發掘出大量元青花殘器，數量相當可觀，足見當年青花瓷器燒造之盛。

元青花瓷器作為外銷的貿易商品，流傳到許多國家。英國、法國、美國、印度尼西亞、新加坡、菲律賓、阿曼、日本等國都收藏有一些精美的元青花瓷器。經考察和統計，中國大陸收藏的元代青花瓷器在數量和質量上均遠超過海外各國的收藏，而內地各博物館中，又以北京故宮博物院的藏品更勝一籌，達十幾件之多，其中不乏稀世珍品。如青花海水白龍紋八方梅瓶 (圖 1)，以青花繪細密的海浪紋，襯托出簡潔的淺浮雕白龍，藍白相映，氣象非凡。青花魚藻紋罐 (圖 5)，造型渾厚，器腹所繪鯉、鱖、鮊、鯖等魚紋，筆勢飛動灑脫，頗類前述 "至正型"，堪稱典範。青花穿花鳳紋執壺 (圖 7) 也是一件形制新穎的美器。此外，藏傳佛教及道教所用的鼎、香爐等供器 (圖 8、9)，以靈芝、八卦紋為飾，造型、紋飾均極罕見。

元代青花瓷器的造型具有鮮明的時代特徵，大器粗壯，小品玲瓏，器型有玉壺春瓶、梅瓶、鳳首梅瓶、藏草瓶、扁壺、執壺、軍持、鼎、墩式碗、高足碗和杯及托等，不勝枚舉。其中松竹梅紋花口洗與同時期的金銀器異曲同工。花口大盤多外銷，其形制和紋飾與西亞穆斯林及蒙古貴族的生活需要相適應，故宮藏有口徑達 46 厘米以上的花口盤兩件，一件繪有鴛鴦荷花圖案 (圖 10)；另一件用青花為地，留白麒麟祥鳳紋飾 (圖 11)。

元青花釉面肥潤，有青白渾濁與亮青之分。繪畫所用青料有國產土青與進口鈷藍兩種。用進口料繪的青花色澤濃豔，層次清晰，時有黑色斑點，如青花魚藻紋罐。國產土青料無黑斑，色澤淺淡晦暗，紋飾簡單，器型以小品為多，是外銷南洋的商品瓷。如印尼、菲律賓大批出土的多方罐、葫蘆執壺，以及江西省九江市博物館收藏的出自元泰定元年 (1324) 墓的青花折枝菊連座小爐。這些較為粗率的元青花器，大部分為景德鎮落馬橋窰所燒製，中國內地少見。

元青花繪畫風格有細膩和粗放之分，表現手法有白釉地青花紋飾與青花塗地留白紋飾兩種，有的還吹灑細密星點斑，有的剔出花筋葉絡，增加裝飾效果。紋飾多滿佈器面，構圖雖繁複，卻主次分明，井然有序。有的器裏口也繪以蕉葉、雲紋或回紋。

青花紋樣題材豐富，既繼承傳統，又有創新。雲龍紋為歷代沿用，元代龍的形象頗特殊，一般為小頭、雙角、細頸、長身，龍爪三、四、五不等，又有獨角龍、行龍、穿花龍之別。鳳紋則頸、尾較長。雲紋變化多端，有團雲以及靈芝形、如意形、飄狀長帶形、接二連三的雲片或山字形大片雲等。走獸、飛禽、草蟲題材甚多，如天祿、麒麟、海馬、虎、象、白兔、仙鶴、孔雀、蘆雁、鴛鴦及螳螂、蟋蟀等。花草紋有牡丹、月季、蓮、菊、松竹梅、靈芝、芭蕉、瓜果等。人物紋多採用歷史故事和仕女、嬰戲圖等，如"昭君出塞"、"三顧茅廬"、"蒙恬將軍"、"蕭何月下追韓信"、"單鞭救主"、"呂洞賓"、"梅妻鶴子"、"四愛"等。輔助紋飾有捲草、忍冬、錢紋、回紋、串珠、蕉葉、變形蓮瓣紋等。此外還有受磁州窯影響以文字題句作主題裝飾的，如傳統的"福"、"壽"字和姓氏，以及"春有百花夏有月，秋有涼風冬有雪"、"人生百年長如醉，算來三萬六千場"等行草題句。據《元史》記載，官用青花瓷均由畫局出樣。元代青花瓷的裝飾工藝除繪畫外，還採用模印、堆塑、剔花、鏤孔等多種技法。

元青花胎體堅致潔白，琢器底部均露胎，砂面，呈現金屬斑點或不等寬的旋痕，圓器底部多有乳釘突出。琢器的頸、腹、底橫接胎體，除官窯精品外，大多因為各部分接合不緊密，易中斷分離。江蘇省揚州市有名的元代藍釉白龍梅瓶腹間有明顯裂痕，江西省高安市出土的六件元青花梅瓶幾乎件件腹際有斷璺現象。但這種工藝上的欠缺正是元、明兩代共同的時代特點。

元青花瓷以鮮明的時代風格斐聲中外。明、清兩代除正德朝有仿外，其餘各朝鮮有仿製。然而近十餘年，元青花仿品鋪天蓋地而來。其中雖有仿古工藝品，但更多的是為謀利而製的贗品。魚目混珠，雖能蒙騙一時卻終因仿製者急功近利，常常破綻百出，終難與真品的藝術魅力相匹敵。

(二) 明洪武青花

二十世紀前半葉，在北京市肆曾發現一些紋飾發色黑褐的瓷器，當時人多以為元器。但是，1964 年南京明故宮遺址出土了一批瓷器，造型、圖案紋飾不同於元代，也不同於永樂、宣德時期，從而使洪武瓷器得到肯定。而 1966 年出土於北京德勝門外的青花瓷器與南京出土的又相一致，其中有的造型紋飾與市肆上流行的折枝花瓜棱石榴式大蓋尊完全一樣。

洪武青花瓷的造型、紋飾以及胎體底面處理等特徵與洪武釉裏紅相同。青花一般發色泛灰，多有凝聚，色澤豔麗者少。其鈷料產地尚待研究。青花的紋飾種類所見較少，一般為竹石、靈芝、梔子、茶花、牡丹及呈扁圓花朵的菊花、忍冬、蓮瓣、勾雲紋等則多作邊飾。近數十年，於北京四中及景德鎮御窰廠遺址出土物中已發現不少洪武青花瓷器失傳的圖案品樣。

故宮藏有原清宮遺存的洪武青花完器近二十件，其中折枝花紋尊 (圖 13) 器體高大，腹部起棱，是新的造型。玉壺春瓶 (圖 14) 器身綫條流暢，繪纏枝牡丹，紋疏色清。造型與其相近的執壺 (圖 15) 腹繪折枝菊，紋飾舒展柔和，釉面冰清玉潤，器附原蓋，為天蓋地式。青花、釉裏紅器的執把裏外、管流和器身相連的雲板通常均繪以紋飾。這時期的蓮瓣紋內有的綴以聯珠瓔珞紋，此乃元代遺風，其內繪一簇團花則最具時代特色。青花山石牡丹紋花口盤 (圖 22) 口徑達 55.8 厘米，胎厚體重，青花多濃深，盤中央分別飾以山石牡丹、竹石靈芝或四季花卉，由纏枝花烘襯，此一裝飾仍承元代風韻，但構圖較為疏朗，不同流俗。小型折沿盤，造型分折沿與花口兩種，基本是大盤的微縮，小品大樣，器壁淺坦，內心平面或突環一周，便於擱杯盞，此類托子源於元樞府瓷、龍泉窰和金銀器，它取代了唐宋托子之式而風靡當時並延至明中期。廣口廣底弧壁大墩碗 (圖 24) 口徑達 40.5 厘米，器裏外繪纏枝牡丹扁圓菊花，除砂底外，也有釉底，均足平齊。青花雲龍紋盤 (圖 23) 釉面瑩潤，呈淡青灰色，裏心三朵如意雲紋呈品字排列，內壁凸印雲龍，與外壁青花雲龍相對應，龍紋五爪犀利。龍形既非元代也不同永樂，類同的龍盤僅見天津歷史博物館藏品及景德鎮明御器廠出土物，據其精工程度，應是洪武不署款的官窰精品。

(三) 永樂青花

北京故宮博物院庋藏明代永樂、宣德青花瓷器有七百餘件。本卷選取永樂青花精品五十七件，既有高達 57.8 厘米的鼎、爐大器，也有僅高 6 厘米的秀美玲瓏的蓋罐小品，這些器物充分體現了永樂青花瓷的時代特色。如明代谷應泰《博物要覽》中所提到的名品，為世人矚目的青花纏枝蓮紋壓手杯，及其獅球心篆書 (圖 78)、團花心篆書 "永樂年製" 款器 (圖 79) 故宮存有四件，此係永樂青花瓷唯一署帝號年款的標準器，也是明官窰寫款的首例，其青花寫款的書體與同期鮮紅釉、翠青釉、白釉高足碗、盤，脫胎小碗的陰、陽文篆書款體式一致，均為明代官窰署款的開端。以青花楷書 "內府" 二字之器亦為首見。

永樂青花瓷器既有傳統器，也有接受外來文化影響而生產的創新品種。這一時期的梅瓶 (圖 27—32) 造型豐滿，圓潤適度，胎有厚薄之分，器有大小之別，但口沿均不同於元代之平齊，而為呈有坡度的唇口。玉壺春瓶 (圖 33) 亦脫穎元代及洪武型而有所變化，曲頸弧腹，綫條更加優美，器足越加規整。此時期做大器已相當成功，如青花海水江崖紋三足爐（圖48），為永樂青花瓷的重器，口徑37.8厘米，胎體厚重，器身滿飾濃豔的青花海水江崖紋，陡峭的山石聳立於波濤之中，氣勢磅礴，象徵江山社稷一統。如此大器很難燒造，足見技藝之高超。成品有兩件，一存故宮，一存南京。青海瞿曇寺所藏"大明永樂年製"的鎏金銅爐同此器。此時罐的造型別致，有呈直筒高裝式，《清檔‧造辦處活計檔》稱其為壯罐（圖43），類同唐、宋時之經筒。其他罐身高矮大小有別（圖44），唯加雙繫甚為獨特。素色白釉則附有三、四繫不等，別有特色。

由於頻繁的對外貿易和文化交流，這時期的瓷器造型和紋飾明顯融有伊斯蘭文化的特色，許多是源自或摹擬敍利亞、埃及、土耳其、伊朗等地區的陶、銅、金、銀、玻璃、玉器之外形和紋飾。這些器物不僅外銷，在中國亦有大量留存。皇家專用與民間、海內外市場時有所見，北京故宮博物院收藏尤其多（亦見台北故宮與南京庫藏），如下列幾件典型器：青花扁平大壺（圖34、35、36、37），亦稱"臥壺"，仿自銅器，一面平底凹心無釉，一面拱起，中心部有凸臍，可平放或直立；繪紋工細、纖巧，其大、小、紋飾內容各有異同。此類器故宮藏有四件，附蓋有繫。立置的扁壺造型秀美，繪纏枝花、錦紋，其型類伊斯蘭陶器製品。藏草壺（圖40）傳世品少，類似外傳軍持壺形制，身細流長，仿自銅、陶製品。魚簍尊（圖45）樣式與紋飾也是仿銅器。以青花仿寫阿拉伯文的無擋尊為傳世品（圖46），見《清檔》，清乾隆皇帝對此器頗為欣賞，為之特製鎏金銅膽以作裝飾，並賦詩讚詠"是器本擬尊罍瓶，胡為無擋水難成。"清康、雍、乾三朝有仿，今謂此器係盤類之托座，仿自銅器。八方燭台（圖47）亦係仿銅器和玻璃器，永樂、宣德兩朝皆有，只是永樂器無款，宣德器書款。乾隆皇帝愛之，配瓷質蠟籤於其上。折沿盆（圖49、50）紋、樣均仿自伊斯蘭銅器、玻璃器，永、宣二朝均有製作，永樂器紋細無款，宣德器紋飾豪放，器口沿下書以款識，乾隆時命名為"草帽盆"。花澆（圖52）亦仿自伊斯蘭器物，器有大小兩種，附蓋，蓋筒插入器口和天蓋地式外套器口，紋飾纖細勁挺清麗，頸短腹扁，附龍體把柄，別於宣德器。大盤仍以傳統方式燒造，製作更趨規整且大，口徑達63.5厘米（圖54），胎薄而輕，常繪園景、山石芭蕉。中型盤繪花果和花鳥紋，成品外銷阿拉伯地區。青花菊瓣紋碗（圖73、74、75），俗稱"雞心碗"，紋飾清新，係仿伊斯蘭陶、玻璃器。此外，尚有天球瓶、背壺（抱月瓶）和以青花書寫阿拉伯文"感謝主賜福"《可蘭經》語的臥足淺碗等等。故宮還存有多方具有典型伊斯蘭文化色彩的瓷磚。

永樂青花紋飾的龍紋配以長腳如意雲紋，或同於元代瓷器的凸印龍紋。此時的紋飾題材還有園景花卉、竹石芭蕉、纏枝蕃蓮、苜蓿花、綬帶鳥啣花果、鳳穿牡丹、仕女、嬰戲、胡人歌舞、錦紋、幾何紋、阿拉伯文等，用筆粗細均顯清秀。由於鈷料研磨不細，經燒結，綫條的紋理中常有鈷鐵的結晶斑痕，自然天成。紋飾淺淡者清晰明快，濃者則呈黑色錫光，此為永樂、宣德兩朝青花的典型色調。

永樂青花瓷的釉面一般潔白潤滑，但也不乏亮青釉質的光澤。

（四）宣德青花

宣德青花色澤豔麗濃重，深淺相間，有凝聚暈散等特點與永樂青花大致相同，故素有"永宣不分"之説。實際上早在二十世紀前半葉，被譽為"宣德大王"的古陶瓷學專家孫瀛洲先生，曾對永宣青花進行過研究，他從造型、胎、釉、青花色、紋飾等方面逐一指出了兩代青花瓷的不同點，涇渭分明，給後人以啟迪。概言之，永樂青花瓷胎薄體輕，造型俊秀，青花色澤豔麗清新，紋飾綫條纖細勁挺，青白釉面偏白。宣德青花瓷則胎厚體重，造型較豐滿，青花濃豔暈散，紋飾豪放粗獷，青白釉面顯青，並有輕微的桔皮紋。這一研究成果得到了多方面的印證。

北京故宮博物院所藏宣德青花瓷器量多質精，其中既有與前朝一脈相承的傳統器和與永樂器共有的受伊斯蘭文化影響的器物，也有本朝的創新品種。

故宮藏青花雲龍紋天球瓶（圖87）與青花海水白龍紋天球瓶（圖88）裝飾手法相反，但都很精美，其造型均仿自敍利亞銅器。繪以輪花的綬帶耳葫蘆扁瓶（圖94）與纏枝花卉紋水注（圖119）均源自伊斯蘭文化。執壺、新型龍首茶壺與豆等也各具特色。此時各種花紋的罐類很多，以青花夔龍紋罐（圖100）及署有"大德吉祥場"藍查文出戟蓋罐（圖109）最為特殊。後一件器物足以反映明初皇家篤信佛教，擺醮壇道場之盛況。此時的爐、缽、花盆、洗、盂等亦出新樣。所製大盤較永樂時增多，紋飾也富有新意，為當時皇家用品及外銷產品。特大器皿也多加製作，如青花纏枝花卉紋梅瓶、青花纏枝花紋罐，口徑達74.8厘米的盤中王（圖132），繪以九龍紋，雲龍飛動，氣概非凡。上述各器均反映了宣德青花瓷器燒造技術的高超水平。

宣德皇帝酷好玩鳥、鬥蟲之戲，故這一時期御窰廠生產了不少鳥食罐、蟋蟀罐，式樣之多，無以計數。景德鎮御窰廠遺址的出土遺物，可補歷史文獻之闕。宣德青花承上啟下，其紋飾豪放生動，龍紋翹首雄健，此外有海水、雲紋、花果紋、仕女園景紋以及梵文、藍查体梵文等。

永樂、宣德兩朝青花瓷有其共性，青色醒目，紋飾生動，對後世影響深遠。清代各朝皆以為範而摹擬之，但效果各異，唯近時仿製者頗為相近，甚能惑人。

（五）正統、景泰、天順朝青花瓷

有文獻說正統、景泰、天順三朝為陶瓷史的空白期，或稱黑暗期。事實並非如此，《明實錄》載：“正統元年 (1436) 江西浮梁縣民陸子順進瓷器五萬餘件，上令送光祿寺充用，賜鈔償其直。”又載：“正統九年 (1444) 五月庚戌，江西饒州府造青龍白地花缸瑕璺不堪，太監王振言於上，遣錦衣衛指揮往杖其提督官，仍敕內官賚樣赴饒州更造之。”其中大量報廢的殘品1992 年於景德鎮御窰廠遺址出土，無帝號年款，可與文獻吻合。上海市博物館所藏青花龍紋大缸，依文獻考證，也係正統年間景德鎮御窰廠為宮廷燒造的無款官窰孤品。此期的無款青花瓷散失海外者，日本人稱之為“雲堂手”。

本卷選刊故宮藏正統青花瓷九件，均為明代典型器，瓷胎多厚重，青花料仍是進口和國產的並用。青花繪孔雀牡丹圖的梅瓶 (圖 175) 和大罐 (圖 174、176) 繪牡丹襯以不同姿態的雌雄孔雀，靜中生動，這種構圖前朝少有。繪松竹梅紋罐 (圖 177)、八仙慶壽圖罐 (圖 179) 均為風行一時的佳作。景泰青花八仙慶壽圖罐 (圖 183)，景物疏朗，人物生動傳神，為承上啟下的代表作。署“天順年”款的筒爐 (圖 188)，器身滿書波斯文詩句，與其相同的另一件於器裏底書“天順七年 (1463) 大同馬”，並在器裏口沿下書“大同馬氏書”，書文筆法流暢。

正統青花瓷在宣德的基礎上加以發展，如署正統元年、正統八年款的發色黑褐的山形筆架及墨書“大明正統二年 (1437) 正月吉日弟子程進供奉”記事款的青花牡丹紋獸面耳大尊，造型渾厚，紋飾豪放，青花色澤深豔等特點都具有宣德後期之風範，但比宣德器格調更加豪放。正統青花瓷紋飾新穎，傳統的龍紋龍體粗壯，當為皇家御樣。明英宗皇陵碑碣石刻和諸藩王府、陵墓碑額之龍紋與此相同。除龍紋外多飾牡丹，尤以元代已出現的孔雀牡丹為突出紋樣，此外，麒麟、神獸、仙山樓閣、人物等都為當時風行的圖案。

景泰青花的造型、色彩、紋飾與正統時期均極相近，若不以署有紀年款識的器物或有紀年時間的出土物為依據，則很難加以區分。景泰青花標準器僅有江西省景德鎮市東郊景泰四年 (1453) 嚴升墓出土的七件青花瓷瓶、筒爐、淨水碗和景泰七年袁龍貞墓出土的民窰青花瓷可作參考。還有流散於英國的一件青花落花流水紋罐，器底青花書“景泰二年歲次辛未肆月吉日立”。紀年款識下為花押，其畫風已趨圓潤。此是比較確切的標誌，可為佐證。

天順青花與成化青花有相通的傳承關係，但燒造愈少。故宮藏天順青花八仙圖罐（圖187）、青花攜琴訪友圖罐（圖186），及楊永德先生捐之"天順年"青花波斯文爐其器型的渾圓、釉質的肥腴、色彩的和諧、筆法的柔潤灑脱，這些均為這一時期頗有新意的藝術特色。此外，香港藝術館新藏署天順五年（1461）紀事款的天順青花纏枝牡丹紋瓶，以及廣東、廣西、江西等省均有天順紀年墓出土的青花瓷器。

釉裏紅

釉裏紅是元代景德鎮在青花瓷工藝的基礎上，運用銅紅料而創燒的新品種。工藝程序是在素胎坯上以銅料繪紋飾或彩斑，然後敷施透明釉汁，再以 1,350℃ 窰溫於還原氣氛中燒成。銅紅不易控制，只有在還原焰的氣氛中才能呈現紅色，並且對窰火溫度要求十分嚴格，因而能達到純正紅色者若鳳毛麟角。一般色澤千差萬別，或呈濃紅，或為極淡的粉紅色，或晦暗不勻，紋飾易局部或整體色彩暈散，輪廓不清，若陰霾霧障。因其燒成難度大，產量低，迄今發現的傳世品相對比青花瓷少。

釉裏紅的裝飾手法分繪畫、刻劃、凸貼、雕塑等，繪畫技法有雙綫勾勒、渲染等，構圖有簡有繁，繪畫山水人物多運筆簡練。渲染或於輪廓綫外塗染，形成釉裏紅地留白紋飾，或於刻劃綫內施紅。也有的大片施紅，紅白相映，似流雲彩霞。

（一）元代釉裏紅

元代釉裏紅少有大器，造型類同青花瓷。品種有玉壺春瓶、梅瓶、龍紋扁方壺、獸面耳蓋罐、荷葉蓋罐、寶頂鈕天蓋地式蓋罐、匜、杯、高足杯等。其小型壺、罐、硯滴等多出土於菲律賓等東南亞各國，當係彼時的外銷瓷。

元代釉裏紅紋飾題材不及同時期的青花瓷內容豐富，以折枝花、纏枝花、雲龍、雲鳳、仙鶴、蘆雁、花鳥、玉兔、竹石等為主。山水人物畫面除泛舟者外，尚有《彭祖焚香圖》和反映民間生活的翹盼甘霖、祈雨求天等內容。一般以蓮瓣、蕉葉、回紋、錦紋、忍冬紋輔為邊飾。此外，還有以行草題句為器身裝飾者，文句內容與青花瓷器相同。

北京故宮博物院藏元代釉裏紅精品白兔紋與白牡丹紋玉壺春瓶（圖191、192），均採用刻劃後於紋飾外渲染銅紅地留白的技法，刀法純熟，色澤鮮明。類同的白龍紋扁方壺（圖193）造型、紋飾在元代釉裏紅器中無出其右者。高足杯（圖194）以大片銅紅地渲染，如彩虹霞斑，製作工巧，其杯柄可以自由旋轉而不脫。這樣的存世品寥若晨星，僅見江西省高安窖藏出土物和北京發現的殘器足柄，均胎體潔白，細膩堅致，釉面肥腴渾濁如“樞府”瓷，呈青白或亮青色。足部處理光滑，並有硬綫條的削痕，砂底呈“火石紅”色暈。

元代釉裏紅瓷歷代鮮見贗品，但近年因其價格在國際市場上扶搖直上，致使贗品陡增。

(二) 明洪武釉裏紅

元代向明過渡期間為時尚所使，加之青花瓷報損較多，釉裏紅反而較青花為多。1984 年北京元、明宮殿、庫房遺址 (四中) 中曾出土大量洪武釉裏紅瓷殘片。1994 年景德鎮御窰廠舊址施工時也曾出土元末、明初瓷片堆積，其中有洪武、永樂釉裏紅廢品遺存，當時御窰廠生產釉裏紅貢瓷的狀況，從中可窺一斑。

明洪武時期燒製的釉裏紅瓷，所見品種有南京明故宮遺址及鳳陽皇陵出土的青白釉釉裏紅龍、鳳紋瓦當、滴水，且有藍釉釉裏紅。由於當時控制銅紅料工藝尚未成熟，故是時釉裏紅瓷成品少鮮紅色，多見淺淡、暈散、泛灰、黑暗等敗色。

這一時期的釉裏紅尚有元代遺風，如梅瓶、玉壺春瓶、腹呈瓜棱形荷葉蓋的石榴式尊，體形高大渾厚；執壺、軍持、橢圓形筆盒、撇口大碗、大墩式碗、杯、盞托、大盤等均與伊斯蘭文化有關，如大盤是據穆斯林席地而坐以手抓飯就餐的習俗而製，軍持則是穆斯林飯前、飯後用來濯手之水器。

此時紋飾畫風簡練，佈局舒展，不同於元代層次繁密。但元代已有的扁形菊花仍多採用，對折枝牡丹、山石牡丹紋的繪製多有變化。此外松竹梅、纏枝蓮、荷蓮、靈芝、雲龍紋及雲肩、蓮瓣、團花、忍冬、水紋、回紋、蕉葉等邊飾，亦受元代畫家柯九思的流暢畫風的影響。

洪武釉裏紅瓷清宮原有舊藏百餘件，分藏台北十一件、南京庫房數件，現北京故宮庫藏九十餘件，庋藏量居海內外之首，並且器物造型、紋飾亦極精美，可謂研究洪武釉裏紅瓷史的實物寶庫。藏品中釉裏紅四季花卉紋尊 (圖 195)，器整完美，紋清色新。多件纏枝花紋玉壺春瓶 (圖 196、197、198) 有附天蓋地式套口原蓋，蓋內筒管置於瓶口內，穩固不脫，巧工製作。藏品數量最多的是花口、折沿口大盤 (圖 205—221)，直徑達 59 厘米者堪稱釉裏紅盤中之王。其構圖多以花卉為主，大同小異，細部極工緻，花株山石多變化。口徑不同的墩式碗，渾厚古樸，多繪纏枝菊、牡丹，且有釉裏紅地留白勾出牡丹紋，工藝正反套做，如同錦緞陰陽織工效果。

洪武釉裏紅瓷燒製中，若火度恰好，釉面則白腴光潤，色彩亦佳；若窯溫不足，則顯干澀或出現開片。其胎體多堅實厚重。碗類底部除砂面多施白釉，足脊平齊。盤類一般露胎砂底呈現火石紅色，此係胎土淘洗不精，金屬雜質自然泛出所致。燒成後，器底顯有塗施漿泥的抹刷條痕，或呈現紅白相間的斑片。清代康熙、乾隆時有摹擬，今時洪武釉裏紅瓷器熱潮興起，有些人為牟利大加仿製，即使火石紅也能效法，但其技藝十分拙劣，不難辨偽。

（三）永樂宣德釉裏紅

永樂時期的釉裏紅瓷已燒製得相當成功。在景德鎮明御窰廠遺址中發現有白釉釉裏紅纏枝蓮紋爐，及以銅紅色書寫"供養永樂元年"等款器。景德鎮還出土大量釉裏紅雲龍盤殘片，胎薄體輕，相當工緻，還有釉裏紅地留白雲龍的品種。

宣德與永樂兩朝相連，景德鎮御器廠的陶瓷生產也緊相銜接，所以素有"永宣不分"之說。宣德釉裏紅瓷紋飾有細柔和粗獷之分，色也有濃淡之別，更有暗刻輪廓填釉裏紅與剔刻白釉留紋填以紅釉的新品種，但釉裏紅紋四周的白釉，宣德與永樂朝基本一致，均為肥腴潤滑的甜白釉。

宣德釉裏紅瓷的紋飾有雲龍、雲鳳、三魚、三果等，均形象生動，器型以盤、碗、杯、盞為多。故宮收藏的釉裏紅三魚紋高足杯（圖226），魚紋生動，紅色鮮亮，若無青花楷書"大明宣德年製"款識及宣德甜白釉特有的桔皮皺紋可資辨別，則與前朝難分涇渭。明代正德、萬曆朝，清代康熙、雍正朝均有官仿宣德釉裏紅瓷，所仿品種有釉裏紅龍、三果、三魚墩碗、高足杯、高足碗之類，雖刻意精製，卻難脫離本時期的時代風範。

青花釉裏紅

青花釉裏紅係將銅紅、鈷藍兩種釉色融於一器，是景德鎮在燒製青花、釉裏紅兩個品種的基礎上創新的技藝，成於元代，延傳至明清。

北京故宮博物院收藏的元代青花釉裏紅鏤花花卉紋蓋罐（圖227），係1966年河北省保定窖藏出土。罐以堆塑聯珠形成開光，紋飾為鏤雕穿枝過梗技法的山石牡丹，青葉紅花，加上獸鈕天蓋地式的蓋，造型更顯渾厚莊重，堪稱陶瓷史上的傑作，為海內外僅存的四件青花釉裏紅傳世品中的佼佼者。另外三件分別藏河北省博物館以及日本和英國。以青花、銅紅二色燒製的新穎之器，尚有江西省博物館收藏的堆塑四靈塔式蓋罐、亭閣式穀倉和衣袍施紅的男俑，均出自景德鎮元代紀年墓。四靈塔式蓋罐有青花楷書至元戊寅 (1338) 銘，比至正十一年銘青花雲龍紋象耳瓶早十四年，是青花與釉裏紅結合器具有最早紀年的物證。

明永樂、宣德時期御窰廠生產的青花釉裏紅瓷製作精巧，如永樂時的高足碗以青花繪出海水浪濤、銅紅彩繪巨龍奔騰其中，紅藍相映，分外醒目。宣德時期的青花海水釉裏紅龍、魚、海獸紋的高足碗及合碗署官窰款，傳世較少。

青花加彩

（一）青花紅彩

以青花為基礎與諸色結合，豐富了青花瓷的系列品種。青花和紅彩合繪的瓷器，宣德時期已燒造有多種，如花盆、盛水器、盤、碗、高足碗等。紅彩彩色凝膩、暗沉、溫潤，施用時深淺分用，以表現紋飾的立體效果。故宮藏青花紅彩海水龍紋盤 (圖 228) 及墩碗 (圖 229)，係以紅彩烘托龍紋主體。而採用青花為主，繪海水襯托出紅彩的龍紋合碗 (圖 230)，以及繪以海中異獸的高足杯 (圖 231)，形成青紅白色相得益彰，成為傳統器。

（二）青花金彩

陶瓷採用金彩工藝，早在唐宋時已見，元代素瓷着金飾見於藍釉器。《明實錄》有載："正統六年五月己亥，行在光祿寺奏新造……其金龍金鳳白瓷罐等件，令江西饒州府造。"明青花金彩首例見於永樂年製瓷，故宮藏青花金彩纏枝苜蓿花紋碗 (圖 232)，紋細彩新，金碧輝煌，係仿伊斯蘭文化之作。尚有以青花或金彩繪以雪花狀紋於器底者，是為標記的新風貌。宣德時的青花瓷同樣採用飾金工藝，於青花錦紋上描金十字的高足杯，為青花裝飾藝術增添了新的活力。

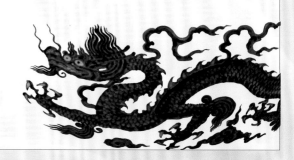

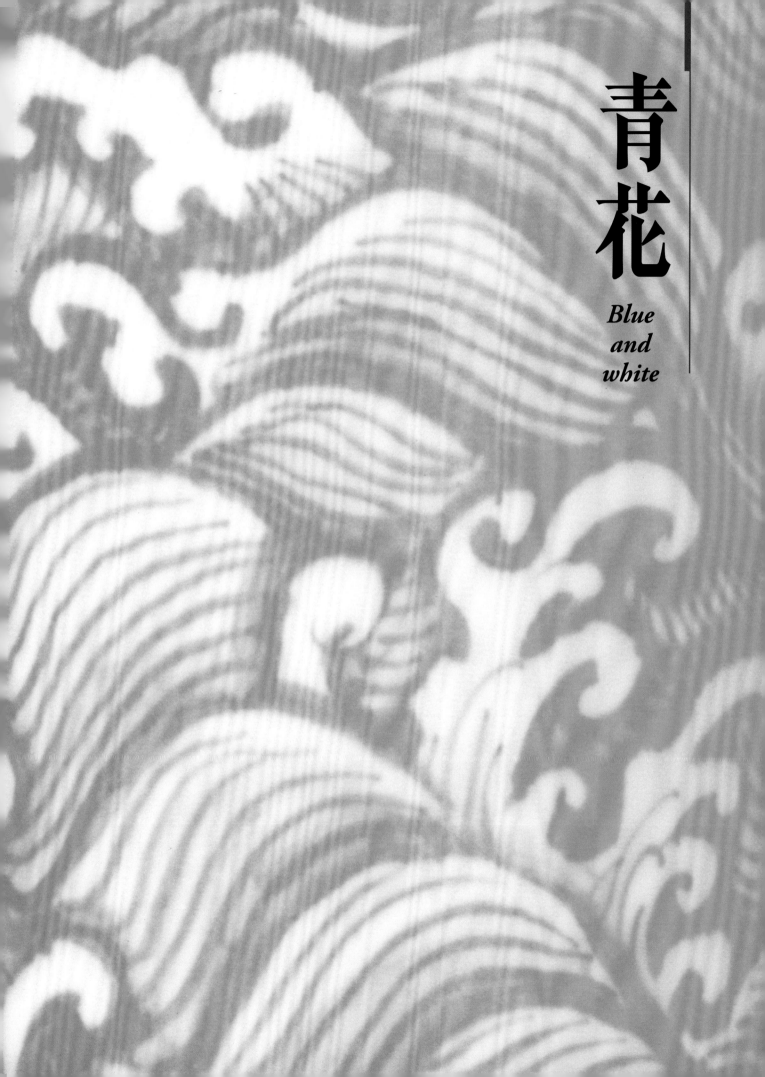

青花

*Blue
and
white*

青花海水白龍紋八方梅瓶
元
高 46.1 厘米　口徑 6.2 厘米
足徑 13 厘米
1965 年河北省保定元代窖藏出土

**Blue and white octagonal prunus
vase with design of white dragon
in the waves**
Yuan Dynasty
Height: 46.1cm
Diameter of mouth: 6.2cm
Diameter of foot: 13cm
Unearthed in Baoding, Hebei
Province, 1965

1

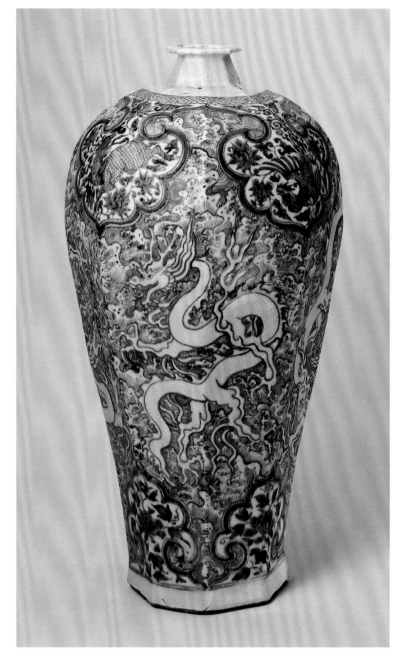

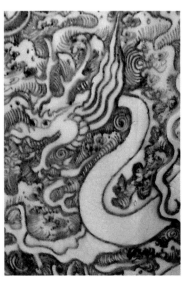

青花海水白龍紋八方梅瓶

瓶有八棱，折沿口，坡頸，豐肩，肩以下漸斂，圈足。青花紋飾，肩飾斜格錦紋，下飾如意雲頭紋，紋內飾鳳和麒麟穿牡丹紋，腹飾白龍浪花紋，近足處飾如意雲頭牡丹紋。

此器呈八方形，《大日經疏》説曼荼羅始轉於東方，末至西北，為八方，意即佛法遍及各地，普度眾生。元代以藏傳佛教為國教，朝廷崇信，影響極大。此器以龍紋為飾，寓意皇帝威加天下。

元青花器裝飾借鑑元代絲織品圖案，大量使用的垂雲紋和如意頭紋便是由披肩演變而成，此瓶的如意雲頭紋是典型例子。

2

青花龍紋梅瓶
元
高 41.6 厘米　口徑 6 厘米
足徑 14 厘米

Blue and white prunus vase with
dragon design
Yuan Dynasty
Height: 41.6cm
Diameter of mouth: 6cm
Diameter of foot: 14cm

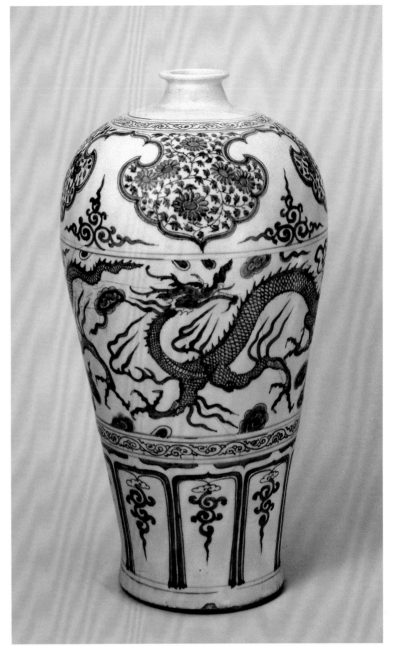

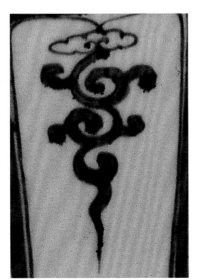

青花龍紋梅瓶
元
高 41.6 厘米　口徑 6 厘米
足徑 14 厘米

瓶為折沿口，坡頸，豐肩，肩以下漸斂，圈足。青花紋飾，肩飾忍冬
紋和如意紋，間以捲雲紋，如意紋內飾纏枝菊紋，腹飾雲龍紋，近足
處飾忍冬紋和蓮瓣紋。

此器造型秀美，做工細膩，雲龍紋描繪得形象鮮明，是元代青花瓷器
中的典型器物。

青花牡丹龍紋尊

3

元

高 31 厘米　口徑 14 厘米　足徑 16.7 厘米

Blue and white Zun with design of peony and dragon

Yuan Dynasty

Height: 31cm　Diameter of mouth: 14cm

Diameter of foot: 16.7cm

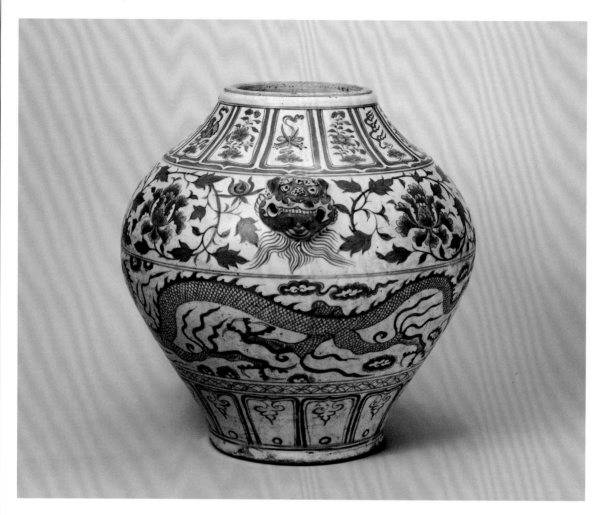

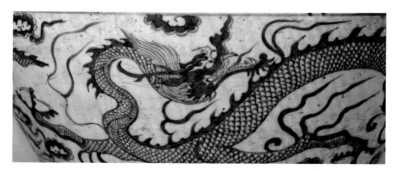

尊坡口,鼓腹,圈足,足內無釉。腹上部對稱飾獸頭耳。青花紋飾,
口下飾蓮瓣紋,其內飾雜寶紋。腹上部飾纏枝牡丹紋,下部飾雲龍
紋,近足處飾銅錢紋和蓮瓣紋。

此器青花紋飾繪工精細,風格清新洗練,工藝高超,雖微殘,但仍不
失為珍品。

青花牡丹雙龍紋罐
元
高 28 厘米　口徑 22.3 厘米　足徑 18 厘米

Blue and white jar with design of peony and double-
dragon
Yuan Dynasty
Height: 28cm　Diameter of mouth: 22.3cm
Diameter of foot: 18cm

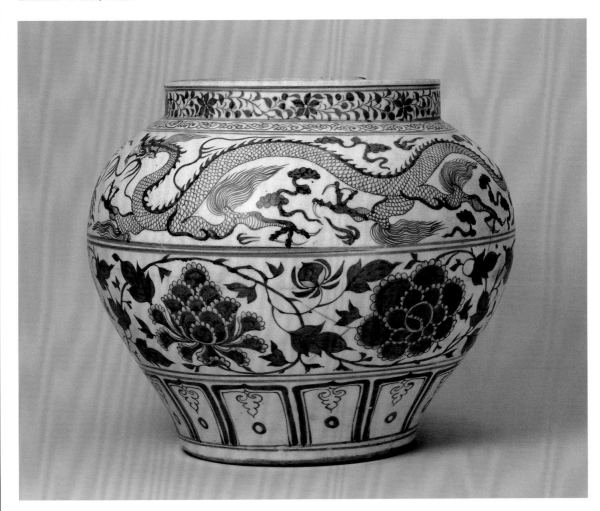

罐直口，鼓腹，腹下斂，圈足，足內無釉。通體青花紋飾，頸部飾串
枝花紋，肩、腹處飾雲龍紋，腹下飾纏枝牡丹紋，近足處飾蓮瓣紋，
通體青花綫十二道。

此器形制渾厚飽滿，紋飾繁密而有氣勢，是元代典型青花瓷器。由此
罐可見元代龍紋的軀體細長，彎度大，模樣威猛，矯健生動。

元代青花裝飾層次多，不少多達八、九層，甚至有十二層的，紋飾都
覆蓋全器，但安排有序，不覺擠迫。

5

青花魚藻紋罐
元
高 31 厘米　口徑 21 厘米　足徑 20.3 厘米

Blue and white jar with fish and waterweed pattern
Yuan Dynasty
Height: 31cm　Diameter of mouth: 21cm
Diameter of foot: 20.3cm

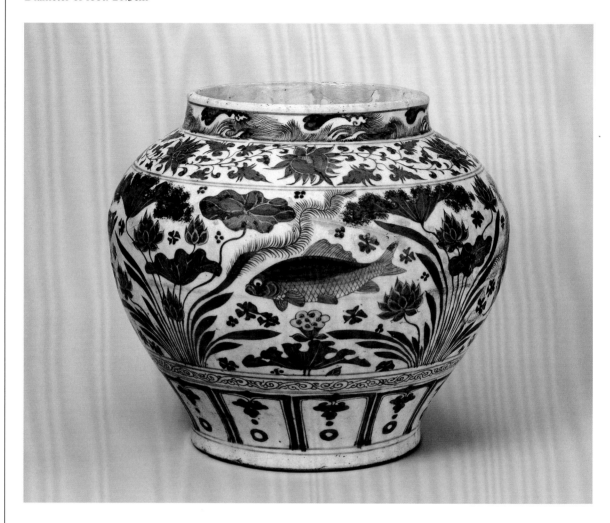

罐唇口，直頸，鼓腹，腹下斂，淺圈足，足內無釉。通體青花紋飾，
頸部飾海水紋，肩飾纏枝牡丹紋，腹飾魚藻荷蓮紋，近足處飾忍冬紋
和蓮瓣紋。

元青花追求意蘊之美，表現手法豐富。宋瓷器上的魚紋以勾勒為主，
較抽象，到元代青花則較寫實，常見鯖、鮊、鯉、鱖等四種魚，諧音
"清白禮貴"，且襯以蓮葉、蓮蓬、水藻等輔助紋飾，意境大勝。

6

青花纏枝牡丹紋罐
元
高 27.5 厘米　口徑 20.4 厘米　足徑 19 厘米

Blue and white jar with design of interlocking sprays of peony
Yuan Dynasty
Height: 27.5cm　Diameter of mouth: 20.4cm
Diameter of foot: 19cm

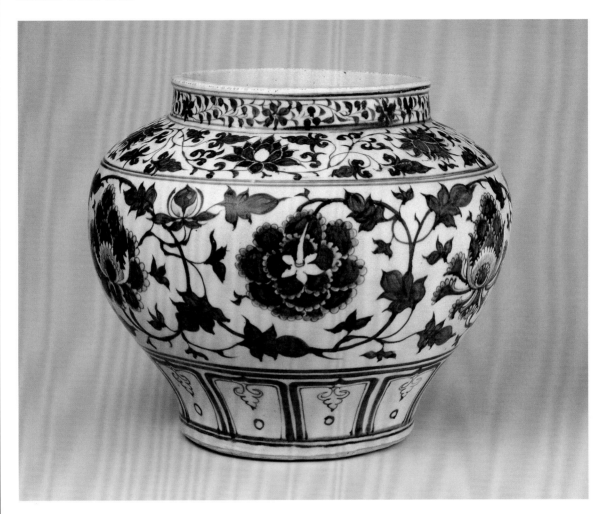

罐直口，短頸，圓肩，斂腹。通體青花紋飾，頸飾串枝花紋，肩飾纏枝四季花卉紋，腹飾纏枝牡丹紋，近足處飾蓮瓣紋。

此器造型規整端莊，渾厚飽滿，紋飾佈局嚴謹而精緻。唐宋以來瓷器上的牡丹紋一般只有正、側面造型，到元代的青花瓷器上所見，則已是千姿百態。此器上的牡丹俯仰相映，使畫面效果自然生動。

大件的元代青花器用外來青料，所製青花色澤鮮豔，呈寶石藍色而帶黑色斑點，在此罐上的牡丹紋最為明顯。這種以外來青料製的元代青花大件器還見於伊朗、土耳其的收藏品。

青花穿花鳳紋執壺
元
通高 23.5 厘米　口徑 4.7 厘米　足徑 7.3 厘米

Blue and white ewer with design of phoenix through
peony flowers
Yuan Dynasty
Overall height: 23.5cm　Diameter of mouth: 4.7cm
Diameter of foot: 7.3cm

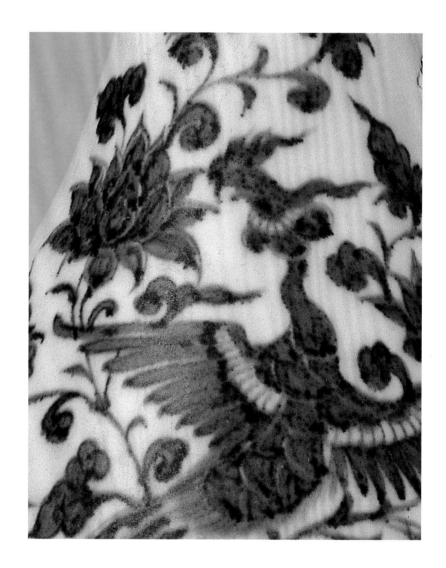

壺口微斂，垂腹，圈足外撇；彎流，如意形執柄，柄上附小圓繫。蓋餅形，寶珠鈕。青花紋飾，腹飾鳳穿牡丹紋，雜以竹石紋。足牆飾忍冬紋，柄飾銀錠、寶釵、火雲紋，流飾火雲紋。

此器型為元代瓷器的流行樣式，除青花器外，還見有龍泉窰青釉製品。造型源自阿拉伯民族使用的銅器。元代瓷器借鑑這種造型時，注意兼顧當時瓷器自然樸實的風尚，並特別注意吸取蒙古族銅壺粗獷豪放的風格特點。

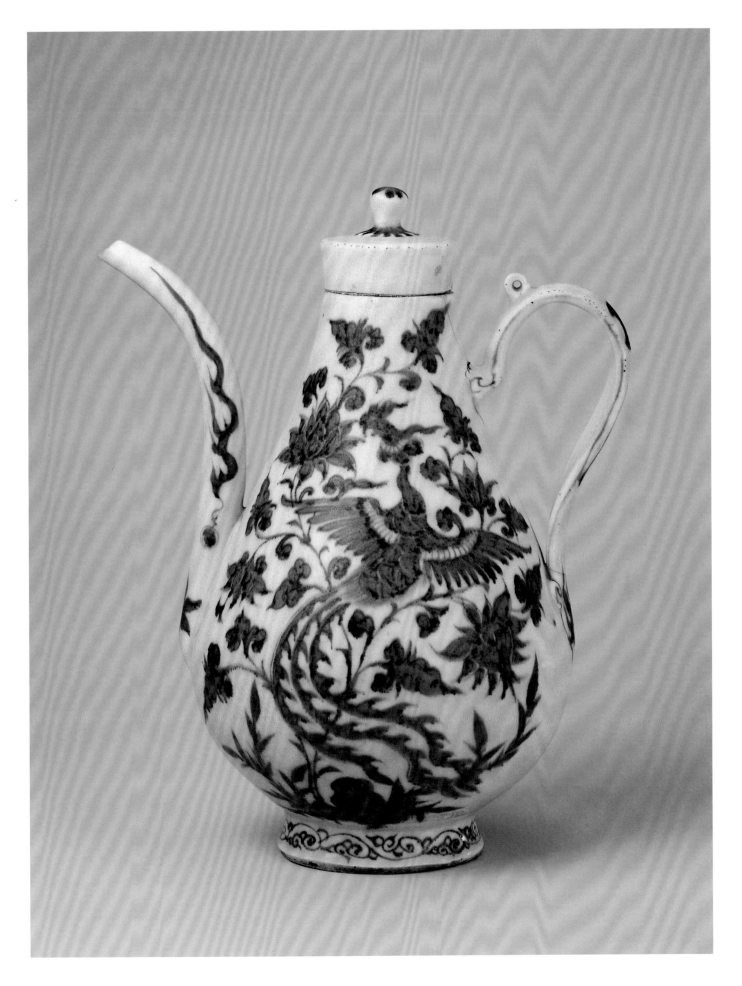

青花折枝花紋鼎
元
高 11 厘米　口徑 10.1 厘米　足徑 7.1 厘米

Blue and white Ding with design of plucked sprays
Yuan Dynasty
Height: 11cm　Diameter of mouth: 10.1cm
Diameter of foot: 7.1cm

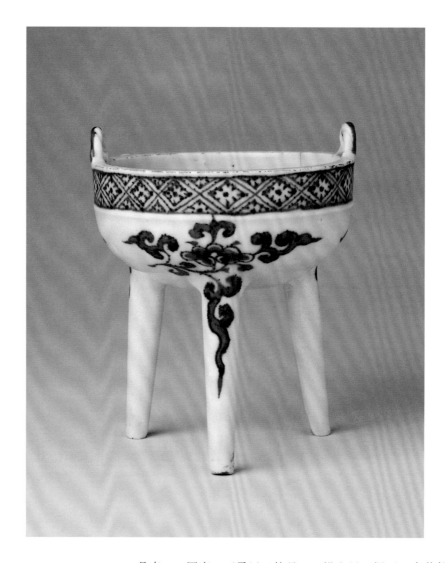

鼎直口，圓底，下承以三柱足，口沿上置兩繩耳。青花紋飾，外口下
飾斜格錦紋，腹、足部飾折枝花紋。

此器形制樸實而不乏挺拔清秀，此種特色在元代瓷器中較為少見，折
枝花紋的曲綫與斜格直綫形成對比，十分雅致。

青花八卦紋筒爐

9

元
高 9.5 厘米　口徑 15.5 厘米　足徑 12.5 厘米

Blue and white cylindrical censer with design of the
eight diagrams
Yuan Dynasty
Height: 9.5cm　Diameter of mouth: 15.5cm
Diameter of foot: 12.5cm

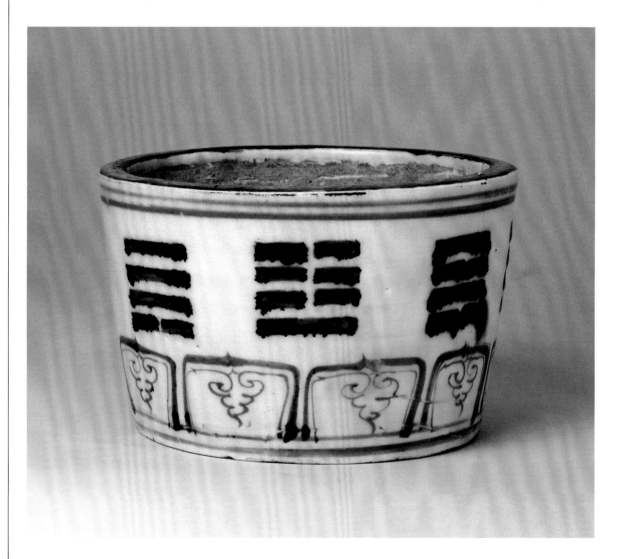

爐呈筒式，直壁，平底。口及底無釉。青花紋飾，外壁上下飾青花綫
四道，器身飾八卦及蓮瓣紋。

此器形制和紋飾均單純樸實，繪工粗獷，八卦紋亦不規範。

10

青花鴛鴦荷花紋花口盤
元
高 7.3 厘米　口徑 46.4 厘米
足徑 29.8 厘米

Blue and white plate with a
flower-petal mouth decorated
with design of mandarin duck
and lotus
Yuan Dynasty
Height: 7.3cm
Diameter of mouth: 46.4cm
Diameter of foot: 29.8cm

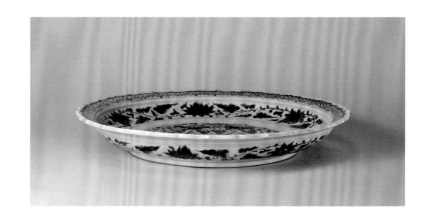

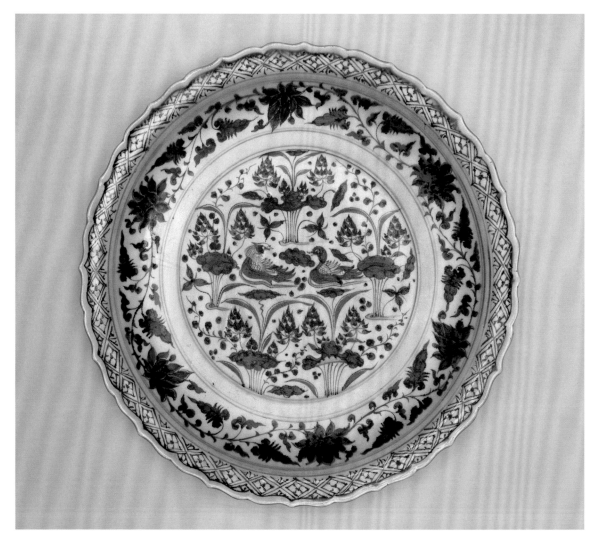

盤菱花口。青花紋飾，盤心繪一對鴛鴦游弋於蓮池之中，裏外壁飾纏枝蓮紋，口沿飾菱形錦紋，裏外紋飾間均隔以青花綫。

此盤造型規整，色彩豔麗，紋飾工細。

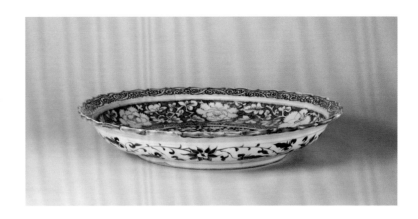

青花白麟鳳紋花口盤
元
高 7.9 厘米　口徑 46.1 厘米
足徑 26.1 厘米

Blue and white plate with a flower-petal mouth decorated with white design of kylin and phoenix
Yuan Dynasty
Height: 7.9cm
Diameter of mouth: 46.1cm
Diameter of foot: 26.1cm

11

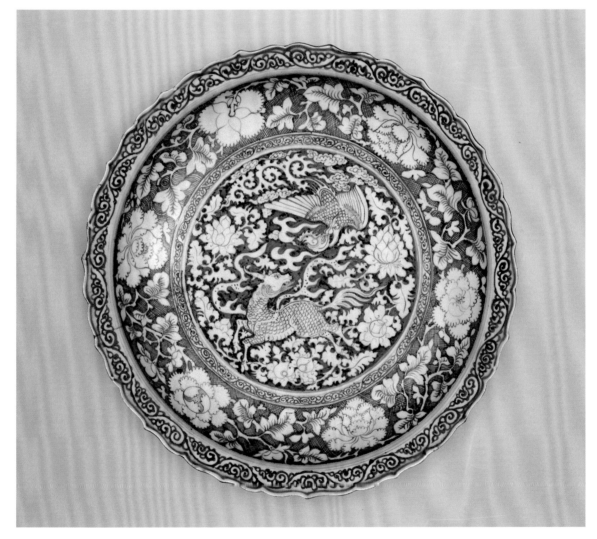

盤菱花口。通體青花地留白花紋飾，盤心飾麒麟及鳳紋，間襯以蓮花及雲紋，外環飾忍冬紋，裏壁飾網紋地纏枝牡丹紋，口沿飾忍冬紋，外壁飾纏枝蓮紋。

此盤的青花地白花裝飾頗具特色，盤心紋飾寓意"威鳳祥麟"以示天地祥和。

青花地白花是青花瓷器的一種特殊的裝飾形式，始於元代。留白紋飾都有凸起。此器佈局勻稱嚴謹，格調清新灑脫，裝飾效果別開生面。

12

青花雲龍紋高足杯
元
高 11.7 厘米　口徑 13 厘米
足徑 4.5 厘米

Blue and white stem-cup with
design of dragon among clouds
Yuan Dynasty
Height: 11.7cm
Diameter of mouth: 13cm
Diameter of foot: 4.5cm

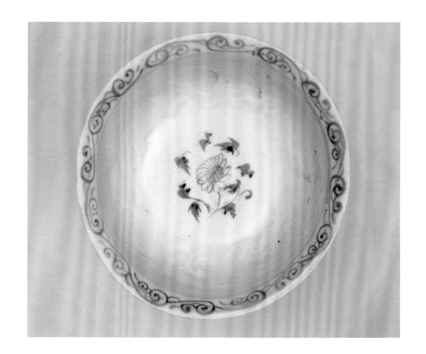

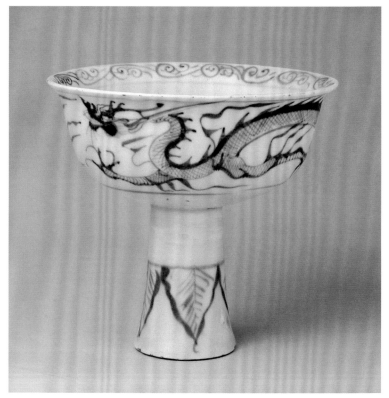

杯撇口，高足。青花紋飾，杯心飾折枝菊紋，裏壁模印凸起雲龍紋，
裏口飾忍冬紋；外壁飾雲龍紋，足柄飾蓮瓣紋。

此器風格樸實，龍紋描繪得生動傳神。由此杯可見元代高足杯的高足
較直，以致重心不穩。

元代中期以前的青花器色澤均帶灰色，且覆以影青釉而較暗淡，元後
期的青花器因改用透明釉，相對而言較為亮麗，此杯便是元後期的產
品。同類器尚見於菲律賓出土器。

青花折枝花紋尊

13

明洪武
高 46 厘米　口徑 19.2 厘米
足徑 23.5 厘米

Blue and white pomegranate-shaped vase with design of
plucked sprays
Hongwu period, Ming Dynasty
Height: 46cm　Diameter of mouth: 19.2cm
Diameter of foot: 23.5cm

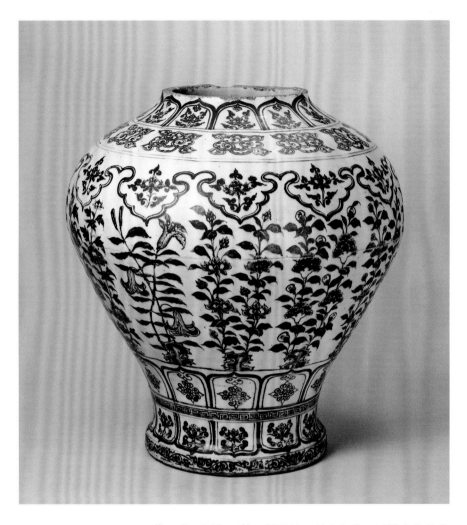

尊口殘，圓腹下斂，撇圈足，足內無釉。通體青花紋飾，口下及肩飾
蓮瓣紋和靈芝雲紋，腹上部飾上仰如意紋，其內飾折枝花紋，腹飾串
枝花紋，近足處飾仰俯蓮瓣紋，其間以回紋相隔，蓮瓣紋內飾折枝花
紋，足牆飾忍冬紋。

此種器型舊稱"石榴尊"，在洪武時較為典型，口雖殘，但因青花製品
少見，故珍貴。此器青花色調黑重，與一般青花色不同，反映其青花
料中含鐵量高，並且在燒製技術上有缺陷。從元代至明代前期的青花
來看，元代青花出現黑色斑痕，但較為凝滯；永樂、宣德青花亦出現
黑色斑痕，雖凝滯但暈散；而洪武青花處於兩者之間，有凝滯黑斑，
還出現近於黑彩的青花，說明從元代至明永樂宣德時，不斷使用含高
鐵的進口原料，燒製技術尚不穩定。

青花纏枝牡丹紋玉壺春瓶
明洪武
高 32.2 厘米　口徑 8.7 厘米　足徑 11.9 厘米
清宮舊藏

Blue and white pear-shaped vase with design of
interlocking sprays of peony
Hongwu period, Ming Dynasty
Height: 32.2cm　Diameter of mouth: 8.7cm
Diameter of foot: 11.9cm
Qing court collection

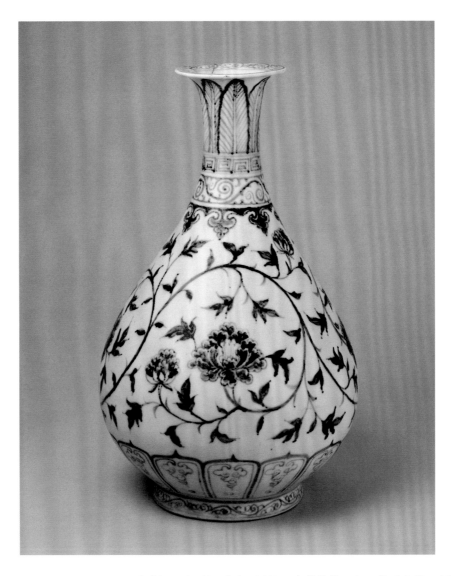

瓶撇口，細頸，垂腹，圈足。青花紋飾，裏口飾忍冬紋，頸飾蕉葉紋、
回紋、忍冬紋，肩飾垂雲紋，腹飾纏枝牡丹紋，腹下飾蓮瓣紋，足牆
飾忍冬紋。

此器造型端莊挺拔，紋飾規整工細，佈局疏朗，反映出向永樂紋飾纖
巧風格過渡。牡丹是富貴的象徵，宋代時頗得士大夫的讚譽。元代時
牡丹紋在瓷器上流行，明代繼承其風格。

青花折枝菊紋執壺

15

明洪武
通高 37.8 厘米　口徑 7.7 厘米　足徑 11.7 厘米
清宮舊藏

Blue and white ewer with design of plucked sprays of chrysanthemum
Hongwu period, Ming Dynasty
Overall height: 37.8cm　Diameter of mouth: 7.7cm
Diameter of foot: 11.7cm
Qing court collection

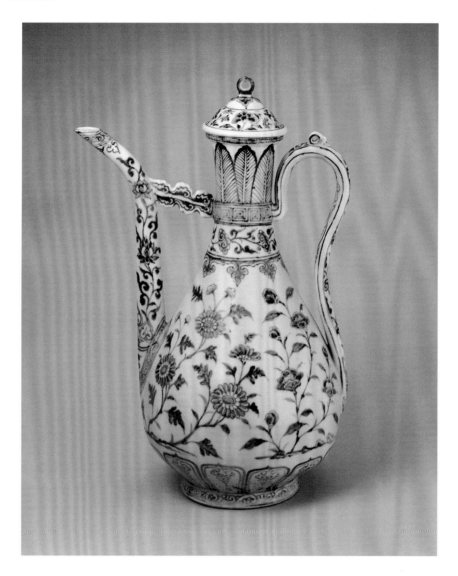

壺撇口，細頸，垂腹，圈足，流與頸間連以雲形板，彎長流，曲柄。
蓋頂安圓環鈕。通體青花紋飾，頸飾蕉葉紋、回紋及纏枝靈芝紋，壺
身飾下垂如意紋及菊花和山茶花，近足處飾蓮瓣紋。流及柄飾纏枝蓮
紋及忍冬紋。

此器紋飾佈局嚴謹而描繪自然，花下繪有園地，更顯生機勃勃。菊花
和山茶為當時流行的紋飾。

16

青花牡丹紋盤
明洪武
高 8.4 厘米　口徑 45.6 厘米
足徑 26.9 厘米
清宮舊藏

Blue and white plate with peony design
Hongwu period, Ming Dynasty
Height: 8.4cm
Diameter of mouth: 45.6cm
Diameter of foot: 26.9cm
Qing court collection

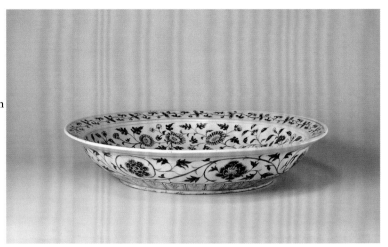

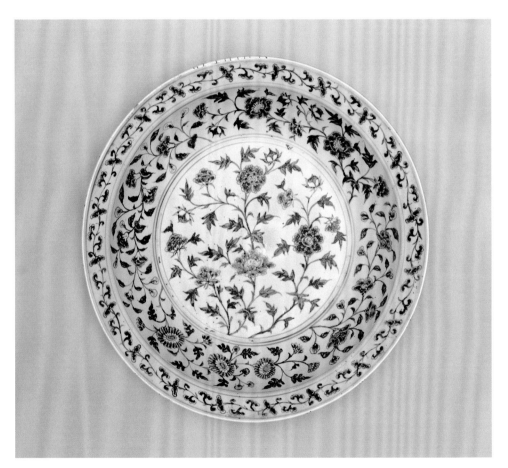

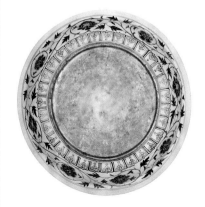

盤折沿。青花紋飾，盤心飾折枝牡丹紋，花株繁盛。裏壁飾牡丹、石榴、菊、山茶花，象徵春、夏、秋、冬，寓意"四季富貴"。外壁飾纏枝牡丹紋，口沿飾串枝靈芝紋，近足處飾蓮瓣紋。火石紅底。

17

青花竹石石榴花紋盤
明洪武
高 8.6 厘米　口徑 46.5 厘米
足徑 26.8 厘米
清宮舊藏

Blue and white plate with design of
bamboo, rocks and pomegranate
Hongwu period, Ming Dynasty
Height: 8.6cm
Diameter of mouth: 46.5cm
Diameter of foot: 26.8cm
Qing court collection

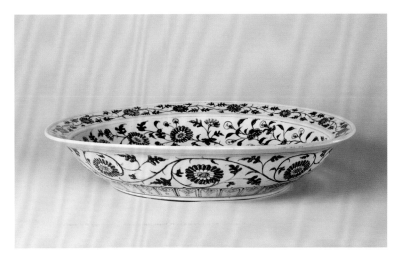

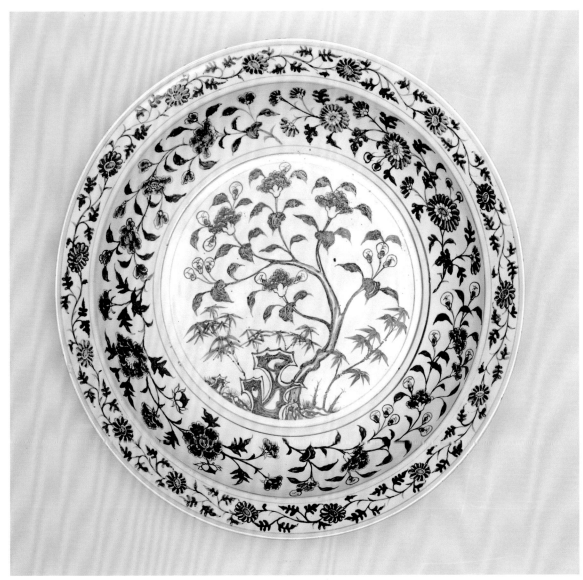

盤折沿。青花紋飾，盤心飾翠竹、洞石和石榴花，裏壁飾牡丹、石榴、
菊及山茶四季花卉，口沿飾纏枝菊紋，外壁飾纏枝菊紋。

石榴花為吉祥圖案，因花紅似火，故稱"榴火"，象徵"興旺"。

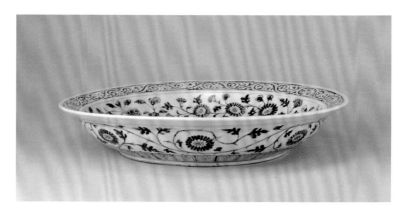

18

青花竹石靈芝紋盤
明洪武
高 8.1 厘米　口徑 46 厘米
足徑 26.7 厘米
清宮舊藏

**Blue and white plate with design of
bamboo, rocks and magic fungus**
Hongwu period, Ming Dynasty
Height: 8.1cm
Diameter of mouth: 46cm
Diameter of foot: 26.7cm
Qing court collection

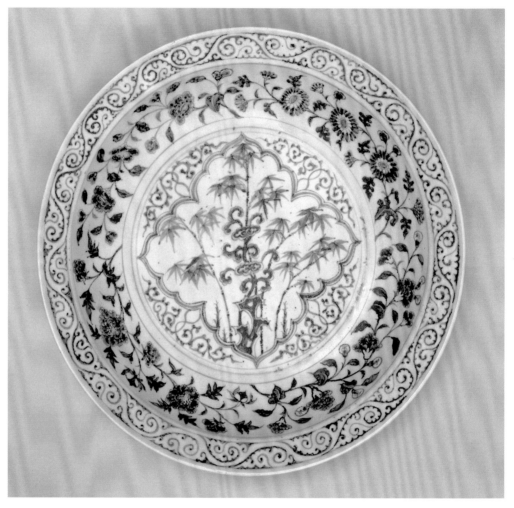

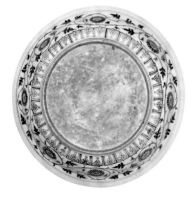

盤折沿。青花紋飾，盤心如意雲頭紋菱形開光內飾竹石、靈芝，開光
外飾忍冬紋，裏壁飾纏枝牡丹、石榴、菊、山茶組成的四季花卉紋，
盤沿飾留白忍冬紋，外壁飾纏枝菊紋及蓮瓣紋。

此盤盤心設計別致，開光內外圖案相互呼應，寓意吉祥。竹、石是士
大夫高風亮節的象徵，而靈芝則有祝頌君王長壽的寓意。

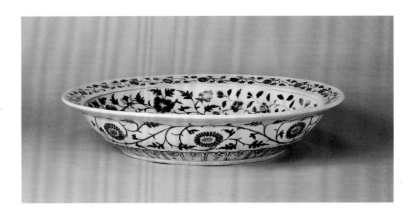

青花折枝蓮紋盤
明洪武
高 8.5 厘米　口徑 45.7 厘米
足徑 26.9 厘米
清宮舊藏

19

Blue and white plate with design of plucked sprays of lotus
Hongwu period, Ming Dynasty
Height: 8.5cm
Diameter of mouth: 45.7cm
Diameter of foot: 26.9cm
Qing court collection

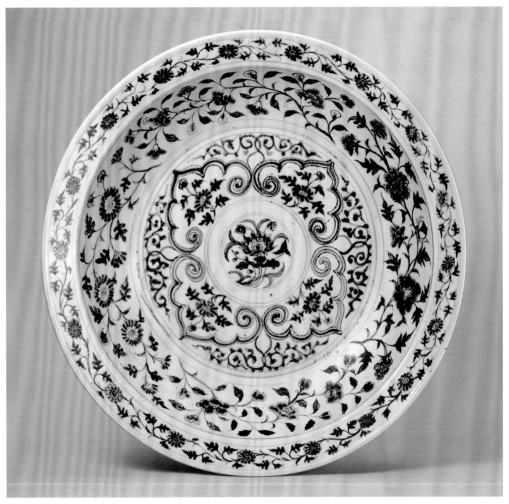

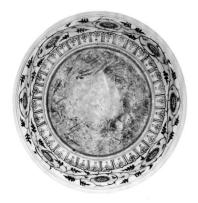

盤折沿。青花紋飾，盤心雙圈內飾折枝蓮紋，雙圈外四面各出一如意雲頭紋，其內飾折枝菊紋，外飾忍冬紋，裏壁飾牡丹、石榴、菊、山茶花紋，盤沿飾折枝菊紋，外壁飾纏枝菊紋及蓮瓣紋。

此盤紋飾層次繁多，繪工精細，含意為"團和如意"。

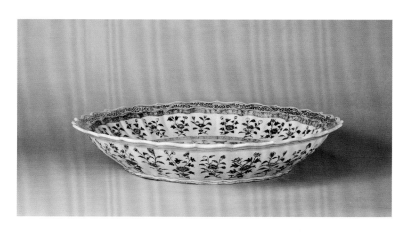

青花菊花牡丹紋花口盤

20

明洪武
高 18.6 厘米　口徑 44.8 厘米
足徑 25.8 厘米
清宮舊藏

Blue and white plate with a flower-petal mouth decorated with design of chrysanthemum and peony
Hongwu period, Ming Dynasty
Height: 18.6cm
Diameter of mouth: 44.8cm
Diameter of foot: 25.8cm
Qing court collection

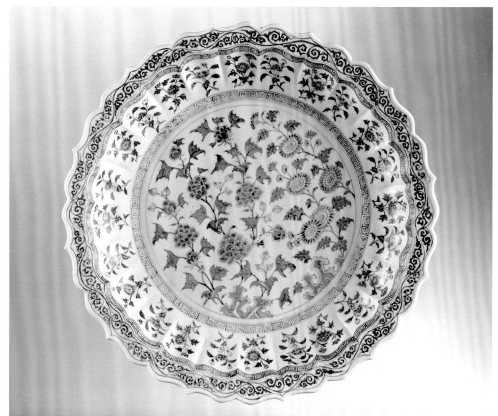

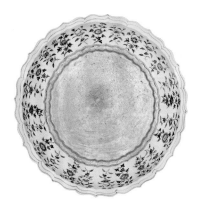

盤造型為蓮花瓣式。青花紋飾，盤心飾山石牡丹和菊花，裏外壁飾折枝四季花卉，裏口沿飾忍冬紋。

此器紋飾密集而規整有序，表現出宮廷的端莊典雅風尚。紋飾中牡丹象徵"春"，菊花象徵"秋"，合為"春秋繁華"之意。

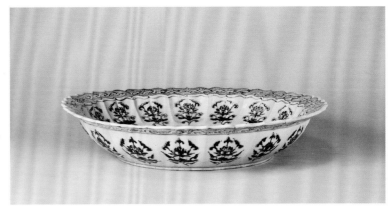

21

青花折枝菊花紋花口盤
明洪武
高 8.9 厘米　口徑 45.5 厘米
足徑 26 厘米
清宮舊藏

Blue and white plate with a flower-petal mouth decorated with design of plucked sprays of chrysanthemum
Hongwu period, Ming Dynasty
Height: 8.9cm
Diameter of mouth: 45.5cm
Diameter of foot: 26cm
Qing court collection

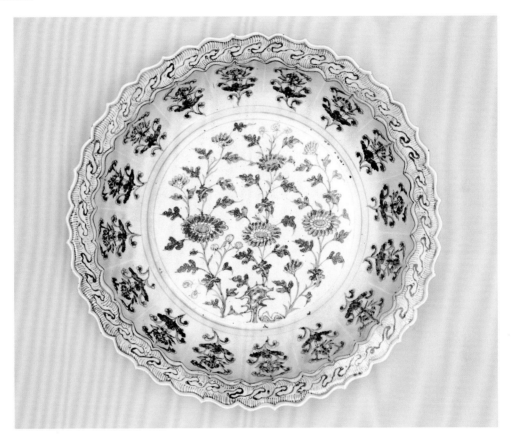

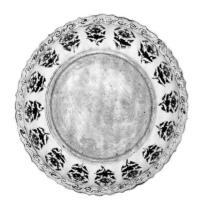

盤呈蓮花瓣式。通體青花紋飾，盤心飾折枝菊花紋，裏外壁飾折枝蓮花紋，口沿內外均飾小波紋。

此器青花於淺淡中有黑色結晶斑，說明當時仍沿用元代的進口青料。

青花山石牡丹紋花口盤
明洪武
高 4.4 厘米　口徑 55.8 厘米
足徑 34.8 厘米
清宮舊藏

Blue and white plate with a flower-petal mouth decorated with design of rocks and peony
Hongwu period, Ming Dynasty
Height: 4.4cm
Diameter of mouth: 55.8cm
Diameter of foot: 34.8cm
Qing court collection

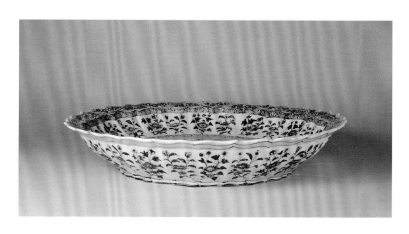

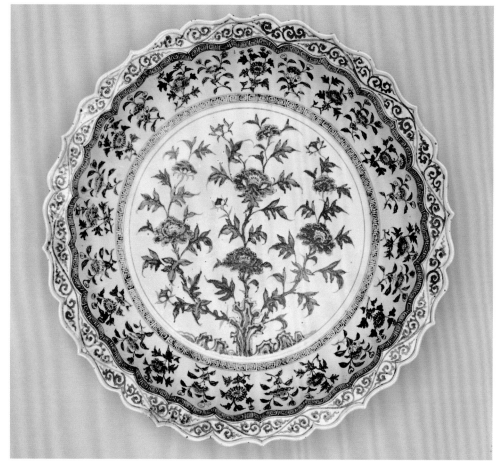

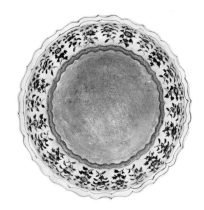

盤為蓮花瓣式。通體青花紋飾，盤心飾山石牡丹，裏壁飾折枝花紋和回紋，口沿飾忍冬紋，外壁飾折枝花紋。

此器中心紋飾以牡丹象徵"春"，以山石象徵"壽"，描繪自然流暢，與嚴謹的佈局相得益彰。

青花雲龍紋盤
明洪武
高 3.2 厘米　口徑 14.4 厘米　足徑 9.8 厘米

Blue and white plate with design of dragon among clouds
Hongwu period, Ming Dynasty
Height: 3.2cm　Diameter of mouth: 14.4cm
Diameter of foot: 9.8cm

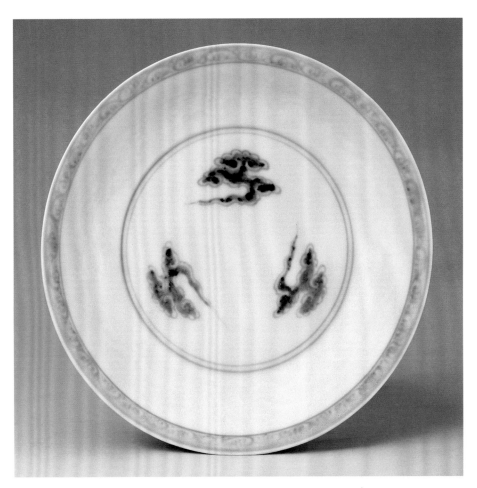

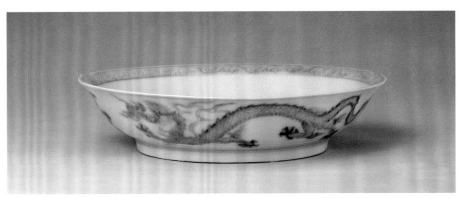

盤撇口。通體青花紋飾，盤心飾三朵雲紋，裏口沿飾忍冬紋，外壁飾
雲龍紋。

此器青花色調淡雅，紋飾簡潔，與其他青花瓷器的繁密裝飾風格形成
鮮明對照。

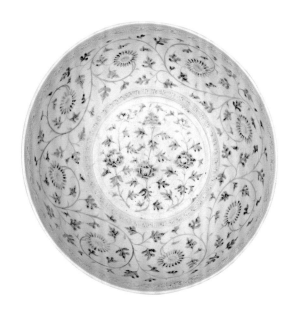

青花牡丹紋碗

明洪武
高 16.5 厘米　口徑 40.5 厘米
足徑 23 厘米

Blue and white bowl with peony design
Hongwu period, Ming Dynasty
Height: 16.5cm
Diameter of mouth: 40.5cm
Diameter of foot: 23cm

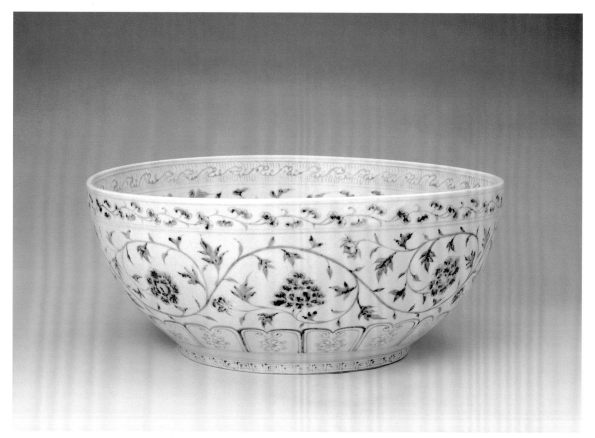

碗直口,深腹,圈足。青花紋飾,碗心飾折枝牡丹紋,外環飾回紋;
裏壁飾纏枝菊紋,裏口沿飾浪花紋;外口飾纏枝靈芝紋,外壁飾纏枝
牡丹紋,近足飾蓮瓣紋,其內飾蓮花紋,足牆飾回紋。

此器紋飾筆法嫻熟,綫條流暢。

洪武青花大都沿襲元末舊制,如碗的造型便與元樞府釉碗甚為相似,
古樸渾厚,但由於官窰碗銳意創新,逐步形成了後來永樂瓷碗秀美的
雛型。此碗是介於洪武至永樂間的過渡期造型。

青花纏枝菊紋碗
明洪武
高 10.4 厘米　口徑 20.5 厘米
足徑 10 厘米

Blue and white bowl with design of
interlocking sprays of chrysanthemum
Hongwu period, Ming Dynasty
Height: 10.4cm
Diameter of mouth: 20.5cm
Diameter of foot: 10cm

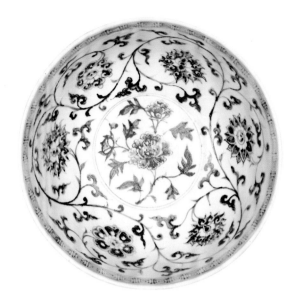

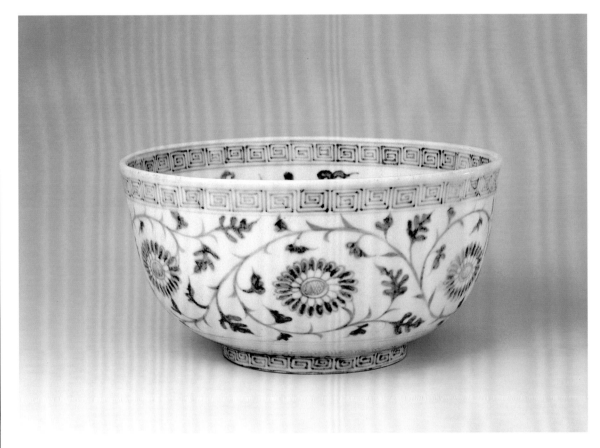

碗直口，深腹，圈足。青花紋飾，碗心飾折枝牡丹紋，裏壁飾纏枝花
卉紋，裏外口及足牆均飾回紋，外壁和近足處均飾纏枝菊紋。

此器形制純樸渾厚，紋飾描繪嫻熟明快，存有元代遺風。

青花折枝花卉紋盞托
明洪武
高 2.5 厘米　口徑 19.5 厘米　足徑 12 厘米

Blue and white saucer with plucked sprays design
Hongwu period, Ming Dynasty
Height: 2.5cm　Diameter of mouth: 19.5cm
Diameter of foot: 12cm

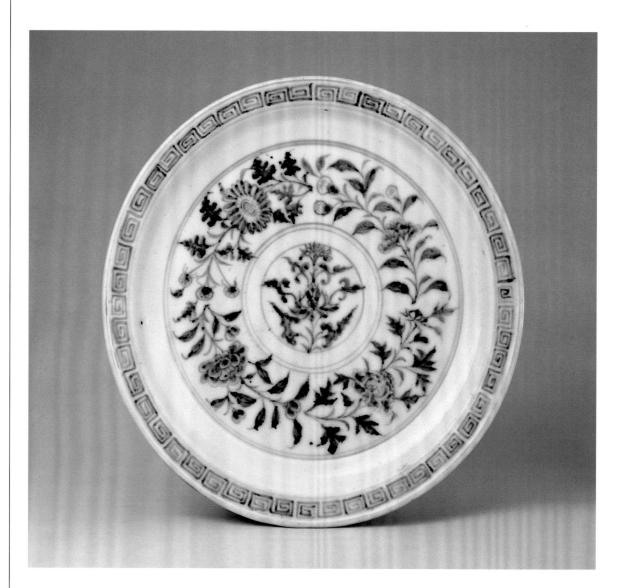

盞托折沿，淺腹，平底。青花紋飾，裏心繪折枝蓮紋，外圍飾牡丹、石榴、菊、山茶等四季花卉組成的串枝花紋。口沿飾回紋，外壁飾變形蓮瓣紋。

此器紋飾疏朗明快，花卉描繪生動，屬洪武青花瓷器中風格趨向輕巧明朗的一類，十分難得。

青花竹石芭蕉紋梅瓶
明永樂
通高 40.7 厘米　口徑 5.5 厘米　足徑 12.3 厘米

Blue and white prunus vase with design of bamboo, rock and banana
Yongle period, Ming Dynasty
Overall height: 40.7cm　Diameter of mouth: 5.5cm
Diameter of foot: 12.3cm

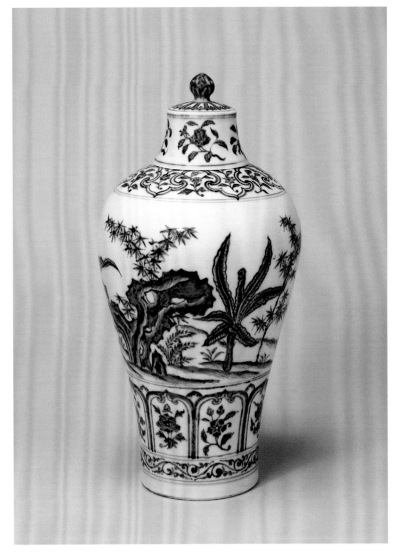

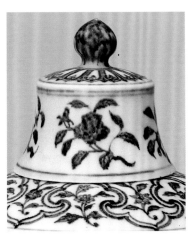

瓶小口，短頸，豐肩，肩以下漸斂，圈足，蓋圓頂，寶珠鈕。通體青花紋飾，蓋頂飾蓮瓣紋，蓋壁折枝花卉紋。瓶肩飾雙鈎仰覆如意雲頭紋，內飾朵花紋，腹飾竹石芭蕉紋，近足處飾蓮瓣紋和忍冬紋，蓮瓣紋內飾折枝花紋。

此器形制渾厚端莊，腹部紋飾清新明快，富於層次感，別有韻致。永樂青花紋飾一改元代之繁縟而變得疏朗秀逸。

竹石芭蕉是一種獨特的紋飾，元代已形成較為成熟的裝飾格調，永樂時開始流行。明代前期，理學復興，而竹石芭蕉題材正符合文人、士大夫清高風雅的格調。此器竹石芭蕉紋利用青花暈散的效果，着力表現物象的層次和自然動態，富於立體感。

青花桃竹紋梅瓶
明永樂
高 36.7 厘米　口徑 6.6 厘米　足徑 7.4 厘米
清宮舊藏

Blue and white prunus vase with peach and bamboo design
Yongle period, Ming Dynasty
Height: 36.7cm　Diameter of mouth: 6.6cm
Diameter of foot: 7.4cm
Qing court collection

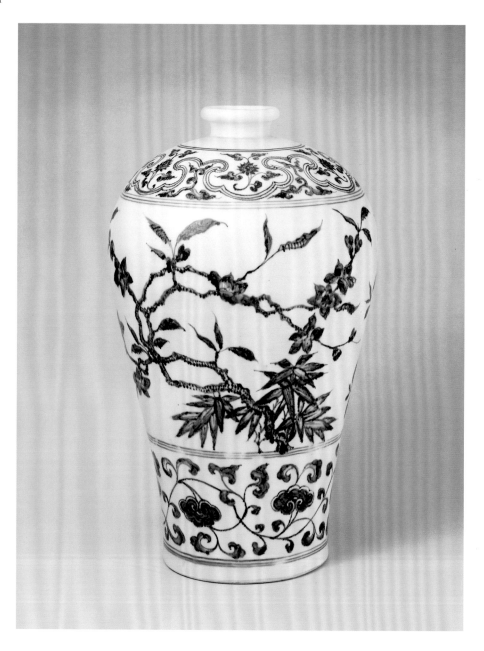

瓶小口捲唇，細短頸，豐肩，肩以下漸斂，圈足。通體青花紋飾，肩飾下垂如意紋八組，其內各飾折枝花，如意紋之間隔以雲紋，腹飾桃花、竹子兩組，近足處飾纏枝靈芝紋。

永樂、宣德的青花瓷器用外來的蘇麻離青料，呈色濃艷，有黑色結晶斑，綫條暈散，故動、植物紋樣都很豐富而人物紋較少。

青花折枝果紋梅瓶
明永樂
通高 41.5 厘米　口徑 6.8 厘米　足徑 14.1 厘米

Blue and white prunus vase with design of plucked
sprays and fruits
Yongle period, Ming Dynasty
Overall height: 41.5cm　Diameter of mouth: 6.8cm
Diameter of foot: 14.1cm

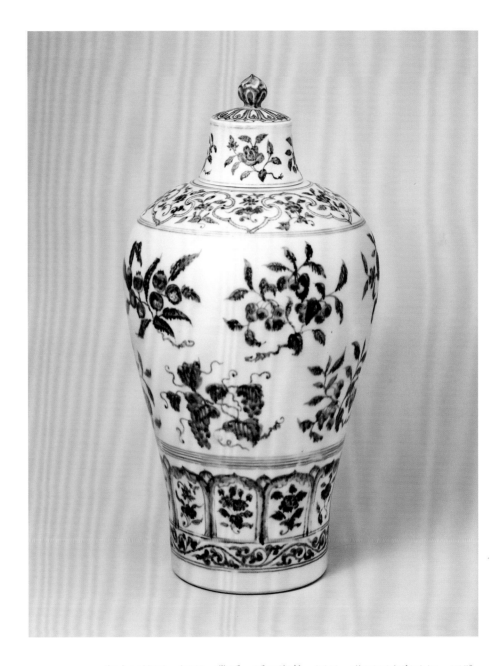

瓶小口捲唇，短頸，豐肩，肩下漸斂，圈足。蓋圓頂有寶珠鈕。通體
青花紋飾，蓋頂飾蓮瓣紋，蓋壁飾折枝花卉紋。瓶肩飾雙鈎仰覆如意
雲頭紋，其內飾折枝花紋，腹飾折枝果紋，近足處飾變形蓮瓣紋，其
內飾折枝花紋和忍冬紋。

此器紋飾精細，佈局疏朗。體現出永樂瓷器雋永的風格。

青花折枝花果紋梅瓶
明永樂
通高 42 厘米　口徑 6.6 厘米　足徑 14.5 厘米
清宮舊藏

**Blue and white prunus vase with design of plucked
sprays and fruits**
Yongle period, Ming Dynasty
Overall height: 42cm　Diameter of mouth: 6.6cm
Diameter of foot: 14.5cm
Qing court collection

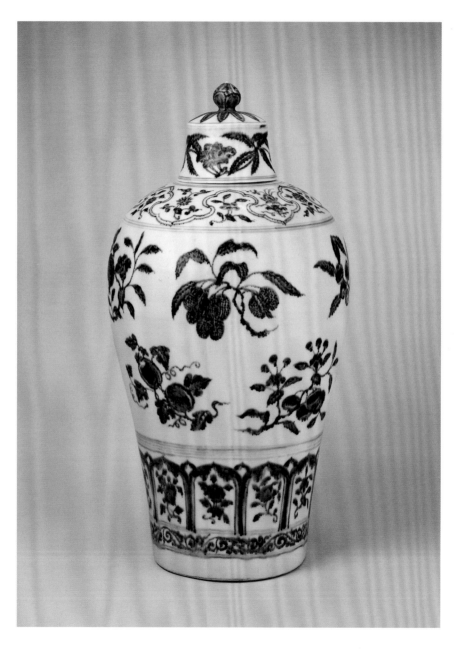

瓶小口捲唇，短頸，豐肩，斂腹。蓋上有寶珠鈕。通體青花紋飾，肩飾仰覆如意雲頭紋，其內飾折枝花紋，腹飾折枝果紋，近足處飾變形上仰蓮瓣紋和忍冬紋，蓮瓣紋內飾折枝花紋。蓋面飾下垂蕉葉紋，蓋壁飾花葉紋。

青花纏枝蓮紋梅瓶

明永樂
高 24.9 厘米　口徑 4.5 厘米　足徑 10.3 厘米

Blue and white prunus vase with design of interlocking
sprays of lotus
Yongle period, Ming Dynasty
Height: 24.9cm　Diameter of mouth: 4.5cm
Diameter of foot: 10.3cm

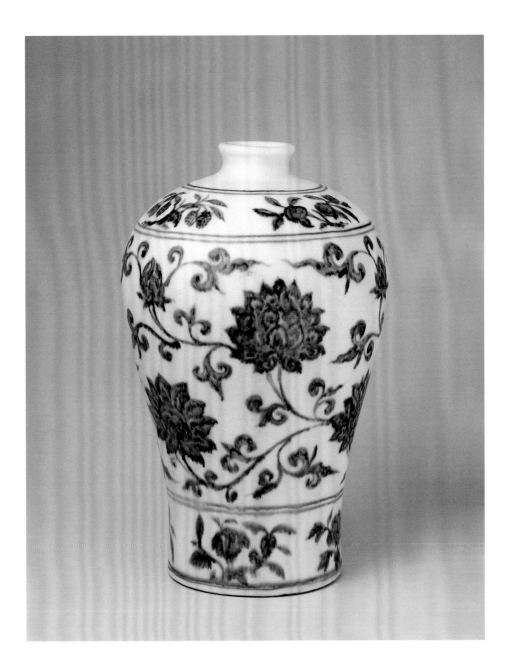

瓶小口圓唇，短頸，豐肩，斂腹。青花紋飾，肩飾折枝荔枝、石榴、
枇杷、桃紋，腹飾纏枝蓮紋，近足處飾折枝菊、牡丹、石榴、番蓮紋，
每層紋飾間均勻以青花雙綫。

此器紋飾內容豐富，佈局主題突出，詳簡得當。永樂年間的纏枝蓮紋
花大而葉小，與元代所繪畫的風格不同。

青花纏枝花卉紋梅瓶
明永樂
高 24.7 厘米　口徑 4.3 厘米　足徑 10.1 厘米
清宮舊藏

**Blue and white prunus vase with interlocking sprays
design**
Yongle period, Ming Dynasty
Height: 24.7cm　Diameter of mouth: 4.3cm
Diameter of foot: 10.1cm
Qing court collection

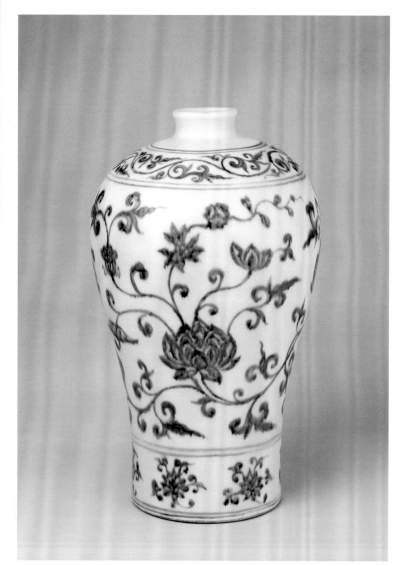

瓶小口圓唇，短頸，豐肩，斂腹。青花紋飾，肩飾忍冬紋，腹飾纏枝
花紋及花蕾紋，足上飾折枝花紋，器體上下共有青花綫八道。

永樂時，梅瓶的造型富有變化，既有傳統的上寬下直型，又有上寬下
撇型，但無論何種形式，都顯得渾厚飽滿，挺拔莊重。此器風格鮮明
地體現了永樂梅瓶的特點。

花竹石芭蕉紋玉壺春瓶
明永樂
高 32.8 厘米　口徑 8.2 厘米　足徑 10.8 厘米
清宮舊藏

**Blue and white pear-shaped vase with design of
bamboo, rock and banana**
Yongle period, Ming Dynasty
Height: 32.8cm　Diameter of mouth: 8.2cm
Diameter of foot: 10.8cm
Qing court collection

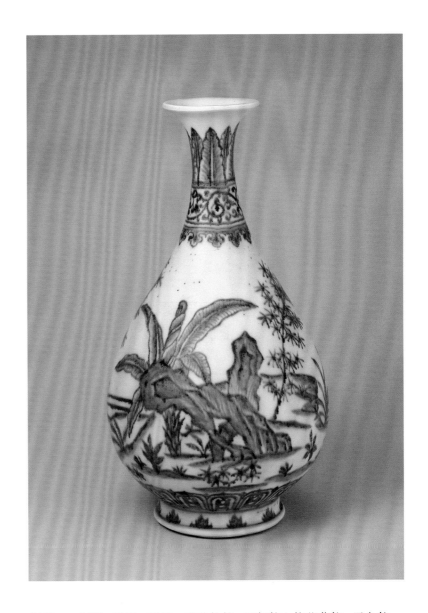

瓶撇口，細頸，垂腹，圈足。青花紋飾，頸部飾上仰蕉葉紋、忍冬紋、
下垂如意雲頭紋，瓶身繪竹石芭蕉及花草欄杆，近足處繪上仰變形蓮
瓣紋，足牆飾花瓣紋。

玉壺春瓶始見於宋代，元代的特點為細頸，瘦腹，風格較為秀巧。明
洪武時此類器物頸部略粗，腹部也渾圓飽滿。至明永樂時，此瓶頸部
細長，腹部略斂，而頸腹間的變化也更為柔和、協調。這種變化反映
出永樂器物造型善於總結前代器物的特點，取其長處，補其不足，以
求達到更完美的效果。

青花纏枝花紋雙繫扁平大壺

明永樂
高 30.4 厘米　口徑 5.4 厘米　背徑 33.7 厘米
清宮舊藏

**Blue and white two-looped flask with design of
interlocking lotus sprays**
Yongle period, Ming Dynasty
Height: 30.4cm　Diameter of mouth: 5.4cm
Diameter of back: 33.7cm
Qing court collection

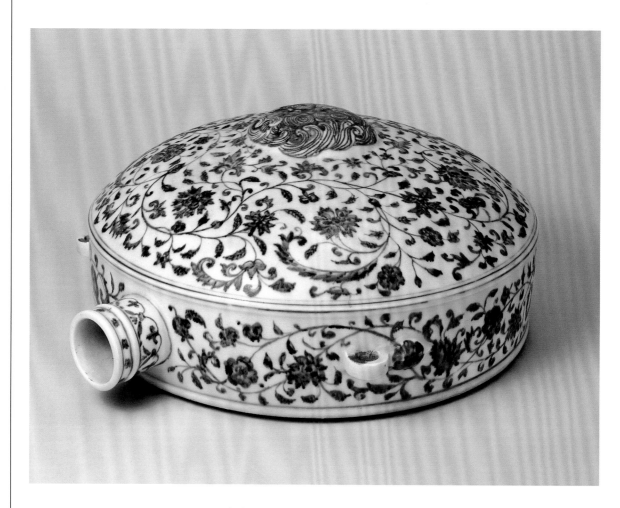

壺直口，短頸，一面扁平，砂底無釉，中心凹入一圈，另一面拱起，
中心有凸臍，肩有雙繫，頸部起弦紋。通體青花紋飾，中心飾水波紋，
外圍及器壁飾纏枝花卉紋，頸飾朵花紋及纏枝花卉紋。

此器亦稱"臥壺"，係仿自阿拉伯銅器，造型獨特，製作規整。

35

青花錦紋扁平大壺
明永樂
高 45 厘米　口徑 6.3 厘米　背徑 38 厘米
清宮舊藏

Blue and white flask with brocade pattern
Yongle period, Ming Dynasty
Height: 45cm　Diameter of mouth: 6.3cm
Diameter of back: 38cm
Qing court collection

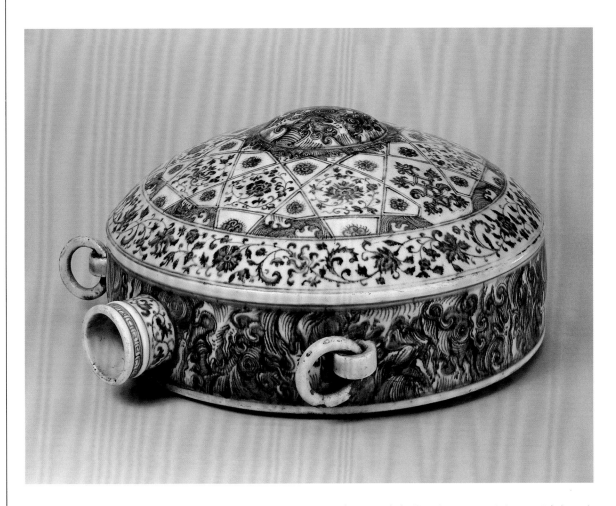

壺直口，細頸，一面扁平，砂底無釉，中心凹入一圈，一面隆起，中
心拱出，肩上有雙活環，頸部飾凸弦紋。通體青花紋飾，中心飾水波
紋，其外圍及器壁飾纏枝花卉紋，頸飾朵花及纏枝花卉紋。

青花纏枝蓮紋雙環扁平大壺
明永樂
長46厘米　口徑7厘米　背徑35厘米
清宮舊藏

**Blue and white flask with two loose rings
decorated with interlocking lotus sprays**
Yongle period, Ming Dynasty
Length: 46cm　Diameter of mouth: 7cm
Diameter of back: 35cm
Qing court collection

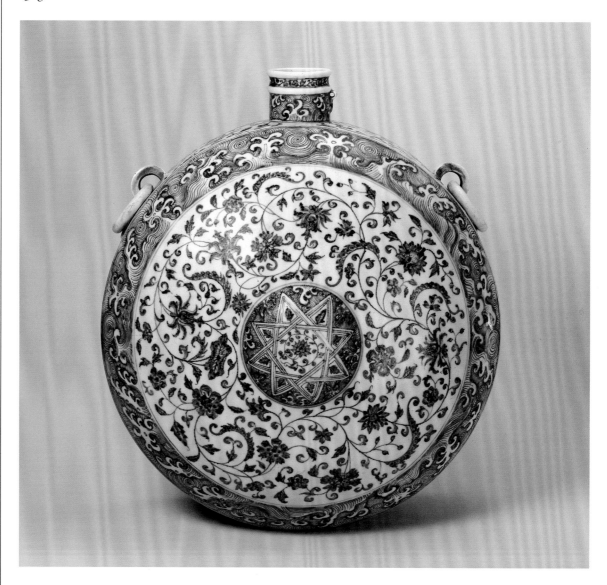

壺直口，短頸，頸部有凸起弦紋和小繫，一面扁平無釉，另一面隆起，
形如龜背，中心有凸臍，肩兩側各有一活環。通體青花紋飾，凸臍飾
海水江崖地八角錦紋，內繪纏枝花紋，中心四周飾纏枝花紋，外環飾
海水江崖紋，頸部紋飾以居中弦紋分上下兩層，上層飾纏枝花紋，下
層飾海水江崖紋，器壁飾纏枝花紋。

此器亦稱"臥壺"。其一面無釉，又由於瓶口兩側的肩部有活環，因
此應為掛置的器物。這種器物永樂時較多。

青花纏枝花紋雙繫扁平大壺
明永樂
高 54 厘米　口徑 6.5 厘米　背徑 34 厘米
清宮舊藏

Blue and white flask with design of interlocking sprays
Yongle period, Ming Dynasty
Height: 54cm　Diameter of mouth: 6.5cm
Diameter of back: 34cm
Qing court collection

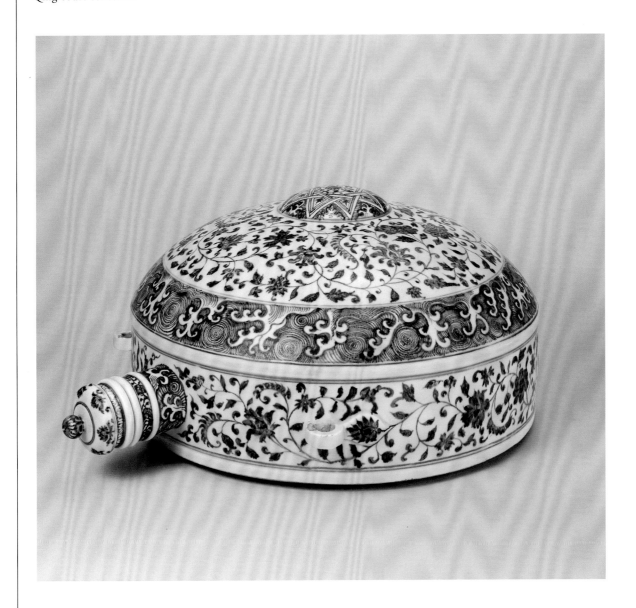

壺直口，一面扁平，中心凹進，一面隆起，隆起面中心有凸臍。蓋圓頂，寶珠鈕。通體青花紋飾，凸臍繪海水江崖地八角錦紋，其內飾纏枝花紋，中心四周繪纏枝花紋，外環以海水紋，壺壁側繪纏枝蓮紋。肩部有對稱雙繫，頸部起弦紋，繪海水紋和纏枝蓮紋。蓋面繪折枝花紋，有凹弦紋，其內飾纏枝紋。

此壺仿阿拉伯銅器式樣。從傳統觀點來看，永樂、宣德青花瓷器使用的青料為鄭和下西洋時帶來的，而這些器物製成後，又作為珍貴禮品運往阿拉伯地區。

青花纏枝花紋如意耳扁壺
明永樂
高 28.9 厘米　口徑 3.7 厘米　足徑 7.7 厘米
清宮舊藏

Blue and white two-handled flask with interlocking
florald esign
Yongle period, Ming Dynasty
Height: 28.9cm　Diameter of mouth: 3.7cm
Diameteroffoot: 7.7cm
Qingcourtcollection

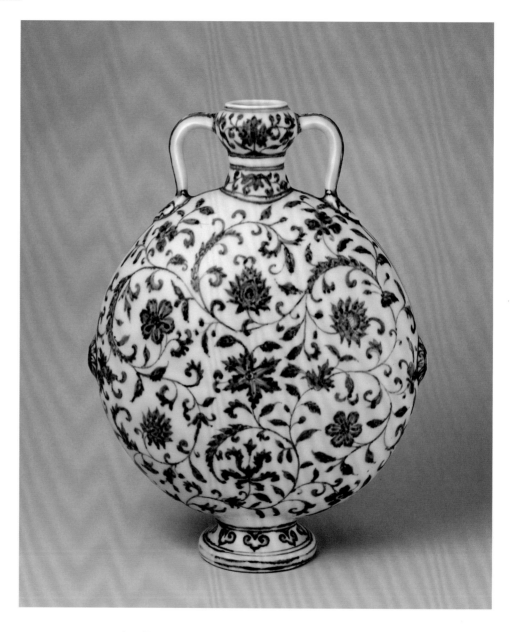

壺口蒜頭形，束頸，扁圓腹，撇足。口、肩兩側有對稱如意耳。通體
青花紋飾，口飾纏枝花果紋，頸飾纏枝紋，腹兩面均飾纏枝花紋，足
牆飾雲頭紋，腹兩側各凸起菊瓣形裝飾。

此器仿自阿拉伯銅器，但蒜頭口和如意耳具有中國傳統瓷器風格，而
主體紋飾分六角形均衡排列，花朵疏朗，枝葉蜿蜒，又具有鮮明的西
亞風格。

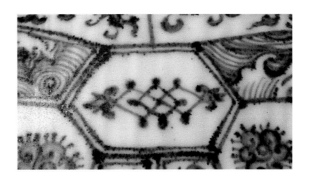

青花錦紋花卉紋如意耳扁壺

39

明永樂
高 24.3 厘米　口徑 3.5 厘米　足徑 7.4 厘米
清宮舊藏

Blue and white flask with brocade pattern and floral
design
Yongle period, Ming Dynasty
Height: 24.3cm　Diameter of mouth: 3.5cm
Diameter of foot: 7.4cm
Qing court collection

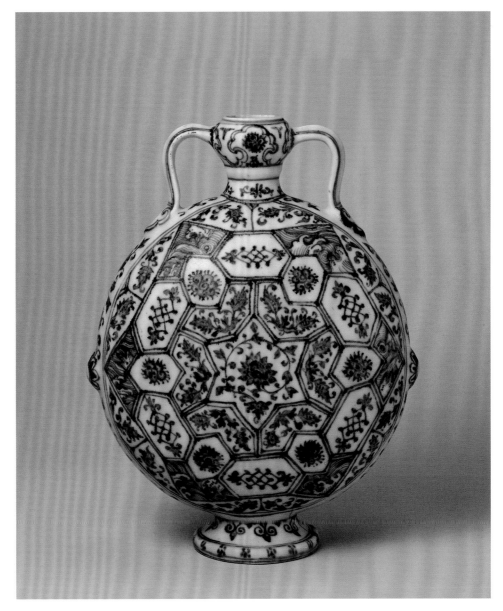

壺蒜頭口，束頸，扁圓腹，撇足。口、肩處飾對稱如意耳，腹兩側凸
飾乳釘紋。通體青花紋飾，外口飾如意紋，腹飾錦紋，襯以海水紋，
足牆飾下垂如意紋和朵梅紋。

此器主體紋飾密集，以六角形和六邊形構成錦式開光，內繪折枝花和
海水紋，風格獨特。

青花纏枝蓮紋藏草壺
明永樂
通高 20.5 厘米　口徑 6.5 厘米　足徑 10 厘米
清宮舊藏

**Blue and white Zang Cao pot with design of
interlocking lotus sprays**
Yongle period, Ming Dynasty
Overall height: 20.5cm　Diameter of mouth: 6.5cm
Diameter of foot: 10cm
Qing court collection

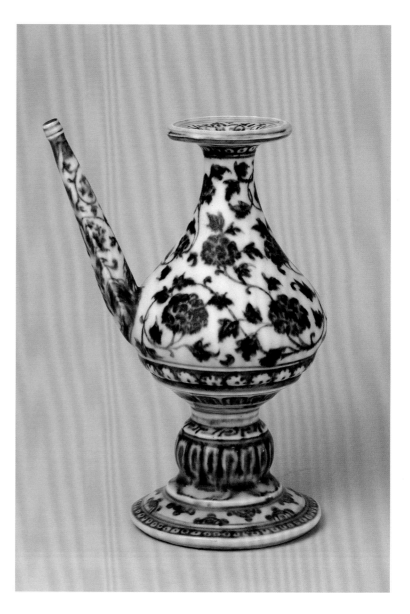

壺盤口，束頸，鼓腹，腹上有一細長流，無柄，下承以托，托底外敞，
圈足。通體青花紋飾，腹、頸飾纏枝牡丹紋，流飾纏枝花紋，托飾變
形回紋、蓮瓣紋。

此壺一名"軍持"，為梵文音譯，是佛教徒和伊斯蘭教徒的飲水器和洗
手器。永樂時，朝廷重視與西藏的關係，利用藏傳佛教作為連結漢藏
關係的紐帶。另一方面，中國與阿拉伯民族的關係密切，所以製作的
軍持受到當時阿拉伯銅器風格的影響。

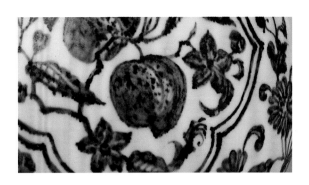

青花折枝花果紋執壺
明永樂
高 29.3 厘米　口徑 6.3 厘米　足徑 10 厘米
清宮舊藏

Blue and white ewer with design of plucked sprays and fruits
Yongle period, Ming Dynasty
Height: 29.3cm　Diameter of mouth: 6.3cm
Diameter of foot: 10cm
Qing court collection

41

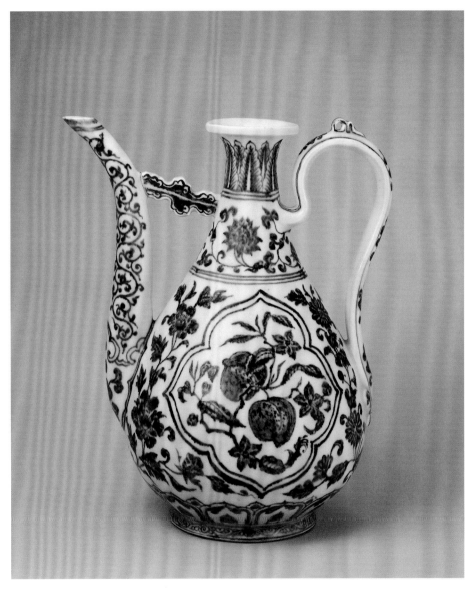

壺撇口，細頸，垂腹，圈足。流與頸部有雲形橫板相連，曲柄。通體
青花紋飾，頸飾蕉葉紋，肩飾勾蓮紋，腹飾菱花形開光，內繪折枝花
果紋，開光外飾折枝花紋，近足處飾變形蓮瓣紋，流與足牆均飾忍冬
紋，曲柄飾靈芝紋。

此器造型挺拔，青花濃豔。

青花纏枝花紋罐
明永樂
高 16.5 厘米　口徑 14.3 厘米　足徑 9.1 厘米

Blue and white jar with design of interlocking floral sprays
Yongle period, Ming Dynasty
Height: 16.5cm　Diameter of mouth: 14.3cm
Diameter of foot: 9.1cm

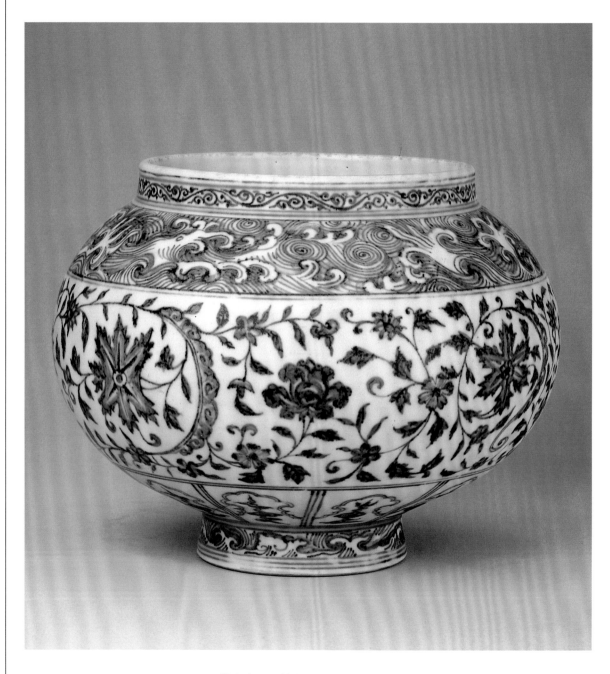

罐大直口，鼓腹，小圈足。通體青花紋飾，頸飾忍冬紋，肩、足均飾
海浪紋，腹飾纏枝花紋，近足處飾雲頭紋，紋中飾靈芝紋。

此器造型新穎，凝重渾厚。紋飾繁密，描繪細膩，具有異域裝飾風格。

43

青花錦紋壯罐
明永樂
高 28.5 厘米　口徑 12.5 厘米　足徑 10.8 厘米
清宮舊藏

Blue and white thick and strong jar with brocade
pattern
Yongle period, Ming Dynasty
Height: 28.5cm　Diameter of mouth: 12.5cm
Diameter of foot: 10.8cm
Qing court collection

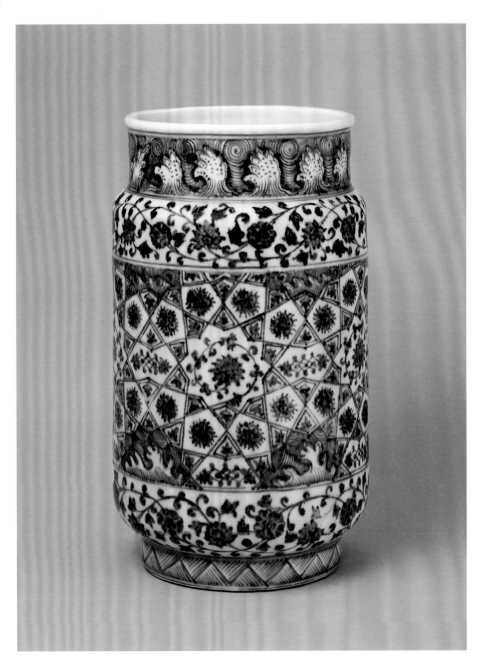

罐唇口，直頸，窄肩，直腹，圈足。青花紋飾，頸飾海浪紋，肩、腹
及近足處飾纏枝花紋，腹飾錦紋，足上飾幾何紋。

此器因上下粗壯，故稱"壯罐"，是永樂瓷器中的佳作，造型渾厚，紋
飾密集，顯得十分飽滿。

青花纏枝蓮紋雙繫蓋罐
明永樂
通高 6 厘米　口徑 2.5 厘米　足徑 5.4 厘米

Blue and white jar with two rings decorated with
interlocking lotus sprays
Yongle period, Ming Dynasty
Overall height: 6cm　Diameter of mouth: 2.5cm
Diameter of foot: 5.4cm

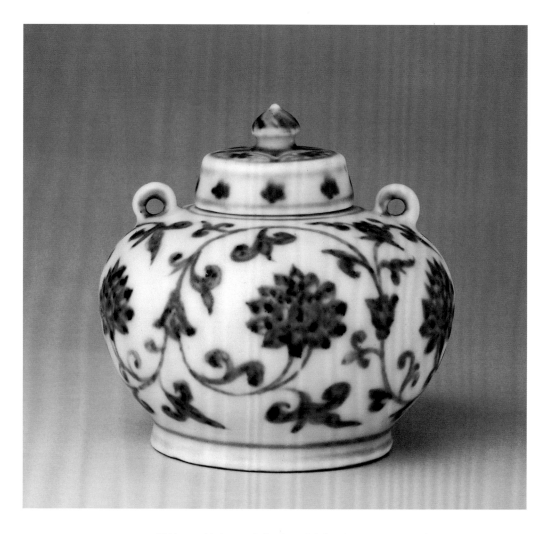

罐捲口，鼓腹，平底無釉，肩有對稱雙繫。蓋上有寶珠鈕。青花紋飾，
腹飾纏枝蓮紋。蓋飾錢紋、朵梅紋。

此器鮮明地反映出永樂瓷器輕巧、秀美的特色。其胎體潔白細膩，十
分輕薄，但胎質堅硬。造型規整端莊，紋飾洗練自然，於嚴謹的佈局
中見灑脫樸實的特色。

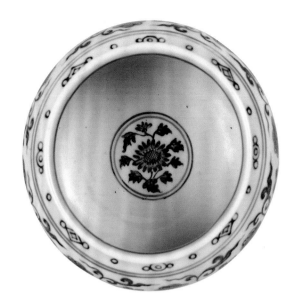

45

青花纏枝花紋魚簍尊

明永樂

高 8 厘米　口徑 11.2 厘米　足徑 6 厘米

Blue and white Zun in the shape of a fishing basket decorated with interlocking floral sprays

Yongle period, Ming Dynasty

Height: 8cm　Diameter of mouth: 11.2cm
Diameter of foot: 6cm

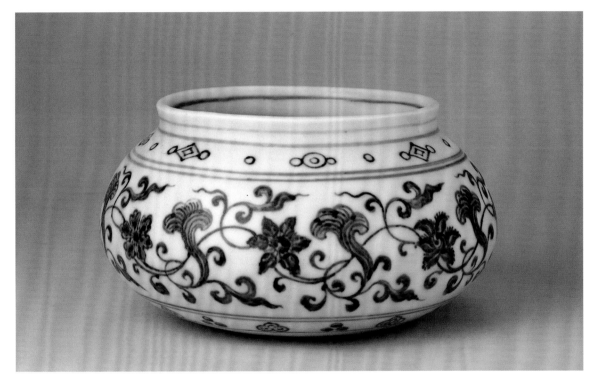

尊直口，扁圓腹，圈底。通體青花紋飾，裏心飾折枝菊紋，外飾雙綫紋一道；肩飾菱形、環紋連續圖案，腹飾纏枝花紋；近底處飾雲頭圓點紋，三層紋飾間隔以青花雙綫。

尊因似魚簍而得名，摹仿阿拉伯銅器的特色，造型簡潔，綫條圓潤。此器在永樂器物中較為新穎，是反映永樂瓷器風格的製品，清代曾有仿製。

青花阿拉伯文無擋尊
明永樂
高 17.2 厘米　口徑 17.2 厘米　足徑 16.6 厘米
清宮舊藏

**Blue and white Zun without lid and bottom inscribed
with Arabian writings**
Yongle period, Ming Dynasty
Height: 17.2cm　Diameter of mouth: 17.2cm
Diameter of foot: 16.6cm
Qing court collection

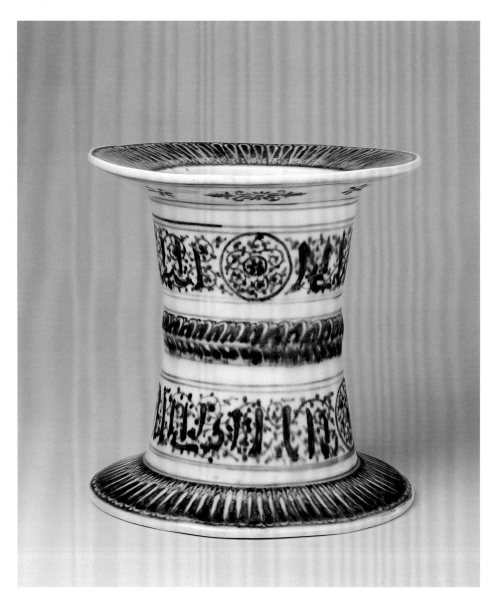

尊身為筒狀，上下口處寬折沿。通體青花紋飾，口及底沿飾菊花瓣
紋，身部紋飾分三層，上、下兩層仿寫阿拉伯文並繪團形圖案，中間
一層飾仰覆變形花瓣紋。

此器仿西亞阿拉伯銅器，造型奇特，其用途推測有三：一是器物的底
座；二是西亞地區春藥用的臼；三是西亞國家宮廷用於插粗蠟燭的燭
台。因中空無底，故清乾隆帝在詩中稱之為"無擋尊"。

青花折枝花紋八方燭台
明永樂
高 38.5 厘米　口徑 9 厘米　足徑 23.5 厘米
清宮舊藏

Blue and white octagonal candlestick with design of
plucked floral sprays
Yongle period, Ming Dynasty
Height: 38.5cm　Diameter of mouth: 9cm
Diameter of foot: 23.5cm
Qing court collection

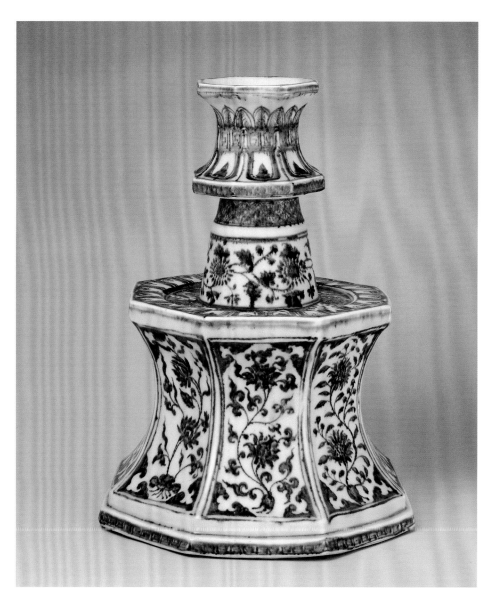

燭台八方式，分上、中、下三層，上層為燭插，中層為連柱，下層為
台座，底中空。通體青花紋飾，上層燭插飾蕉葉紋、回紋和蓮瓣紋，
連柱上部飾錦紋，下部飾纏枝菊花紋，台座面飾海水紋和蓮瓣紋，台
座外壁八開光，分繪菊花、蓮花等折枝花卉紋。燭插和台座底邊飾
回紋。

此器仿自阿拉伯銅器，結構複雜，裝飾華美。

青花海水江崖紋三足爐
明永樂
高 57.8 厘米　口徑 37.8 厘米　足徑 37.5 厘米
清宮舊藏

Blue and white censer with design of rockery in waves
Yongle period, Ming Dynasty
Height: 57.8cm　Diameter of mouth: 37.8cm
Diameter of foot: 37.5cm
Qing court collection

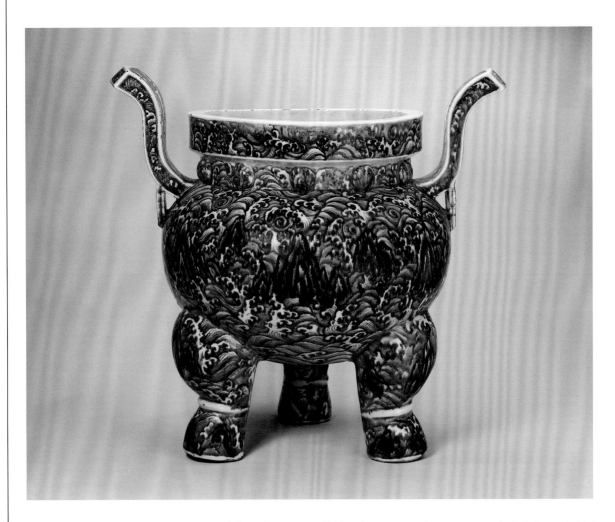

爐為鼎式，短頸，鼓腹，朝天耳，三象腿足。頸凸起鼓釘紋，爐身通繪海水江崖紋。

此器與青海博物館藏"大明永樂年製"款銅爐相近，形體碩大，紋飾氣魄宏偉，象徵江山永固，反映了當時工匠高超的製器工藝。

永樂、宣德時期的海水紋有起伏相疊的波浪及湧起的浪花，其裝飾性比元代時大大加強。

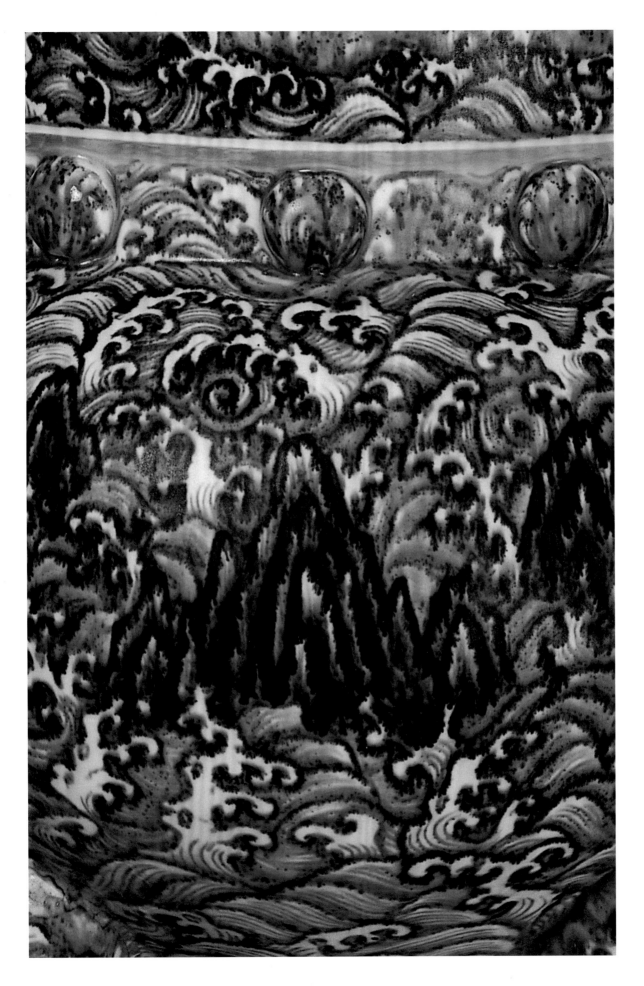

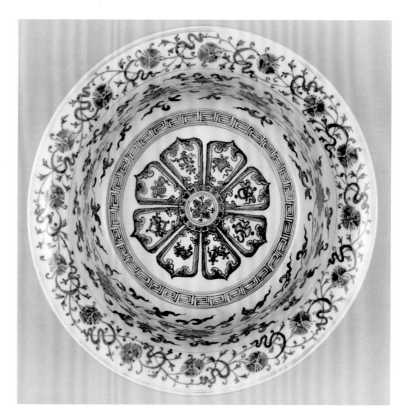

青花纏枝花紋折沿盆

明永樂
高 13.9 厘米　口徑 31.6 厘米
足徑 21.5 厘米
清宮舊藏

Blue and white basin with foliated edge decorated with interlocking floral sprays
Yongle period, Ming Dynasty
Height: 13.9cm
Diameter of mouth: 31.6cm
Diameter of foot: 21.5cm
Qing court collection

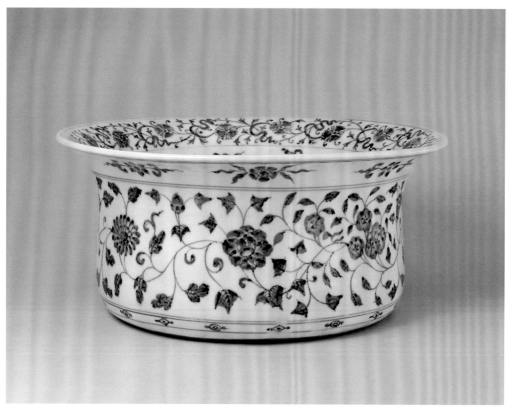

盆折沿，直壁，平底。通體青花紋飾，內底邊飾回紋一周，底心為變形蕉葉紋組成的團花一朵。花心及花瓣內飾方勝、銀錠等組成的雜寶紋，裏壁及裏口飾纏枝花紋，外口飾折枝花紋，外壁飾纏枝花紋，近底處飾方、圓等幾何。

此器造型仿自阿拉伯銅器。

青花纏枝花紋折沿盆
明永樂
高 12.2 厘米　口徑 16.5 厘米
足徑 10 厘米
清宮舊藏

**Blue and white basin with foliated
edge decorated with interlocking
floral sprays**
Yongle period, Ming Dynasty
Height: 12.2cm
Diameter of mouth: 16.5cm
Diameter of foot: 10cm
Qing court collection

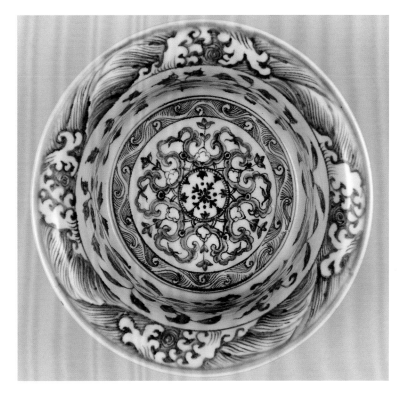

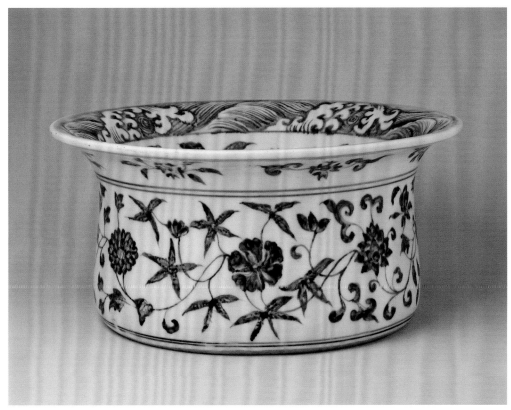

盆折沿，直壁，平底。青花紋飾，裏心飾團花紋，外圍飾纏枝如意雲
頭紋和海水紋，裏外壁均飾纏枝四季花卉紋，裏口飾海水紋，外口飾
折枝花卉紋，裏外各飾青花綫六道。

此器仿自阿拉伯銅器，造型簡潔飽滿，紋飾清晰瀟灑。

青花折枝花卉紋水注

明永樂
通高 38.8 厘米　口徑 7.4 厘米　足徑 11.5 厘米
清宮舊藏

Blue and white water dropper with design of plucked floral sprays
Yongle period, Ming Dynasty
Overall height: 38.8cm　Diameter of mouth: 7.4cm
Diameter of foot: 11.5cm
Qing court collection

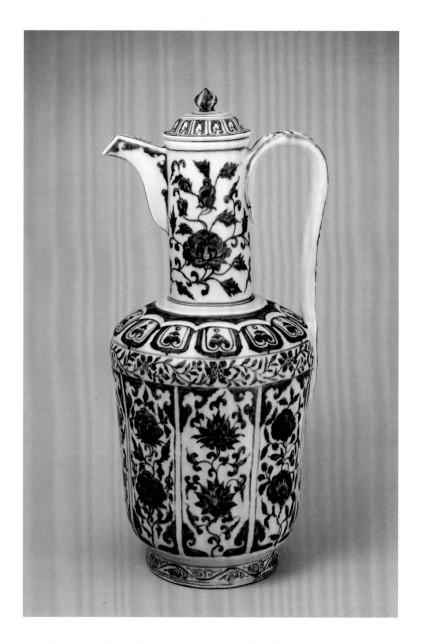

水注直口，有蓋，長頸，寬肩，肩以下漸斂，折底，圈足。頸一面有扁形方流，另一面有如意形曲柄。青花紋飾，頸飾纏枝蓮紋，肩飾蓮瓣紋和串枝花紋，腹、足牆、柄面均飾折枝花紋。

此器源自阿拉伯銅器，為淨手和澆花的器具。在吸取了阿拉伯器物精巧與裝飾感強的特點外，又增添了端莊飽滿的特色。

青花纏枝蓮紋花澆
明永樂
高 14.7 厘米　口徑 8 厘米　足徑 4 厘米
清宮舊藏

Blue and white sprinklar with design of interlocking
lotus sprays
Yongle period, Ming Dynasty
Height: 14.7cm　Diameter of mouth: 8cm
Diameter of foot: 4cm
Qing court collection

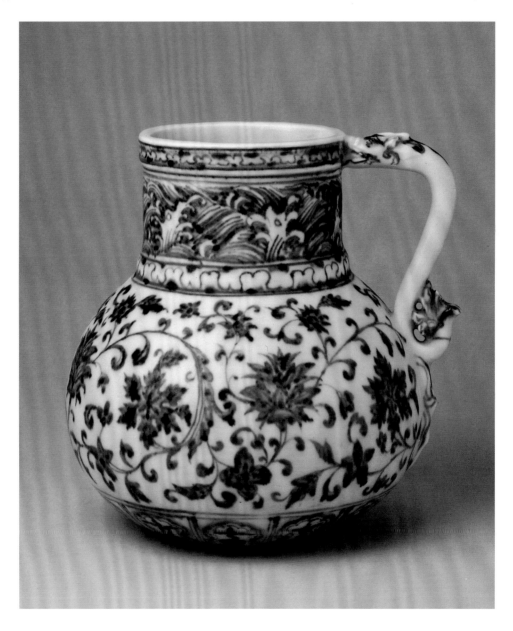

花澆直口，鼓腹，底內凹，柄兩端各有一螭首。青花紋飾，頸飾海水
紋，腹飾纏枝花紋，近底處飾蓮瓣紋。

此器雖仿阿拉伯銅器製作，但螭首柄卻表明了中國文化因素。由於此
器風格獨特，故被後世作為反映永樂瓷器特色的器物，以至於仿品迭
出，曾出現明宣德和清雍正製品，其中雍正製品在嚴格仿製的同時，
又結合當時西洋製品的風格，在造型和紋飾上有新的發展。

青花園景花卉紋盤
明永樂
高 4.9 厘米　口徑 62.5 厘米
足徑 48.5 厘米
清宮舊藏

Blue and white plate decorated with garden flowers and plants
Yongle period, Ming Dynasty
Height: 4.9cm
Diameter of mouth: 62.5cm
Diameter of foot: 48.5cm
Qing court collection

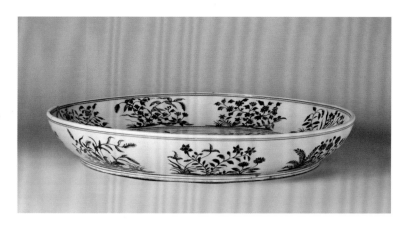

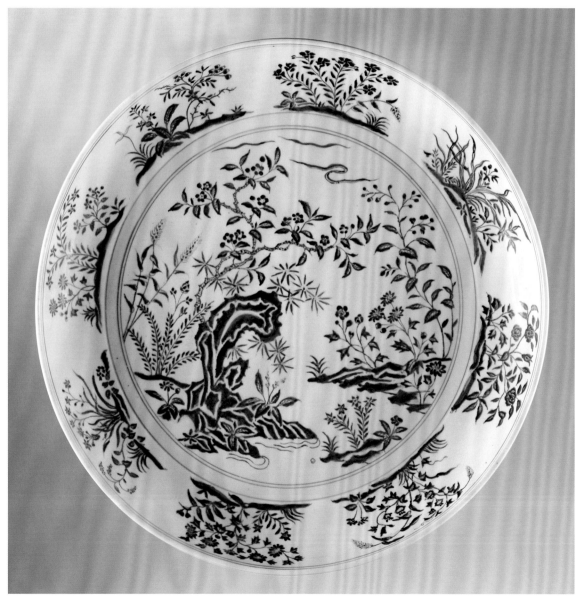

盤敞口。青花紋飾，盤心繪坡地、山石、花草，下有流水，上有浮雲。裏外壁飾多種花草紋。

此盤形體較大，且壁厚體重，與永樂一般瓷器的造型殊異，但其紋飾佈局卻疏朗明快，映目清新，這又與永樂瓷器的總體風格相合。

青花園景花卉紋盤
明永樂
高 8.5 厘米　口徑 63.5 厘米
足徑 49.5 厘米
清宮舊藏

Blue and white plate with design of garden flowers and plants
Yongle period, Ming Dynasty
Height: 8.5cm
Diameter of mouth: 63.5cm
Diameter of foot: 49.5cm
Qing court collection

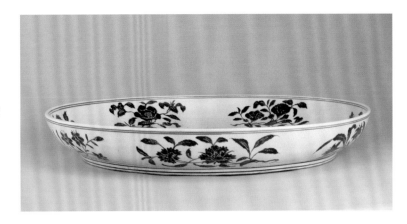

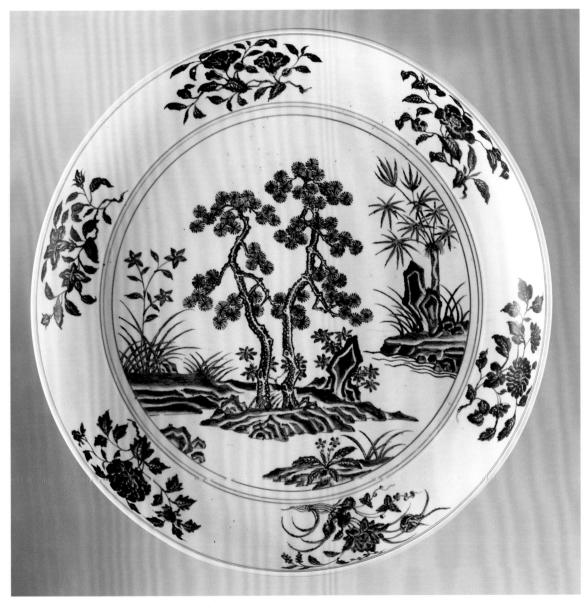

盤敞口。青花紋飾，盤心繪園景圖，青松並立，棕樹與山石相呼應，下有坡地流水。裏外壁均繪折枝四季花卉紋。

此盤形體較大，盤心紋飾描繪細膩，寓意吉祥，棕、石諧音"宗室"，流水象徵源遠流長。

青花折枝芍藥紋盤
明永樂
高 6.8 厘米　口徑 37.5 厘米　足徑 23.7 厘米
清宮舊藏

Blue and white plate decorated with plucked peony sprays
Yongle period, Ming Dynasty
Height: 6.8cm　Diameter of mouth: 37.5cm
Diameter of foot: 23.7cm
Qing court collection

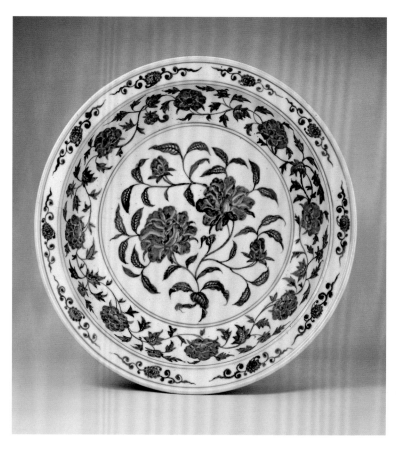

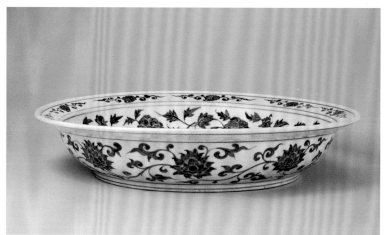

盤折沿。青花紋飾，盤心飾折枝芍藥紋，裏壁飾纏枝牡丹紋，口沿飾
折枝菊花紋，外壁飾纏枝連紋。

此盤形制簡潔，紋飾自然生動。

青花纏枝菊紋盤
明永樂
高 7.2 厘米　口徑 37.5 厘米　足徑 24.2 厘米

**Blue and white plate with design of interlocking
chrysanthemum sprays**
Yongle period, Ming Dynasty
Height: 7.2cm　Diameter of mouth: 37.5cm
Diameter of foot: 24.2cm

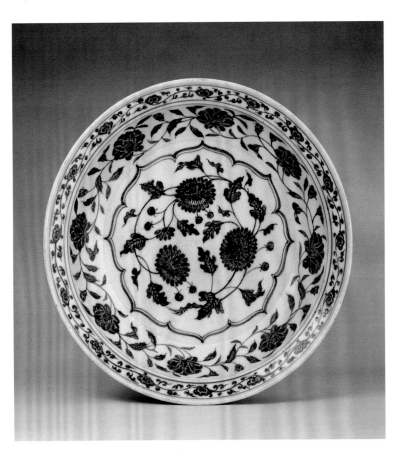

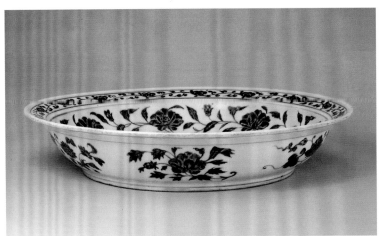

盤撇口。青花紋飾，盤心飾纏枝菊花紋，周圍環繞花瓣形開光，內壁
飾纏枝花紋，折沿飾纏枝靈芝紋，外壁飾折枝花紋，裏外有青花綫
四道。

青花折枝瓜果紋盤
明永樂
高 7 厘米　口徑 37.8 厘米
足徑 24.2 厘米
清宮舊藏

Blue and white plate with design of plucked sprays of melon and fruits
Yongle period, Ming Dynasty
Height: 7cm
Diameter of mouth: 37.8cm
Diameter of foot: 24.2cm
Qing court collection

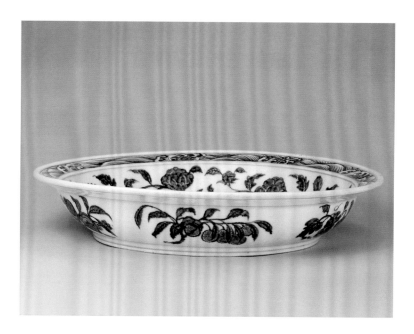

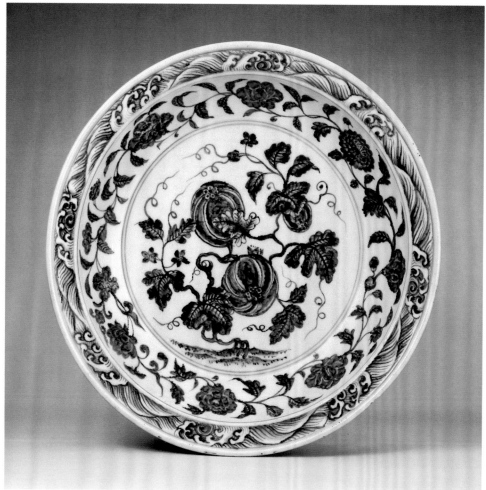

盤撇口，砂底。青花紋飾，盤心飾西瓜果實纍纍，蔓葉相掩，裏壁飾纏枝四季花卉紋，折沿飾海水紋，外壁飾折枝海棠、銀杏、鮮桃、荔枝、葡萄、石榴等四季花果紋。

此器瓜果紋飾豐富，盤心西瓜紋生動逼真。外環四季花果，寓意為"四季報喜"。

青花荷花紋盤
明永樂
高 6.7 厘米 口徑 37.6 厘米
足徑 24.1 厘米

Blue and white plate with lotus design
Yongle period, Ming Dynasty
Height: 6.7cm
Diameter of mouth: 37.6cm
Diameter of foot: 24.1cm

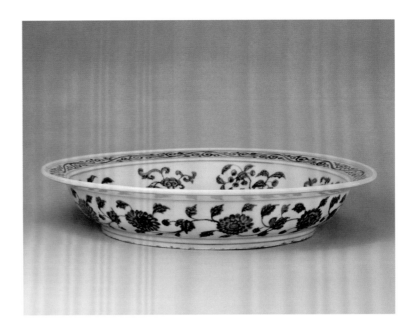

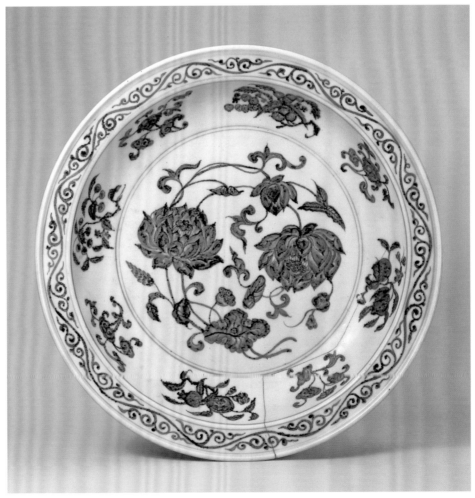

盤撇口，砂底。青花紋飾，盤心飾荷花紋，兩朵大花俯仰相對，一朵小花相襯；裏壁飾折枝花果紋，有桃、石榴、荔枝、枇杷、靈芝，裏口飾忍冬紋，外壁飾纏枝菊花紋。

此器紋飾疏朗明快，雅致宜人，含有吉祥寓意。

青花纏枝花紋花口盤
明永樂
高 6 厘米　口徑 34 厘米
足徑 22.3 厘米
清宮舊藏

Blue and white plate with a flower-
petal mouth decorated with
interlocking sprays
Yongle period, Ming Dynasty
Height: 6cm
Diameter of mouth: 34cm
Diameter of foot: 22.3cm
Qing court collection

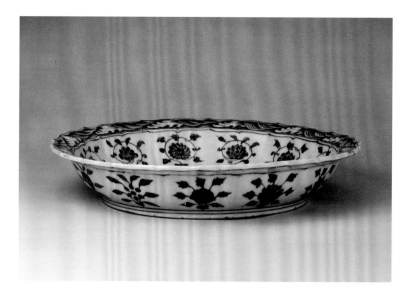

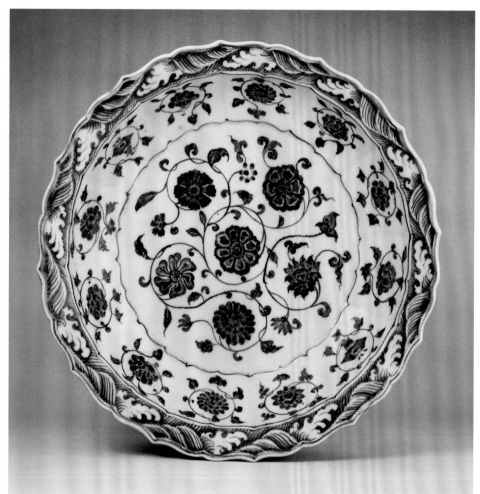

盤菱花口，折沿，砂底。青花紋飾，盤心飾纏枝花紋，裏壁飾環枝花紋，口沿飾海浪紋，外壁飾折枝花紋。

此盤造型精巧樸實，紋飾清晰，富於層次感。

60

青花枇杷鳥紋花口盤
明永樂
高 9.2 厘米　口徑 51.2 厘米
足徑 34.5 厘米
清宮舊藏

Blue and white plate with a flower-
petal mouth decorated with bird
and loguat
Yongle period, Ming Dynasty
Height: 9.2cm
Diameter of mouth: 51.2cm
Diameter of foot: 34.5cm
Qing court collection

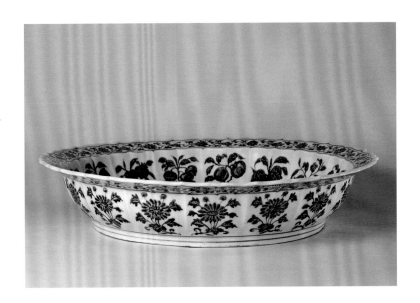

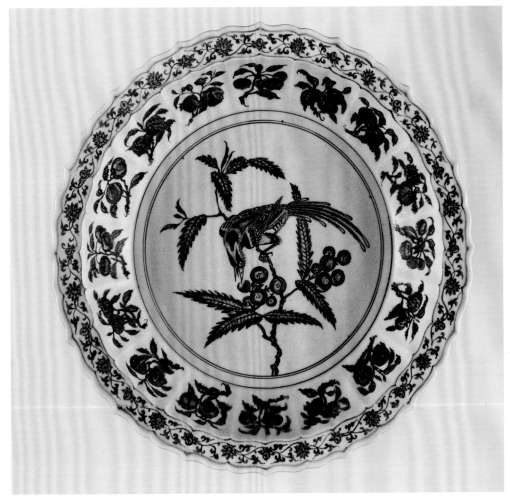

盤菱花口，青花紋飾，盤心繪折枝批杷和綬帶鳥，裏壁飾折枝石榴、枇杷紋，口沿飾纏枝蓮紋，外口飾海水紋，外壁飾折枝菊紋，裏外紋飾均隔以青花綫。

此種盤是明永樂時獨具特色的器物，造型美觀，紋飾層次分明，盤心紋飾更具新意。永樂、宣德的青花瓷器動、植物紋樣都很豐富，藝術水準很高，此花鳥紋更集二者之優點。

青花雲龍紋碗

明永樂

高 9.1 厘米　口徑 20 厘米　足徑 9.5 厘米

Blue and white bowl with dragon and cloud design
Yongle period, Ming Dynasty
Height: 9.1cm　Diameter of mouth: 20cm
Diameter of foot: 9.5cm

61

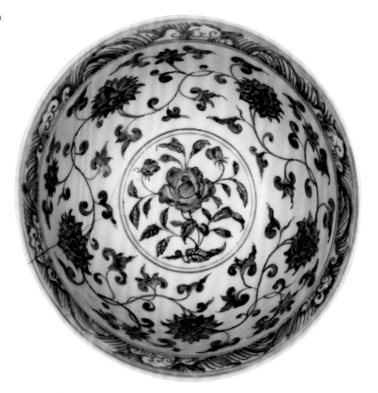

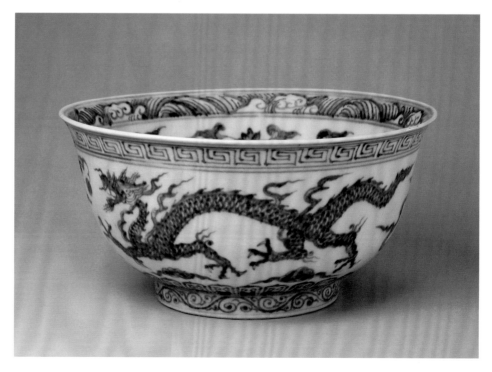

碗撇口，圈足。青花紋飾流暢清新，碗心飾折枝花紋，裏壁飾纏枝牡
丹紋，裏口飾海水紋，外口飾回紋，外壁飾雙龍戲珠及雲紋，近足處
飾變形蓮瓣紋一周，足牆飾忍冬紋。

青花纏枝花紋碗
明永樂
高 8.9 厘米　口徑 17.9 厘米　足徑 9.6 厘米
清宮舊藏

Blue and white bowl with interlocking sprays
Yongle period, Ming Dynasty
Height: 8.9cm　Diameter of mouth: 17.9cm
Diameter of foot: 9.6cm
Qing court collection

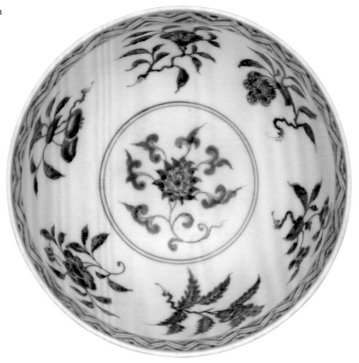

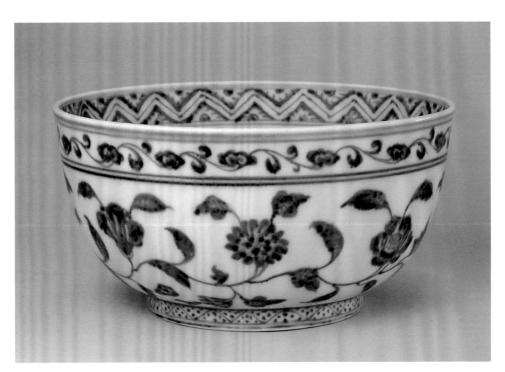

碗直口。青花紋飾，碗心飾折枝蓮紋，裏壁飾折枝花果紋，外口沿下飾纏枝靈芝紋，外壁飾纏枝菊花、茶花紋。

此碗造型簡潔，胎質潔淨，青花濃艷。

63

青花纏枝菊紋碗
明永樂
高 7.5 厘米　口徑 18 厘米　足徑 9.6 厘米
清宮舊藏

Blue and white bowl with interlocking chrysanthemum
design
Yongle period, Ming Dynasty
Height: 7.5cm　Diameter of mouth: 18cm
Diameter of foot: 9.6cm
Qing court collection

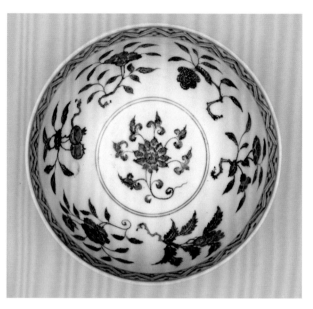

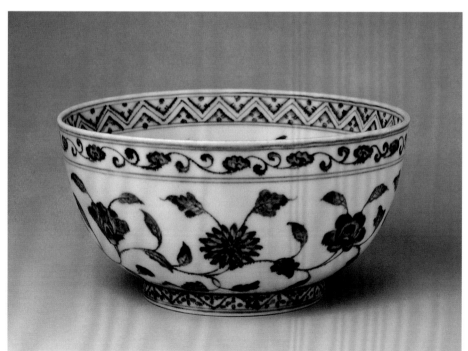

碗直口。通體青花紋飾，碗心飾折枝蓮花紋，裏壁飾折枝枇杷、石榴
花、荔枝、牡丹、櫻桃等吉祥花果紋，裏口飾幾何紋，外口飾纏枝靈
芝紋，外壁飾纏枝菊紋，足牆飾變形花葉紋和幾何紋。

青花纏枝菊紋碗
明永樂
高 5.6 厘米　口徑 11 厘米　足徑 4.4 厘米
清宮舊藏

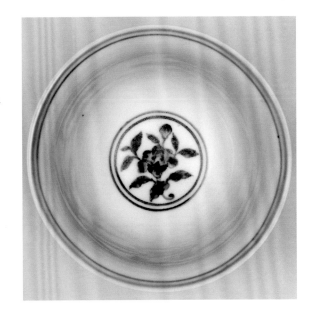

Blue and white bowl with interlocking chrysanthemum design
Yongle period, Ming Dynasty
Height: 5.6cm　Diameter of mouth: 11cm
Diameter of foot: 4.4cm
Qing court collection

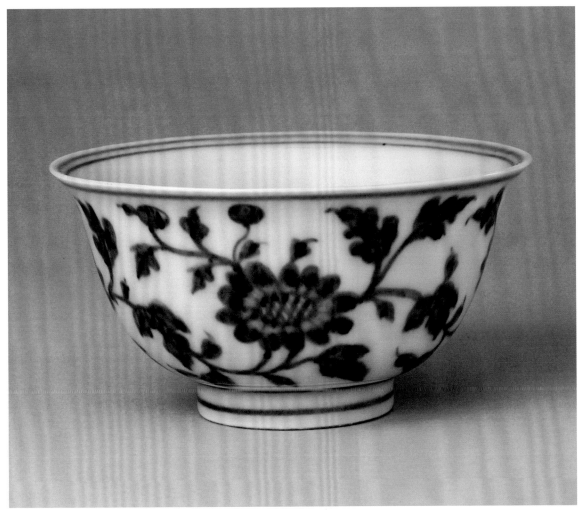

碗撇口。青花紋飾，碗心雙圈內飾折枝山茶花，外腹飾纏枝菊紋，口、足共有青花綫四道。

此器繼承元末明初瓷器傳統，紋飾描繪自然生動。

青花纏枝蓮紋碗
明永樂
高 13.7 厘米　口徑 35.5 厘米　足徑 20 厘米
清宮舊藏

Blue and white bowl with interlocking lotus design
Yongle period, Ming Dynasty
Height: 13.7cm　Diameter of mouth: 35.5cm
Diameter of foot: 20cm
Qing court collection

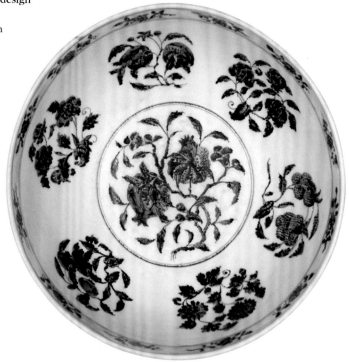

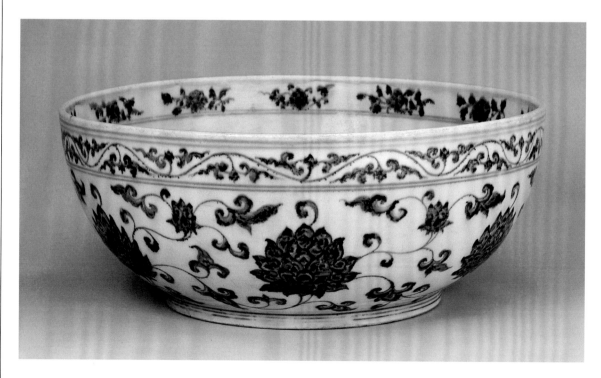

碗直口。通體青花紋飾，碗心飾折枝石榴，果實碩大，裏壁飾折枝花
果紋，裏口飾折枝花紋，外口沿飾忍冬紋，外壁飾纏枝蓮紋，足牆飾
青花綫三道。

此碗形制頗大，青花紋飾嚴謹細膩，花果描繪形象生動。石榴寓意
"多子多福"。

青花纏枝牡丹紋碗
明永樂
高 13.7 厘米　口徑 31 厘米　足徑 17.2 厘米
清宮舊藏

Blue and white bowl with interlocking peony design
Yongle period, Ming Dynasty
Height: 13.7cm　Diameter of mouth: 31cm
Diameter of foot: 17.2cm
Qing court collection

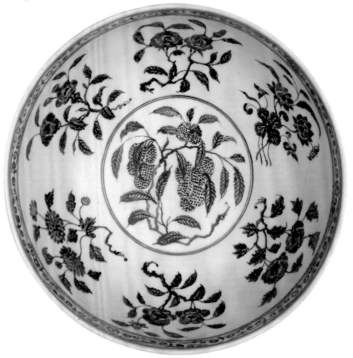

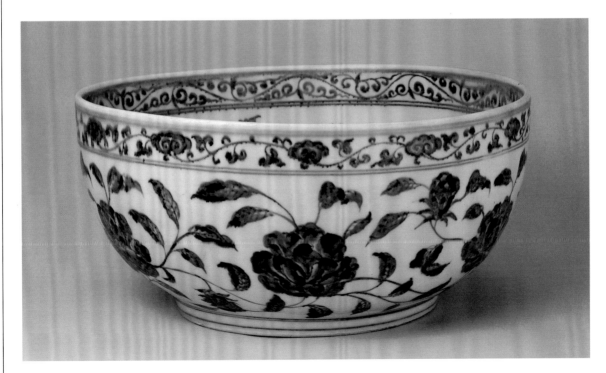

碗直口。青花紋飾，碗心雙圈內飾折枝荔枝紋，裏壁飾折枝花卉紋，外口沿下飾纏枝靈芝紋，外壁飾纏枝牡丹紋及花蕾紋。

碗心紋飾生動，荔枝枝葉柔軟低垂，果實纍纍掛滿梢頭，表現出 "大利" 的吉祥含意。

青花纏枝靈芝紋碗
明永樂
高 5.6 厘米　口徑 10.9 厘米　足徑 4.4 厘米
清宮舊藏

Blue and white bowl with interlocking magic fungus
design
Yongle period, Ming Dynasty
Height: 5.6cm　Diameter of mouth: 10.9cm
Diameter of foot: 4.4cm
Qing court collection

67

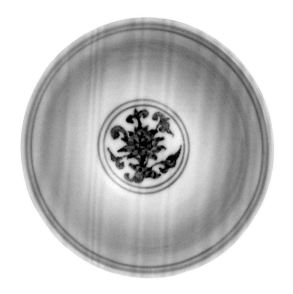

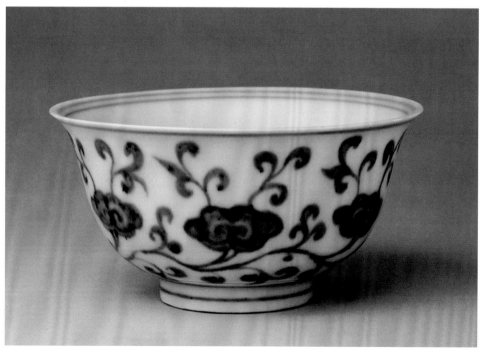

碗撇口。青花紋飾，碗心雙圈內飾折枝蓮紋，外壁飾纏枝靈芝紋，口、
足有青花綫五道。

此器紋飾簡潔，描繪工細，釉色潤澤。

青花折枝花紋碗
明永樂
高 10.4 厘米　口徑 20.7 厘米　足徑 10.5 厘米
清宮舊藏

Blue and white bowl with design of plucked floral sprays
Yongle period, Ming Dynasty
Height: 10.4cm　Diameter of mouth: 20.7cm
Diameter of foot: 10.5cm
Qing court collection

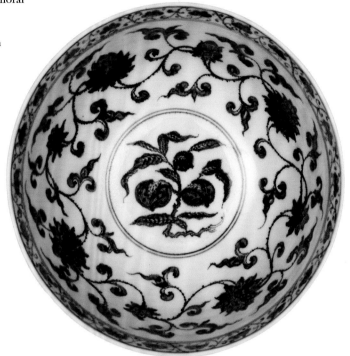

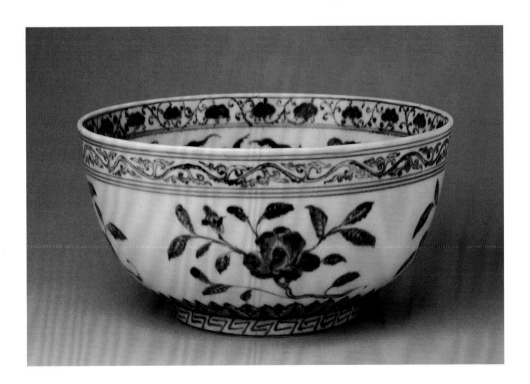

碗直口。青花紋飾，碗心雙圈內飾折枝桃紋，裏壁飾纏枝花卉紋，裏口飾纏枝靈芝紋，外口飾忍冬紋，外壁飾折枝花果紋，近足處飾蕉葉紋，足牆飾回紋。

此碗製作細膩，風格雅致。

青花折枝花果紋碗
明永樂
高 10 厘米　口徑 20.3 厘米　足徑 10.7 厘米
清宮舊藏

**Blue and white bowl with design of plucked sprays of
flower and fruits**
Yongle period, Ming Dynasty
Height: 10cm　Diameter of mouth: 20.3cm
Diameter of foot: 10.7cm
Qing court collection

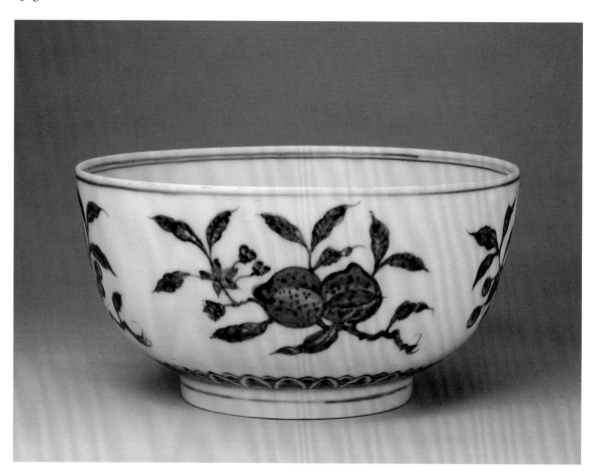

碗直口。青花紋飾豐富，佈局疏朗，碗心飾折枝
菊花紋，外壁飾折枝石榴、枇杷、桃紋，近足處
飾菊瓣紋。

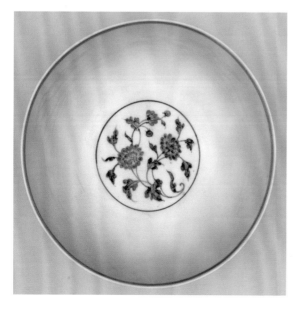

青花折枝花果紋碗

青花折枝花紋碗
明永樂
高 9.2 厘米　口徑 21.2 厘米　足徑 9.5 厘米

Blue and white bowl with design of plucked spray
Yongle period, Ming Dynasty
Height: 9.2cm　Diameter of mouth: 21.2cm
Diameter of foot: 9.5cm

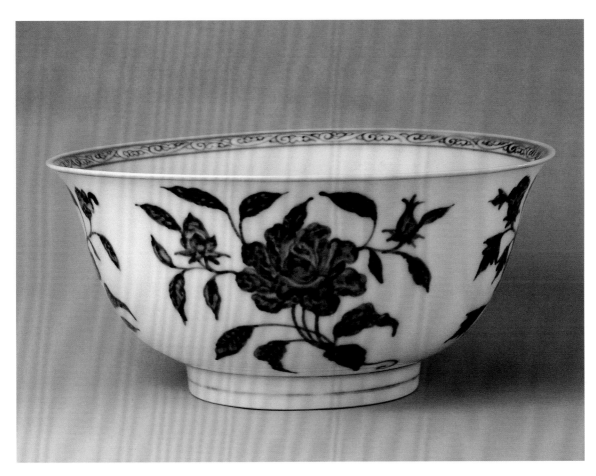

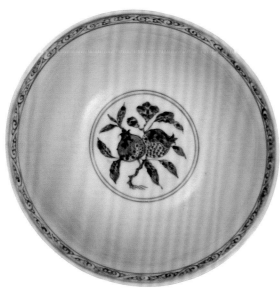

碗撇口，圈足。青花紋飾，碗心雙圈內飾折枝石榴
紋，裏口飾忍冬紋，外壁飾月季、牡丹等折枝花
紋，足外牆飾青花綫一道。

71

青花折枝山茶花紋碗
明永樂
高 5.9 厘米　口徑 11.1 厘米　足徑 4.6 厘米
清宮舊藏

Blue and white bowl with design of plucked spray of camellia
Yongle period, Ming Dynasty
Height: 5.9cm　Diameter of mouth: 11.1cm
Diameter of foot: 4.6cm
Qing court collection

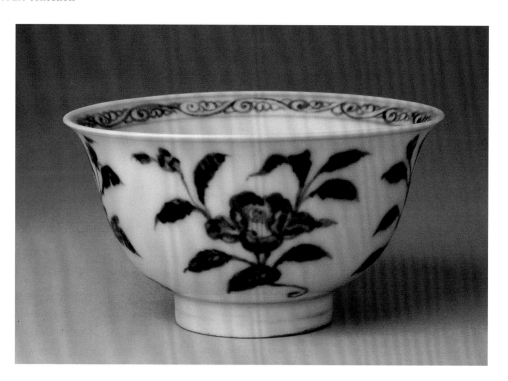

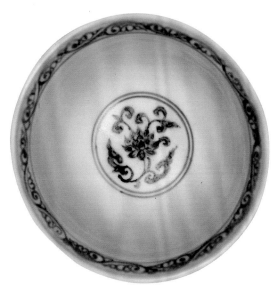

碗撇口，圈足。青花紋飾簡潔，清新明快，碗心雙圈內飾勾蓮紋，裏口飾忍冬紋，外壁飾折枝山茶花紋。

青花竹石芭蕉紋碗
明永樂
高 7.1 厘米　口徑 16.4 厘米　足徑 5.8 厘米

Blue and white bowl with design of bamboo, rock and banana
Yongle period, Ming Dynasty
Height: 7.1cm　Diameter of mouth: l6.4cm
Diameter of foot: 5.8cm

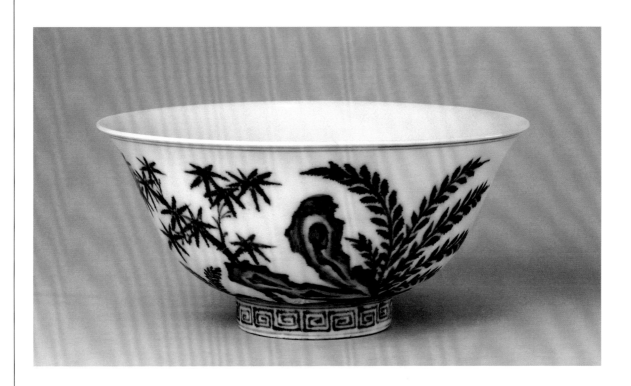

碗撇口。內裏光素無紋，外壁飾竹石、芭蕉，為通景式園景，足牆飾回紋，紋飾間隔以青花綫。

所飾竹、石、草、木均具裝飾性，意境清新。

青花菊瓣紋碗
明永樂
高 5.7 厘米　口徑 10.1 厘米
足徑 2.9 厘米
清宮舊藏

Blue and white bowl with chrysanthemum-petal design
Yongle period, Ming Dynasty
Height: 5.7cm
Diameter of mouth: 10.1cm
Diameter of foot: 2.9cm
Qing court collection

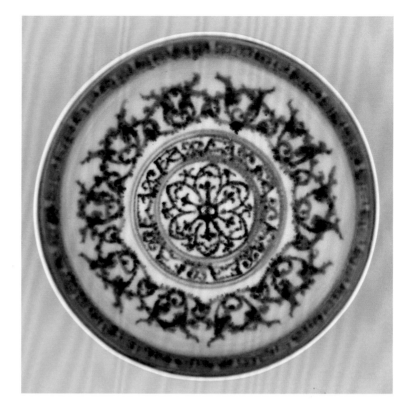

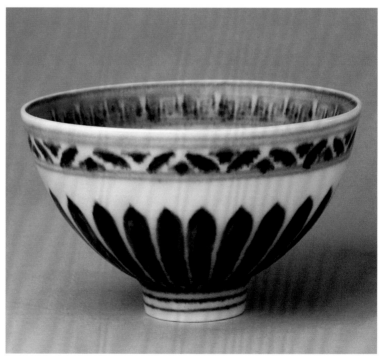

碗敞口，瘦底，至碗心呈尖形，俗稱“雞心碗”。青花紋飾，碗心飾團花，裏壁飾變形捲草圖案，裏口飾回紋，外口飾半錢紋，外壁飾菊瓣紋。紋飾間均隔以青花綫，嚴謹鮮明。

此碗小巧玲瓏，紋飾具有域外風格。

青花菊瓣紋碗
明永樂
高 6.7 厘米　口徑 10.3 厘米
足徑 3 厘米
清宮舊藏

**Blue and white bowl with
chrysanthemum-petal design**
Yongle period, Ming Dynasty
Height: 6.7cm
Diameter of mouth: 10.3cm
Diameter of foot: 3cm
Qing court collection

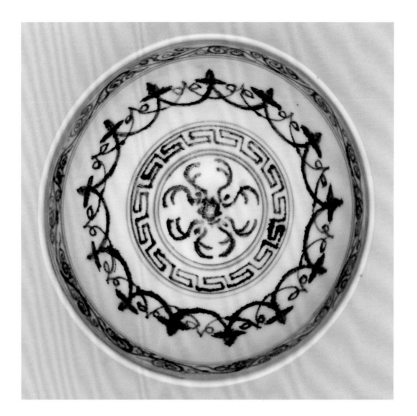

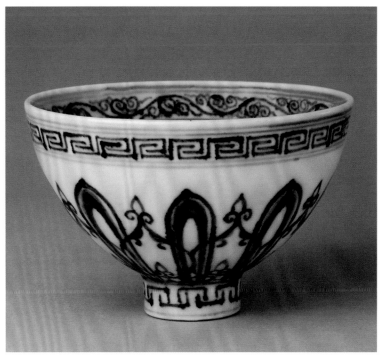

碗為雞心碗。青花紋飾，碗心圖紋有域外風格，裏壁飾串枝紋、變形
回紋，裏口飾忍冬紋，外口飾回紋，外壁飾菊瓣紋，間隔以變形如意
雲頭紋。

此器小巧玲瓏，是永樂瓷器中一種新穎的造型。其紋飾風格獨特，特
別是碗心的圖案，具有濃厚的阿拉伯風格。當時朝廷為了貿易的需要
仿製阿拉伯民族的器物，並用當地的青料繪紋飾，後來景德鎮將這種
工藝推廣，在中國傳統的器物上也使用"蘇麻離青"，於是便形成了永
樂、宣德青花的普遍風格。

青花菊瓣紋碗
明永樂
高 19.5 厘米　口徑 20.1 厘米
足徑 7.4 厘米

Blue and white bowl with chrysanthemum-petal design
Yongle period, Ming Dynasty
Height: 19.5cm
Diameter of mouth: 20.1cm
Diameter of foot: 7.4cm

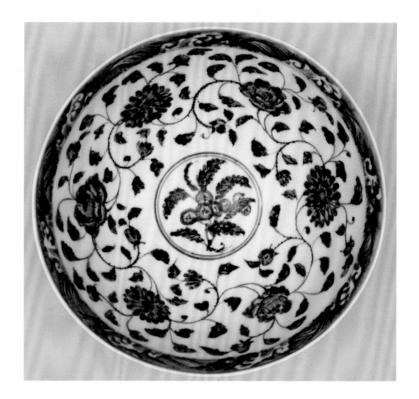

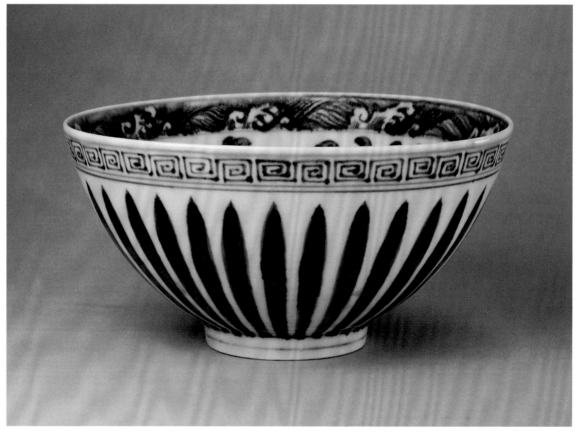

碗敞口，瘦底，為雞心碗。青花紋飾，碗心雙圈內飾折枝枇杷，裏壁飾纏枝花紋，裏口飾海水紋，外口飾回紋，外壁飾菊瓣紋，紋飾間均隔以青花綫。

此器青花色調豔麗並有暈散，紋飾規矩而不失明快。

青花花鳥紋高足碗
明永樂
高 11.7 厘米　口徑 16.7 厘米
足徑 4.3 厘米
清宮舊藏

**Blue and white stem-bowl with
flower and bird design**
Yongle period, Ming Dynasty
Height: 11.7cm
Diameter of mouth: 16.7cm
Diameter of foot: 4.3cm
Qing court collection

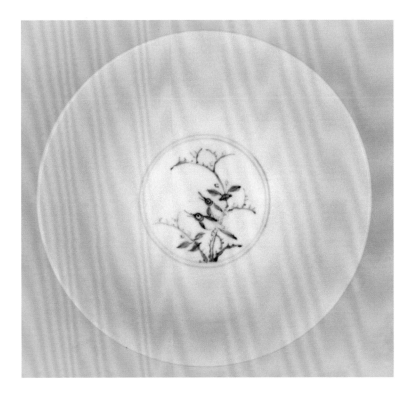

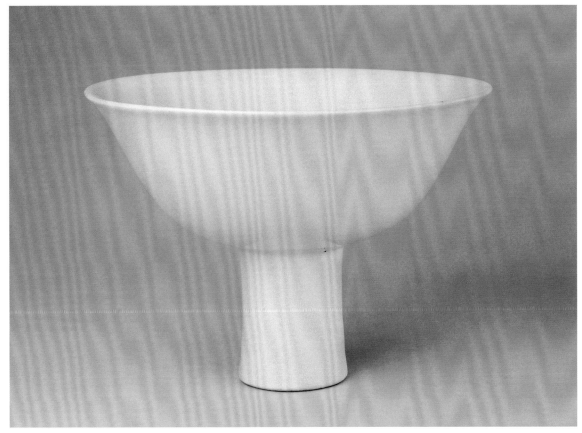

碗撇口，高足。紋飾集中於碗心，於雙圈內繪青花《雙鵲報春圖》。

此器外壁白素，格調高雅。青花紋飾繪工嫻熟，佈局考究，造詣頗高。
高足碗多作陳設供品之用。

青花折枝葡萄紋高足碗
明永樂
高 11.4 厘米　口徑 17 厘米
足徑 4.2 厘米
清宮舊藏

**Blue and white stem- bowl with
design of plucked grape branches**
Yongle period, Ming Dynasty
Height: 11.4cm
Diameter of mouth: 17cm
Diameter of foot: 4.2cm
Qing court collection

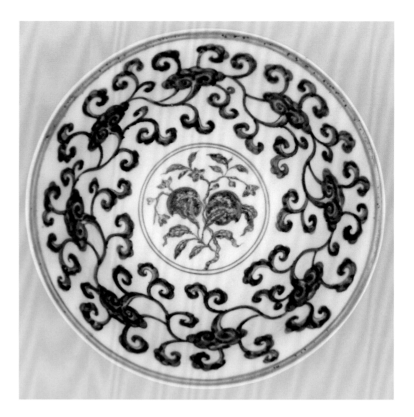

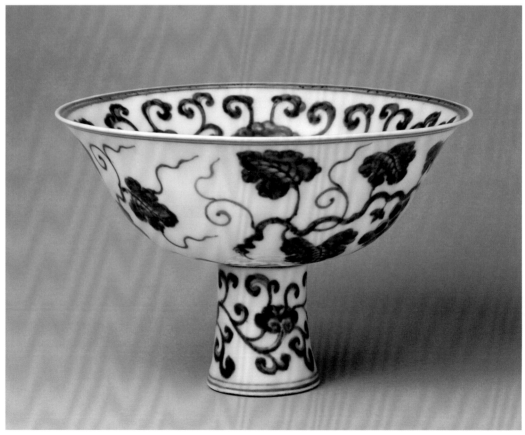

碗撇口，高足。通體青花紋飾，碗心飾折枝桃紋，裏壁飾纏枝靈芝紋，
外壁飾折枝葡萄紋，足柄飾纏枝靈芝紋。

此器青花濃豔，取流行紋飾，寓意吉祥。

青花纏枝蓮紋壓手杯
明永樂
高 5.2 厘米　口徑 9.3 厘米
足徑 3.9 厘米
清宮舊藏

Blue and white press-hand cup with interlocking lotus design
Yongle period, Ming Dynasty
Height: 5.2cm
Diameter of mouth: 9.3cm
Diameter of foot: 3.9cm
Qing court collection

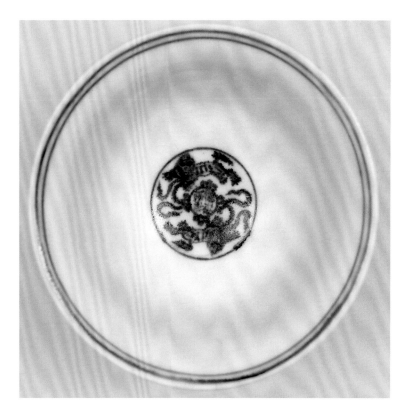

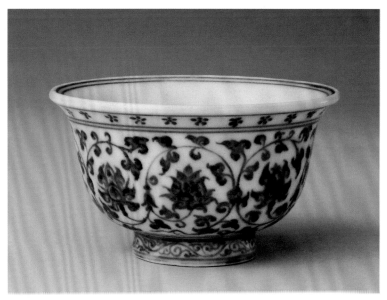

杯撇口，豐底，圈足。青花紋飾，杯心單圈內飾雙獅戲球紋，球內青花綫書"永樂年製"篆書款。外口飾朵梅紋，外壁飾纏枝蓮紋，足牆飾忍冬紋，紋飾間隔以青花綫九道。

壓手杯是永樂青花瓷器中的精品，素負盛名。明末谷應泰著《博物要覽》中説："若我永樂年造壓手杯……中心畫雙獅滾球，球內篆'大明永樂年製'六字或四字，此為上品。鴛鴦心者次之，花心者又其次也，杯外青花深翠，式樣精妙，傳世可久，價亦甚高。"

永樂青花壓手杯是古瓷名品，故宮共收藏四件，彌足珍貴。它們是迄今所見唯一署有年款的永樂官窰青花瓷器，開明、清官窰瓷器上以青花料書寫帝王年號款之先河。

青花纏枝蓮紋壓手杯
明永樂
高 4.9 厘米　口徑 9.2 厘米
足徑 3.9 厘米
清宮舊藏

**Blue and white press-hand cup
with interlocking lotus design**
Yongle period, Ming Dynasty
Height: 4.9cm
Diameter of mouth: 9.2cm
Diameter of foot: 3.9cm
Qing court collection

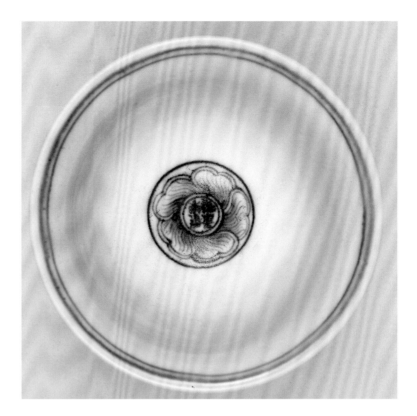

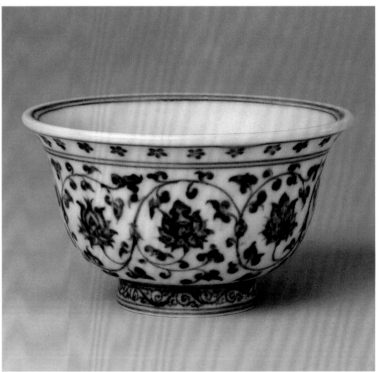

杯撇口，豐底，圈足。青花紋飾，杯心單圈內飾葵花紋，花心內青花書 "永樂年製" 篆書款，外口飾朵梅紋，外壁飾纏枝蓮，足牆飾忍冬紋，紋飾間隔以青花綫九道。

此器造型厚壁凝重，給人小器大樣之感。青花的渲染恰到好處，紋飾綫條清晰流暢。其造型、紋飾、款識是研究、鑑定永樂青花壓手杯的標準器。

80

青花折枝靈芝紋盞托
明永樂
高 2.1 厘米　口徑 18.7 厘米
足徑 12.6 厘米
清宮舊藏

Blue and white cup saucer with interlocking magic fungus design
Yongle period, Ming Dynasty
Height: 2.1cm
Diameter of mouth: 18.7cm
Diameter of foot: 12.6cm
Qing court collection

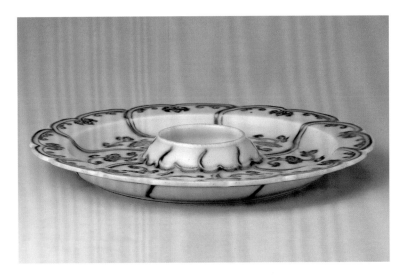

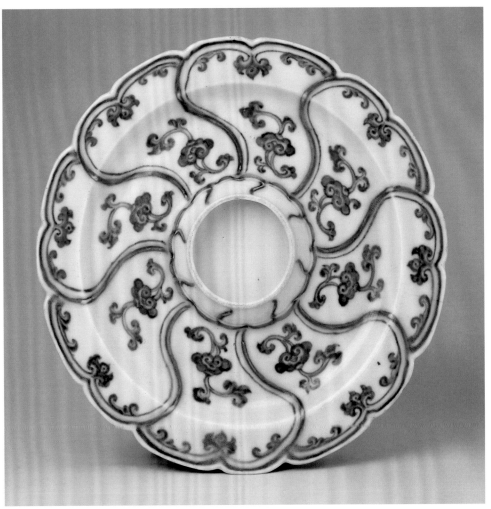

盞托花瓣口，折沿，淺腹，裹心有槽，平底。裹外均飾青花花瓣紋，裹心飾折枝靈芝紋一周。

永樂瓷器少見帶槽盞托，因而此器較為珍貴。

青花纏枝靈芝紋盞托
明永樂
高 2.5 厘米　口徑 20 厘米
足徑 11.5 厘米

**Blue and white cup saucer with
interlocking magic fungus design**
Yongle period, Ming Dynasty
Height: 2.5cm
Diameter of mouth: 20cm
Diameter of foot: 11.5cm

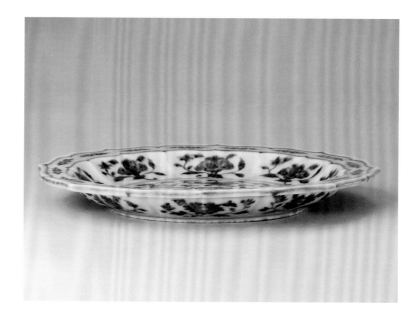

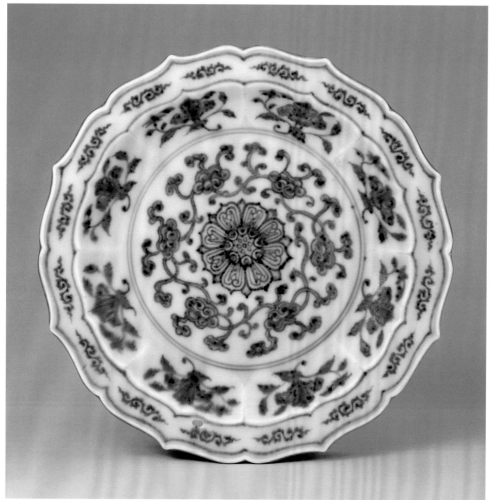

盞托花瓣口式，折沿，淺腹，矮圈足。青花紋飾，裏心飾蓮花紋，花外飾六朵纏枝靈芝紋，裏壁飾折枝芙蓉紋，口沿飾忍冬紋，外壁飾折枝菊紋。

此器形制美觀，紋飾細膩生動。

青花纏枝靈芝紋盞托
明永樂
高 2.5 厘米　口徑 20 厘米
足徑 11.5 厘米

Blue and white cup saucer with interlocking magic fungus design
Yongle period, Ming Dynasty
Height: 2.5cm
Diameter of mouth: 20cm
Diameter of foot: 11.5cm

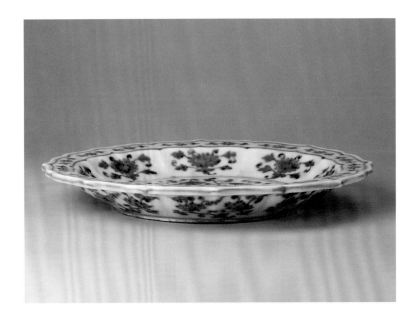

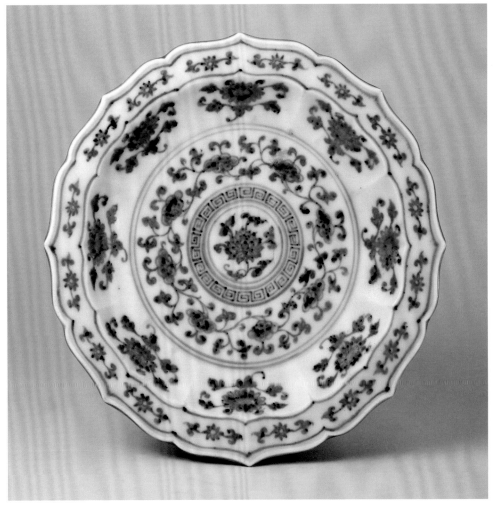

盞托花瓣口，折沿，矮圈足。青花紋飾，裏心飾折枝蓮紋，外圍飾回紋及纏枝靈芝紋，裏壁飾纏枝花紋，折沿飾朵花紋，外壁飾折枝花紋。

此器造型美觀，紋飾於規整中見生動。

青花纏枝花卉紋梅瓶
明宣德
高 53.1 厘米　口徑 8 厘米　足徑 16.5 厘米
清宮舊藏

83

Blue and white prunus vase with interlocking floral
design
Xuande period, Ming Dynasty
Height: 53.1cm　Diameter of mouth: 8cm
Diameter of foot: l6.5cm
Qing court collection

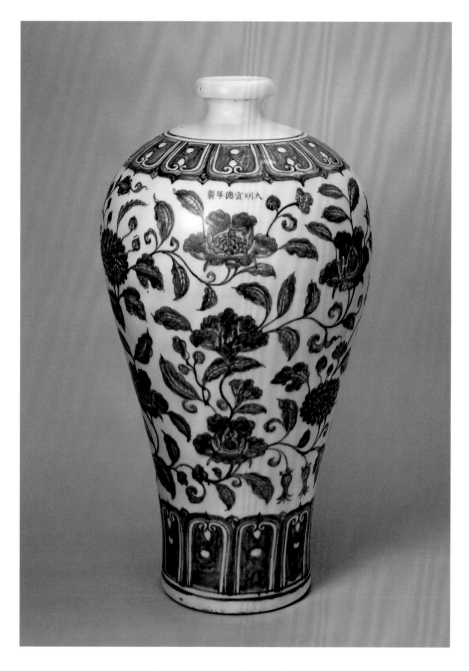

瓶小口，捲唇，豐肩，肩以下漸收，圈足。通體青花紋飾，肩及近足
處飾蓮瓣紋，身飾纏枝牡丹、菊花紋。肩部青花橫書"大明宣德年製"
楷書款。

此器形體高大，製作規整。

青花纏枝石榴紋梅瓶
明宣德
通高 11.7 厘米　口徑 2.8 厘米　足徑 4.5 厘米

Blue and white prunus vase with design of interlocking
sprays of pomegranate
Xuande period, Ming Dynasty
Overall height: 11.7cm　Diameter of mouth: 2.8cm
Diameter of foot: 4.5cm

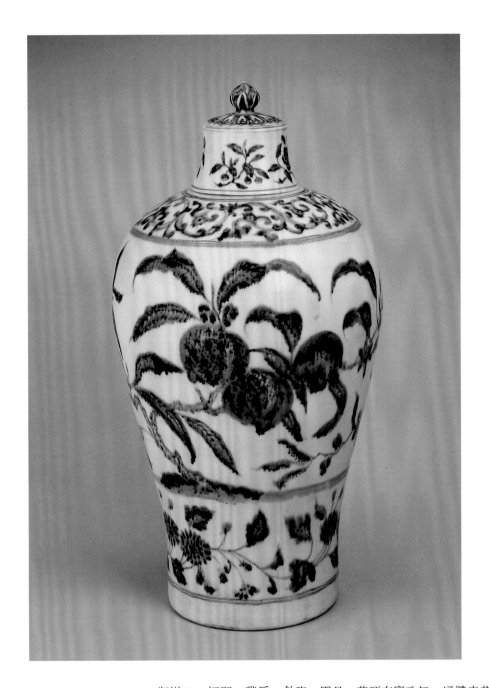

瓶撇口，短頸，豐肩，斂腹，圈足。蓋頂有寶珠鈕。通體青花紋飾，
肩飾忍冬紋，腹飾纏枝石榴紋，近足處飾纏枝花卉紋，花紋間飾青花
綫九道。蓋面飾蓮瓣紋，蓋壁飾折枝花紋。

此瓶形制端莊，青花色調明快，其暈散效果使紋飾更為生動。

青花園景仕女圖梅瓶
明宣德
高 35 厘米　口徑 6.1 厘米　足徑 11.9 厘米

Blue and white prunus vase with scene of beautiful
women in garden
Xuande period, Ming Dynasty
Height: 35cm　Diameter of mouth: 6.1cm
Diameter of foot: 11.9cm

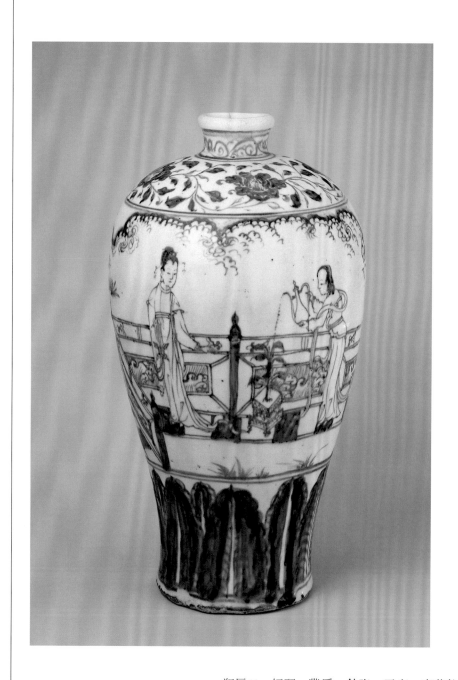

瓶唇口，短頸，豐肩，斂腹，平底。青花紋飾，頸飾忍冬紋，肩飾纏
枝牡丹紋，腹繪《園景仕女圖》，近足處飾蕉葉紋，圖紋間飾青花綫
十道。

此器胎體厚重，仕女描繪生動自然。宣德青花以動、植物紋為多，繪
人物較少，因此特別珍貴。

青花纏枝菊紋玉壺春瓶
明宣德
高 26.7 厘米　口徑 7 厘米　足徑 10 厘米
清宮舊藏

Blue and white pear-shaped vase with interlocking chrysanthemum
design
Xuande period, Ming Dynasty
Height: 26.7cm　Diameter of mouth: 7cm
Diameter of foot: 10cm
Qing court collection

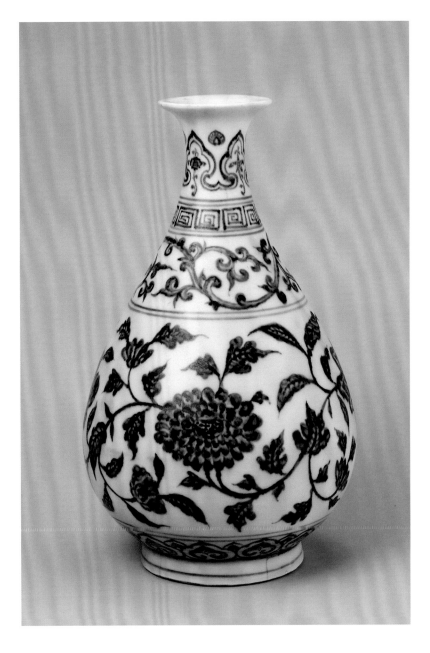

瓶撇口，束頸，垂腹，圈足。青花紋飾，頸飾如意花卉紋及回紋，肩
飾忍冬紋，腹飾纏枝菊紋，近足處飾如意雲頭紋。圖紋間飾青花綫
十一道。

青花雲龍紋天球瓶
明宣德
高 43.2 厘米　口徑 9.4 厘米　足徑 16.5 厘米
清宮舊藏

**Blue and white globular vase with cylindrical neck
decorated with dragon and cloud design**
Xuande period, Ming Dynasty
Height: 43.2cm　Diameter of mouth: 9.4cm
Diameter of foot: 16.5cm
Qing court collection

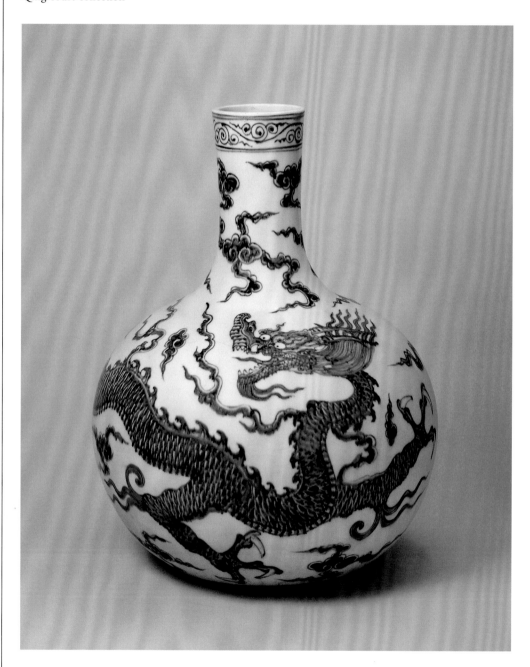

瓶直口，長頸，球形腹，平底。通體青花紋飾，外口飾忍冬紋，頸飾
雲紋，腹飾雲龍紋。

此器造型飽滿，青花龍為三爪，怒目回首，鬃鬣飛揚，刻畫細膩，頗
有氣勢。

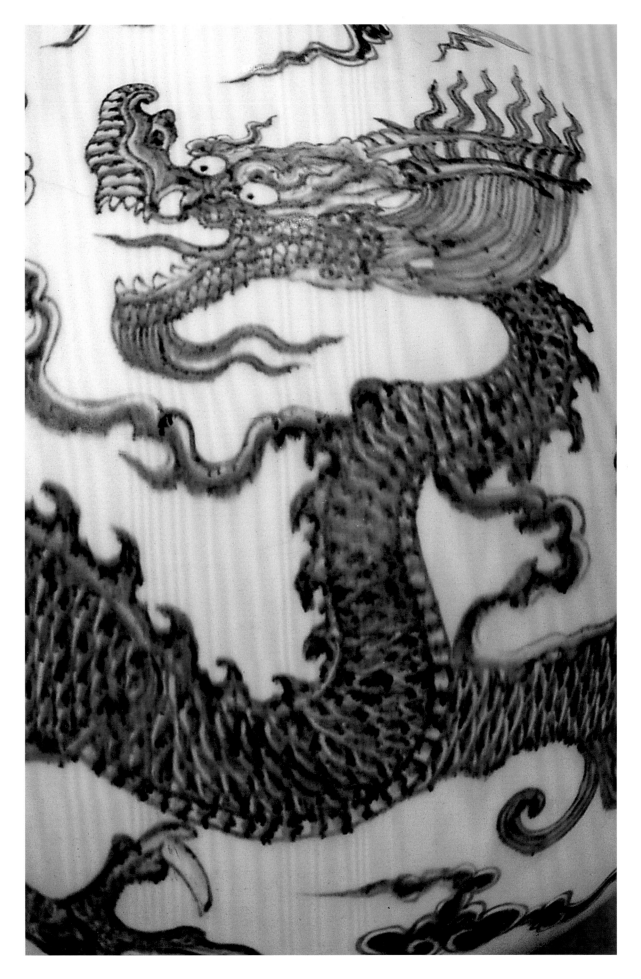

青花海水白龍紋天球瓶
明宣德
高 42.7 厘米　口徑 9.5 厘米　足徑 16.7 厘米

Blue and white globular vase with cylindrical neck
decorated with design of white dragon among waves
Xuande period, Ming Dynasty
Height: 42.7cm　Diameter of mouth: 9.5cm
Diameter of foot: 16.7cm

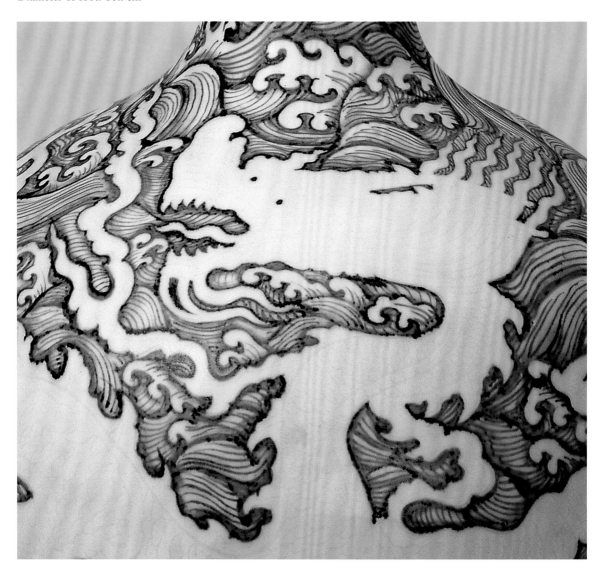

瓶直口，長頸，球形腹，平底。通體青花紋飾，外口飾忍冬紋，頸、腹部飾海水白龍紋。

此器為青花地留白裝飾，青花海水波濤翻滾，刻劃留白龍在海浪中奔騰回首，氣勢雄渾，別具特色。

此瓶白龍與前瓶青花龍互成正反色，恰似一對。

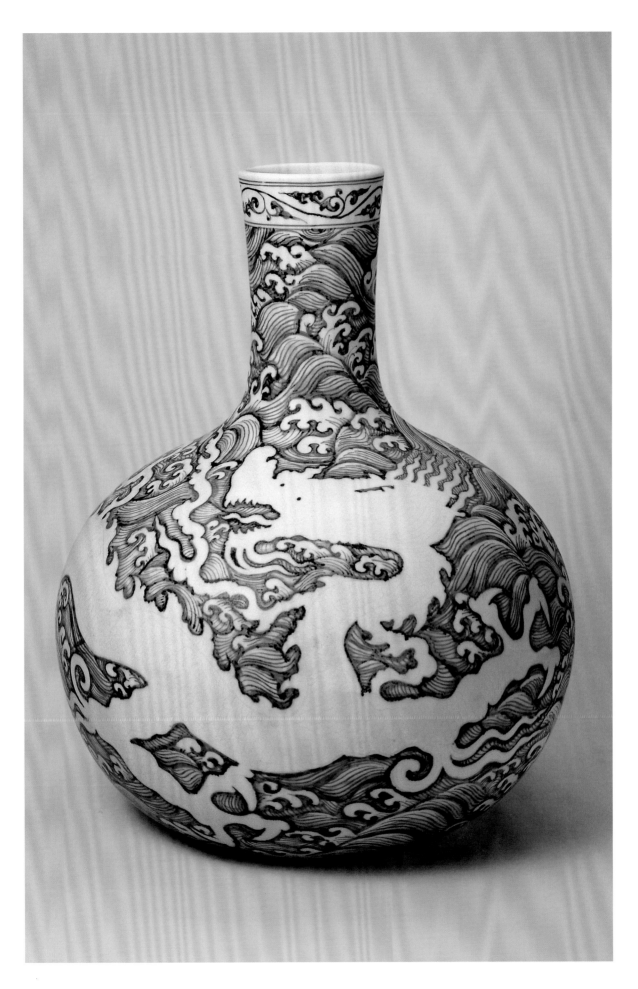

青花纏枝花紋天球瓶
明宣德
高 46 厘米　口徑 8.9 厘米　足徑 15.2 厘米
清宮舊藏

**Blue and white globular vase with cylindrical neck
decorated with interlocking floral design**
Xuande period, Ming Dynasty
Height: 46cm　Diameter of mouth: 8.9cm
Diameter of foot: 15.2cm
Qing court collection

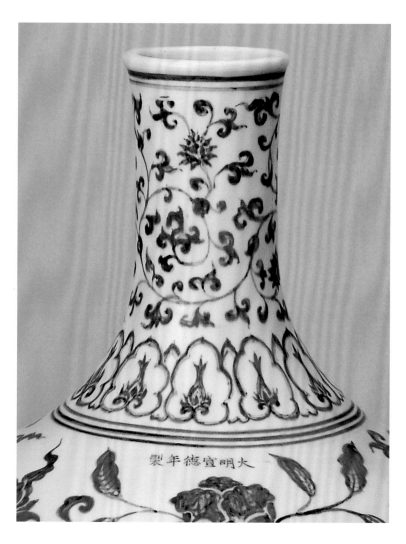

瓶直口，長頸，球形腹，平底。通體青花紋飾，頸飾纏枝蓮紋，頸下
部飾上仰變形如意頭紋，其內繪花蕾，腹飾纏枝花卉紋，瓶身紋飾間
共有青花綫七道。肩部青花橫書"大明宣德年製"楷書款。

此器形體高大端莊，紋飾細密嚴謹。

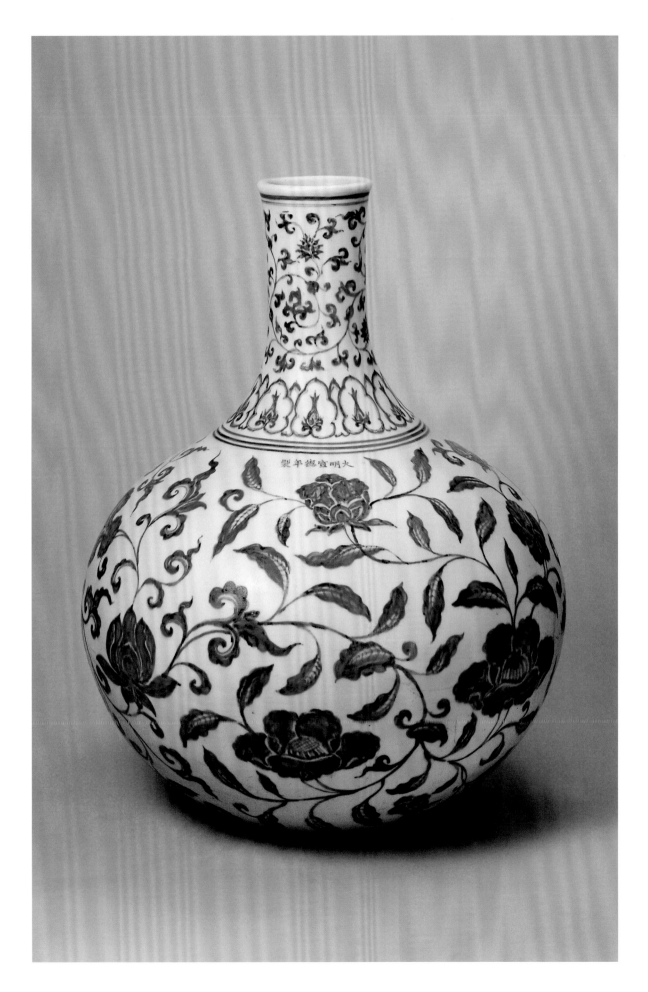

青花纏枝蓮紋瓶
明宣德
高 19.8 厘米　口徑 3.8 厘米　足徑 7.6 厘米

Blue and white vase with interlocking lotus design
Xuande period, Ming Dynasty
Height: 19.8cm　Diameter of mouth: 3.8cm
Diameter of foot: 7.6cm

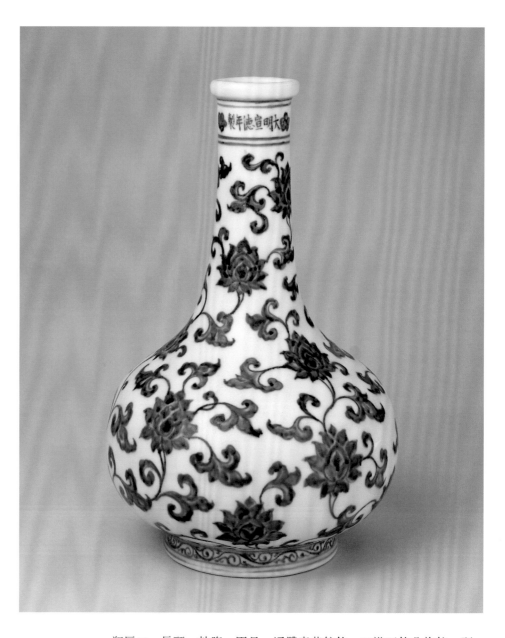

瓶唇口，長頸，鼓腹，圈足。通體青花紋飾，口沿下飾朵梅紋，頸、腹通飾纏枝蓮紋，足牆飾忍冬紋。口沿下青花橫書"大明宣德年製"楷書款。

此器形體端莊，紋飾優美。

青花纏枝靈芝紋瓶

91

明宣德
高 17.8 厘米　口徑 3.3 厘米　足徑 6.3 厘米
清宮舊藏

Blue and white vase with interlocking magic fungus
design
Xuande period, Ming Dynasty
Height: 17.8cm　Diameter of mouth: 3.3cm
Diameter of foot: 6.3cm
Qing court collection

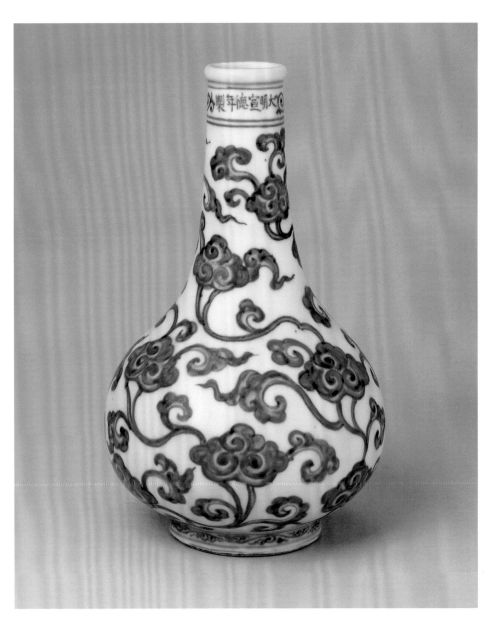

瓶直頸，圓腹，圈足。通體青花紋飾，頸、腹飾纏枝靈芝紋，口、足
均飾忍冬紋。口沿下青花橫書"大明宣德年製"楷書款。

此器形制樸實，紋飾單純、明快。

青花海水石榴紋貫耳瓶
明宣德
高 19 厘米　口徑 4.5 厘米　足徑 6.5 厘米

**Blue and white vase with pierced handles decorated
with design of waves and pomegranate**
Xuande period, Ming Dynasty
Height: 19cm　Diameter of mouth: 4.5cm
Diameter of foot: 6.5cm

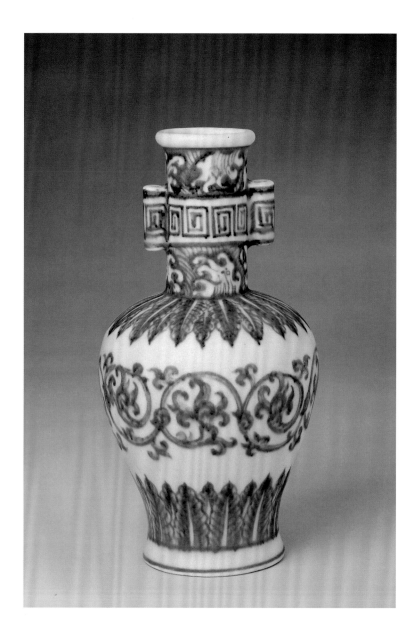

瓶唇口，直頸，頸兩側各有一貫耳，肩以下漸斂，台階式底。通體青
花紋飾，頸飾海水紋，中部隔以回紋，肩飾蕉葉紋，腹飾纏枝石榴紋，
近底處飾蕉葉紋，底青花雙圈內書"大明宣德年製"楷書款。

此器形制端莊，蕉葉紋細密整齊。

93 青花牽牛花紋四方委角瓶
明宣德
高 14 厘米　口徑 5.5 厘米　足徑 7.5 厘米

Blue and white square vase with flattened angles
decorated with morning glory design
Xuande period, Ming Dynasty
Height: 14cm　Diameter of mouth: 5.5cm
Diameter of foot: 7.5cm

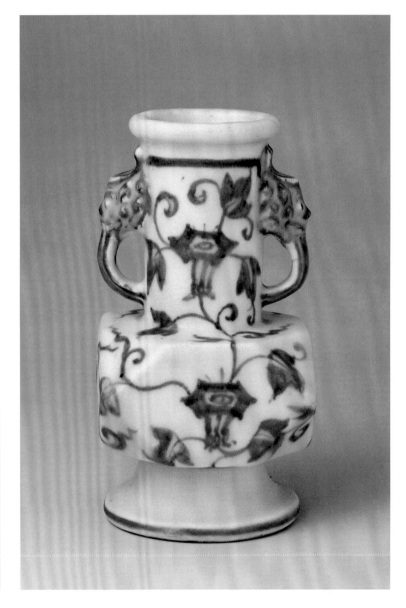

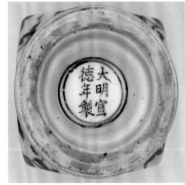

瓶唇口，直頸，方腹委角，深圈足外撇，頸兩側有獸耳。通體飾青花
牽牛花紋。底青花雙圈內書"大明宣德年製"楷書款。

此器形制獨特，特點鮮明，晚明和清雍正時多有仿製，可見其影響
之大。

青花輪花紋綬帶耳葫蘆扁瓶
明宣德
高 29 厘米　口徑 2.7 厘米　足徑 7/5.2 厘米
清宮舊藏

Blue and white double-gourd-shaped vase with ribbon-
shaped ears decorated with rosette design
Xuande period, Ming Dynasty
Height: 29.9cm　Diameter of mouth: 2.7cm
Diameter of foot: 7/5.2cm
Qing court collection

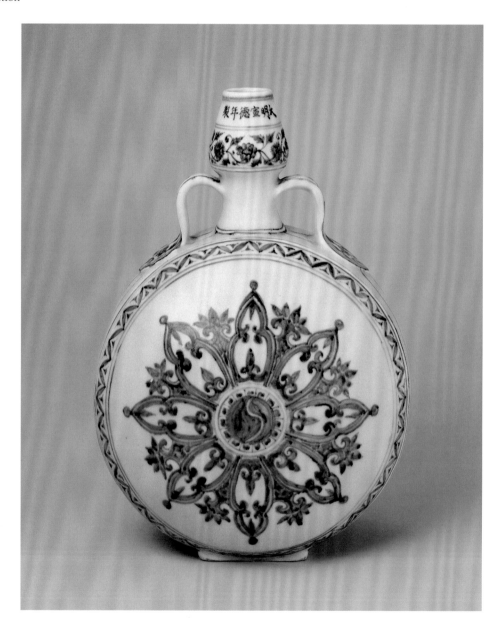

瓶為葫蘆形，上部小體為圓形，下部大體為扁圓形，方足。頸至肩部
兩側各有一綬帶耳。通體青花紋飾，口沿下飾纏枝花紋，扁圓體兩面
各飾一寶相花紋，一面邊際環以半錢形紋，另一面邊際環以纏枝紋，
耳飾折枝花紋。外口沿下青花橫書"大明宣德年製"楷書款。

葫蘆瓶造型源於阿拉伯銅器，較為奇特，紋飾細密嚴謹，裝飾感強。

青花輪花紋綬帶耳葫蘆扁瓶

95

明宣德
高 25.5 厘米　口徑 3.4 厘米　足徑 6.1 厘米
清宮舊藏

Blue and white double-gourd-shaped vase with ribbon-
shaped ears decorated with rosette design
Xuande period, Ming Dynasty
Height: 25.5cm　Diameter of mouth: 3.4cm
Diameter of foot: 6.1cm
Qing court collection

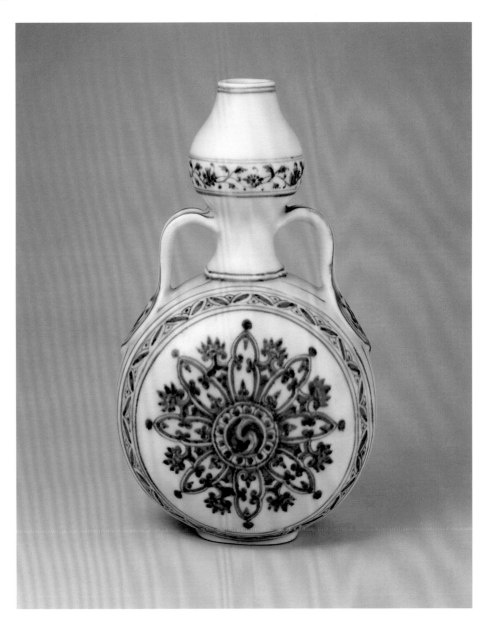

瓶為葫蘆形，橢圓形足，兩側有綬帶耳。通體青花紋飾，口飾青花雙
綫，上部凸處飾纏枝花紋，下部兩面飾寶相輪花紋，外環飾半錢紋，
耳飾青花綫及朵花紋。

青花雲龍紋扁壺
明宣德
高 44.8 厘米　口徑 8.1 厘米　足徑 14.5/10.2 厘米
清宮舊藏

Blue and white flask with dragon and cloud design
Xuande period, Ming Dynasty
Height: 44.8cm　Diameter of mouth: 8.1cm
Diameter of foot: 14.5/10.2cm
Qing court collection

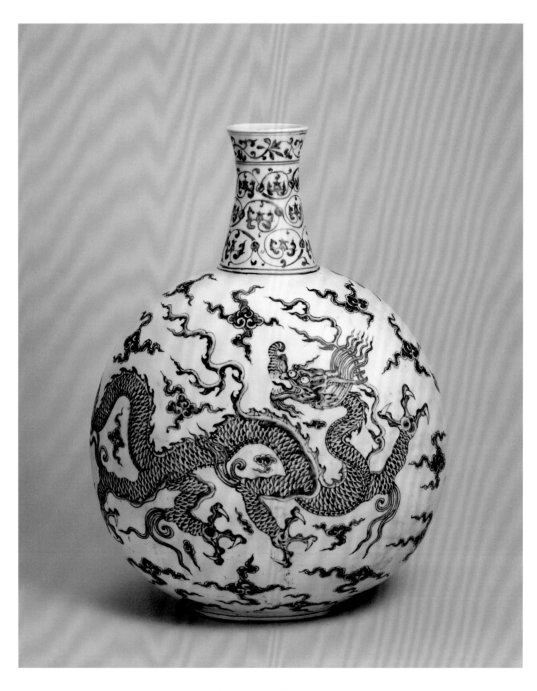

壺口微撇，長頸，扁圓腹，長圓圈足。通體青花紋飾，口沿飾忍冬紋，
頸飾纏枝花紋，瓶身兩面飾雲龍紋，氣勢磅礡。

此扁壺形制源自阿拉伯銅器。

青花海水白龍紋扁壺
明宣德
高 45.4 厘米　口徑 7.8 厘米　足徑 14.5/10 厘米
清宮舊藏

Blue and white flask with design of white dragon among waves
Xuande period, Ming Dynasty
Height: 45.4cm　Diameter of mouth: 7.8cm
Diameter of foot: 14.5/10cm
Qing court collection

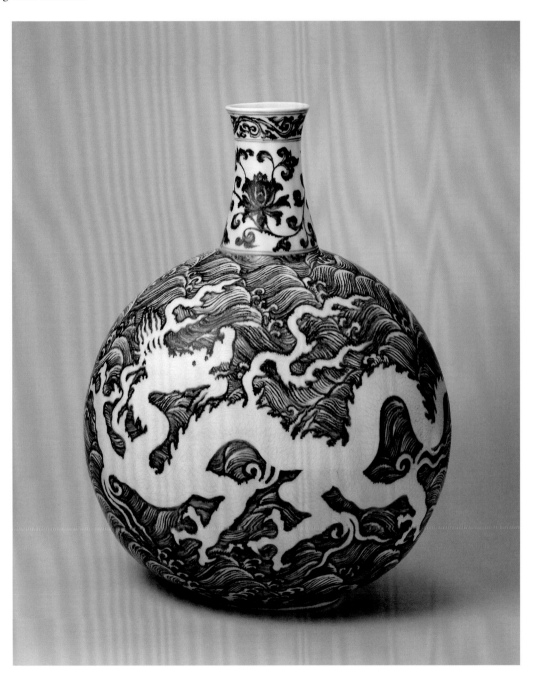

壺口微撇，長頸，扁圓腹，長圓圈足。通體青花紋飾，口沿飾忍冬紋，頸飾纏枝蓮紋，瓶兩面飾青花海水白龍紋。

此壺器型飽滿，紋飾為青花地留白龍，鮮明醒目。

青花纏枝蓮紋扁壺
明宣德
高 45.4 厘米　口徑 8 厘米　足徑 14/10 厘米
清宮舊藏

Blue and white flask with interlocking lotus design
Xuande period, Ming Dynasty
Height: 45.4cm　Diameter of mouth: 8cm
Diameter of foot: 14/10cm
Qing court collection

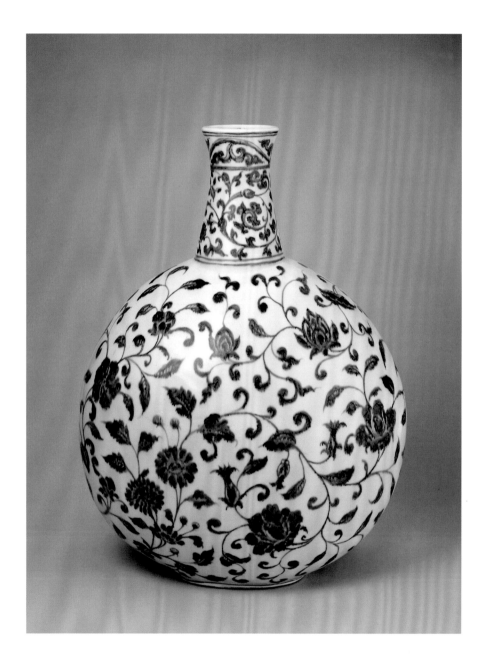

壺撇口，長頸，扁圓腹，長圓圈足。通體青花紋飾，口沿飾忍冬紋，
頸飾纏枝花紋，腹飾纏枝四季花卉紋，以牡丹、蓮花、菊花、茶花分
別象徵春、夏、秋、冬。

此壺形制端莊樸實，紋飾細膩舒展。

青花折枝花紋背壺
明宣德
高 25 厘米　口徑 3 厘米　足徑 10 厘米
清宮舊藏

Blue and white back-ewer with plucked floral branches design
Xuande period, Ming Dynasty
Height: 25cm　Diameter of mouth: 3cm
Diameter of foot: 10cm
Qing court collection

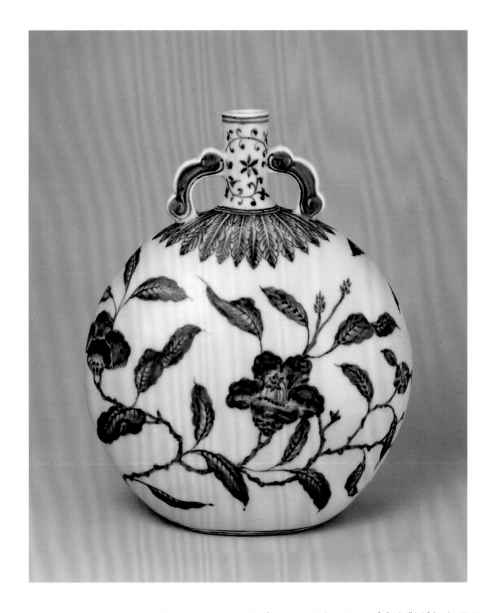

壺直口，細頸，腹扁圓形，平底。頸、肩處安對稱如意形耳。通體青花紋飾，頸飾纏枝花紋，肩飾蕉葉紋，扁圓腹兩面飾折枝茶花紋。

此器形制源自阿拉伯銅器，器形端莊而穩定。紋飾簡潔。

青花夔龍紋罐
明宣德
高 19 厘米　口徑 15.8 厘米　足徑 13.8 厘米
清宮舊藏

Blue and white jar with Kui-dragon design
Xuande period, Ming Dynasty
Height: 19cm　Diameter of mouth: 15.8cm
Diameter of foot: 13.8cm
Qing court collection

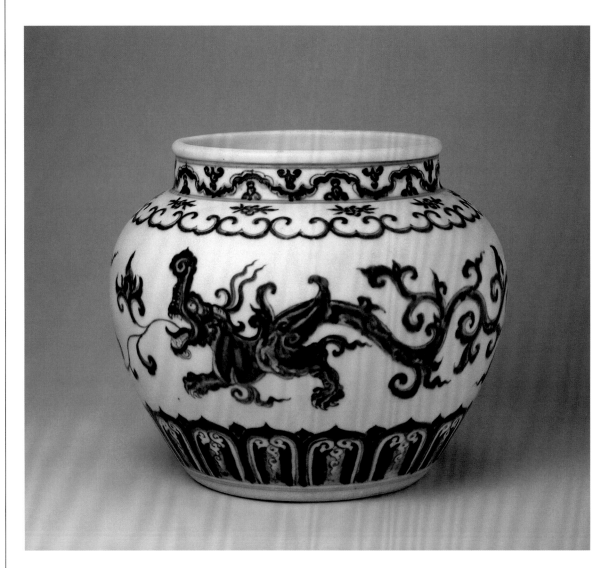

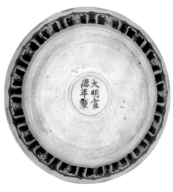

罐直口，鼓腹，平底。通體青花紋飾，頸飾如意雲頭紋，肩飾朵花及勾雲紋，腹飾夔龍銜花紋，近底處飾蓮瓣紋。底青花雙圈內書"大明宣德年製"楷書款。

宣德時，瓷器中的大罐數量較多，形式也多種多樣，青花罐造型有大小二十多種，以龍鳳紋最為常見。這種器物一般胎體厚重，造型渾厚、端莊。此器即其中一件，其製作既講究整體氣韻，又較為工細，反映出官窯製品精美典雅的特徵。

青花穿花鳳紋罐
明宣德
高 14 厘米　口徑 6.4 厘米　足徑 5.5 厘米

Blue and white jar with design of phoenix flying through flowers
Xuande period, Ming Dynasty
Height: 14cm　Diameter of mouth: 6.4cm
Diameter of foot: 5.5cm

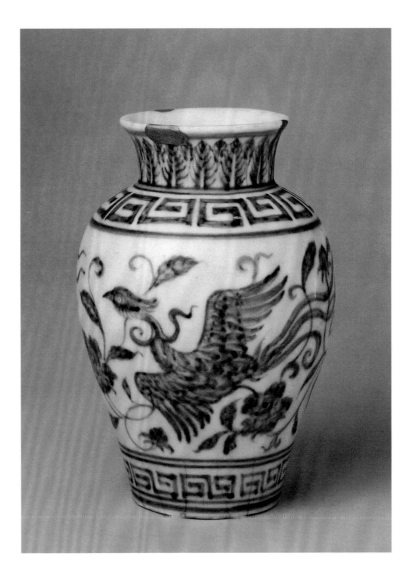

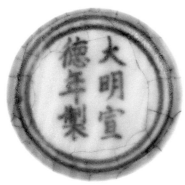

罐直口，短頸，圓肩，劍腹，二層台式底。青花紋飾，頸飾蕉葉紋，肩及近底處飾回紋，腹飾穿花鳳紋，圖紋間飾青花綫十道。底青花雙圈內書"大明宣德年製"楷書款。

青花纏枝花紋罐

明宣德

高 13.5 厘米　口徑 16.7 厘米　足徑 14.9 厘米

清宮舊藏

Blue and white jar with interlocking floral spray design

Xuande period, Ming Dynasty

Height: 13.5cm　Diameter of mouth: l6.7cm

Diameter of foot: 14.9cm

Qing court collection

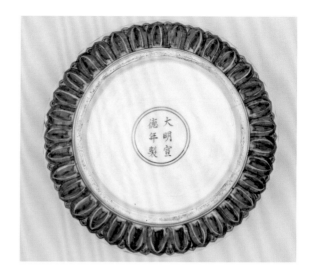

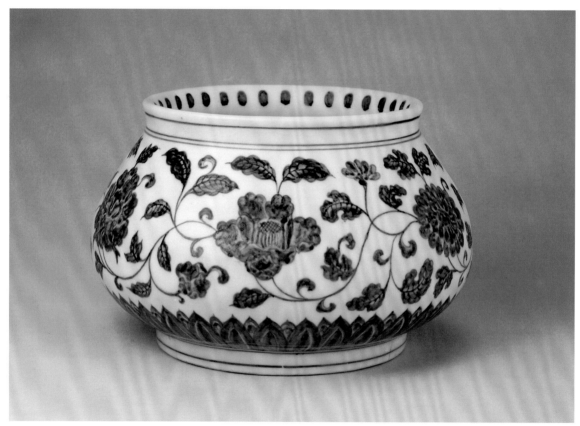

罐直口，垂腹，圈足。通體青花紋飾，裏口沿飾斑點紋，外腹飾纏枝蓮花、牡丹等四季花卉紋，近足處飾雙層菊瓣紋。底青花雙圈內書“大明宣德年製”楷書款。

此罐紋飾描繪細膩，青花鮮豔明快，體現出宣德青花工藝的精美。

103

青花纏枝蓮紋蓋罐
明宣德
通高 19 厘米　口徑 17 厘米　足徑 15.7 厘米
清宮舊藏

Blue and white jar with interlocking lotus design
Xuande period, Ming Dynasty
Overall height: 19cm　Diameter of mouth: 17cm
Diameter of bottom: 15.7cm
Qing court collection

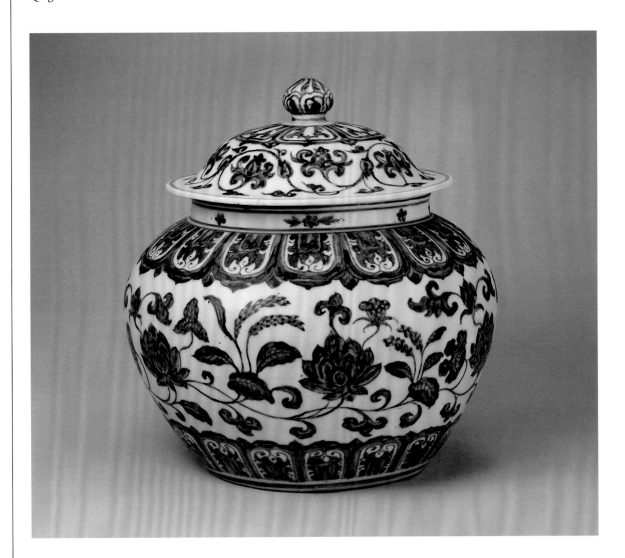

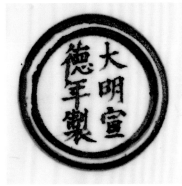

罐直口，鼓腹，平底。蓋折沿，拱頂，寶珠鈕。通體青花紋飾，頸飾
折枝朵花紋，肩飾蓮瓣紋，腹飾纏枝蓮紋，近底處飾蓮瓣紋。蓋鈕飾
蓮瓣紋，蓋面中心飾蓮瓣紋，外層飾纏枝石榴紋。底青花雙圈內書
"大明宣德年製"楷書款。

此器形制渾厚、飽滿，紋飾工整、細膩。

青花纏枝蓮紋蓋罐
明宣德
通高 28.5 厘米　口徑 15.4 厘米　足徑 17.5 厘米
清宮舊藏

Blue and white jar with interlocking lotus design
Xuande period, Ming dynasty
Overall Height: 28.5cm　Diameter of mouth: 15.4cm
Diameter of foot: 17.5cm
Qing court collection

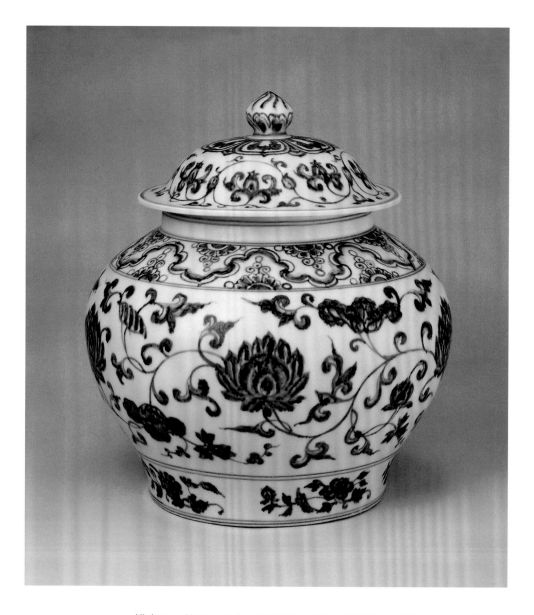

罐直口，鼓腹，平底。蓋折沿，拱頂，寶珠鈕。青花紋飾，肩飾如意
雲頭紋，腹飾纏枝蓮紋，近底處飾折枝花紋。蓋中心飾蓮瓣紋，外層
飾纏枝石榴紋。

此器形制樸實飽滿，紋飾清新明快。

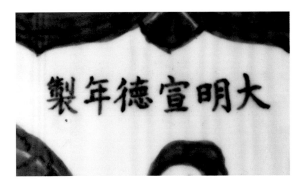

青花纏枝花紋罐
明宣德
高 44.5 厘米　口徑 31 厘米　足徑 32 厘米

Blue and white jar with interlocking floral spray design
Xuande period, Ming Dynasty
Height: 44.5cm　Diameter of mouth: 31cm
Diameter of foot: 32cm

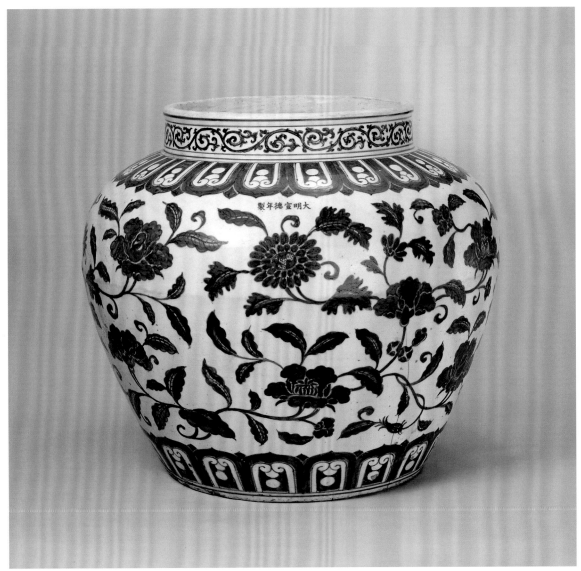

罐直口，鼓腹，平底。通體青花紋飾，肩及近底處各飾蓮瓣紋一周，腹飾纏枝菊、蓮、牡丹等四季花卉紋。近肩處青花橫書"大明宣德年製"楷書款。

此罐器型碩大，渾厚飽滿，腹部花卉紋分層裝飾，枝葉疏朗，具有宣德瓷器的典型風格。

青花纏枝花紋罐
高 14.5 厘米　口徑 4.8 厘米　足徑 6.5 厘米
清宮舊藏

Blue and white jar with interlocking floral spray design
Xuande period, Ming Dynasty
Height: 14.5cm　Diameter of mouth: 4.8cm
Diameter of foot: 6.5cm
Qing court collection

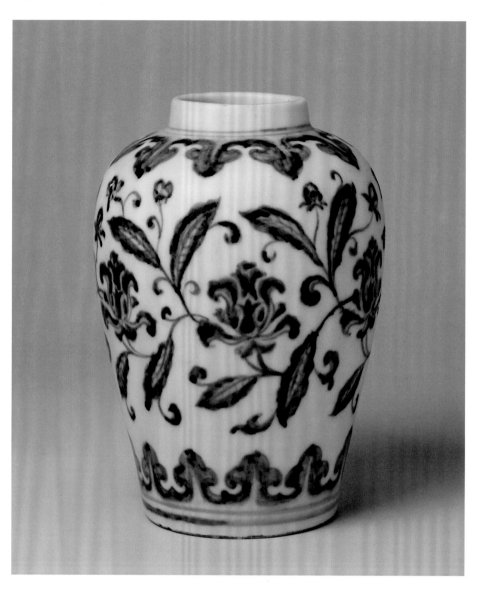

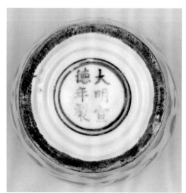

青花纏枝花紋罐

罐直口，圓肩，腹漸斂，台階式圈足。通體青花紋飾，肩飾如意花瓣紋，腹飾纏枝花紋，近足處飾如意花瓣紋，紋飾間飾青花綫五道。底青花綫雙圈內書"大明宣德年製"楷書款。

此器形制端莊挺秀，紋飾工整，頗有異域風格。

青花纏枝蓮托八寶紋罐
明宣德
高 16.5 厘米　口徑 14.5 厘米　足徑 13 厘米

**Blue and white jar with design of the eight Buddhist
sacred emblems supported by interlocking lotus**
Xuande period, Ming Dynasty
Height: 16.5cm　Diameter of mouth: 14.5cm
Diameter of foot: 13cm

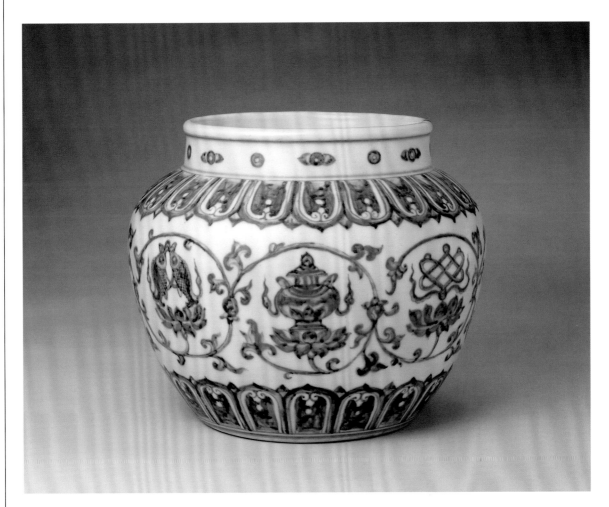

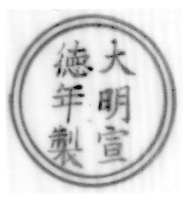

罐直口，鼓腹，平底。通體青花紋飾，頸飾圈點紋，肩及近底處飾
蓮瓣紋，腹飾纏枝蓮托八寶紋。底青花雙圈內書“大明宣德年製”楷
書款。

此器上的纏枝蓮托八寶紋是當時紋飾的一種創新。八寶紋指佛教八件
法器，自永樂時排列為輪、螺、蓋、傘、花、瓶、魚、結，纏枝蓮亦
與佛教相關，寓意高雅潔淨，連續不斷。這種源自藏傳佛教的紋飾，
後來被正德、嘉靖、隆慶、萬曆時的瓷器大量採用，成為祈求吉祥的
一種流行紋飾。

青花折枝花果紋蓋罐
明宣德
通高 34.3 厘米　口徑 17.7 厘米　足徑 20 厘米
清宮舊藏

Blue and white jar with design of plucked sprays of
flowers and fruits
Xuande period, Ming Dynasty
Overall height: 34.3cm　Diameter of mouth: 17.7cm
Diameter of foot: 20cm
Qing court collection

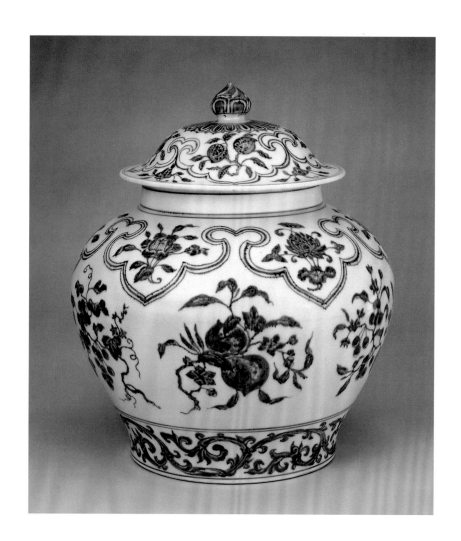

罐直口，短頸，圓肩，鼓腹下斂，平底。蓋折沿，拱頂，寶珠鈕。通
體青花紋飾，肩飾如意紋，其內飾折枝花卉紋，腹飾折枝石榴、葡萄、
蟠桃、荔枝等吉祥花果紋，近底處飾纏枝蔓草紋。蓋鈕飾花苞紋，蓋
頂中心飾雙層菊瓣紋，蓋面飾如意雲頭紋一周，雲紋內外分飾折枝花
果紋，與器物肩、腹部紋樣相互呼應。

此罐紋飾以寫生花果為基礎，顯得生機勃勃，突出了“多子”、“多壽”
的吉祥寓意。

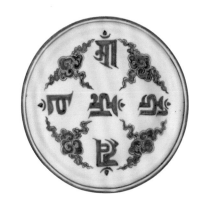

青花藍查文出戟蓋罐

明宣德

通高 28.7 厘米　口徑 19.7 厘米　底徑 24.7 厘米

蓋口徑 22 厘米

清宮舊藏

Blue and white covered-jar with vertical flanges decorated with ancient writings of India

Xuande period, Ming Dynasty

Overall height: 28.7cm　Diameter of mouth: 19.7cm

Diameter of foot: 24.7cm

Diameter of cover mouth: 22cm

Qing court collection

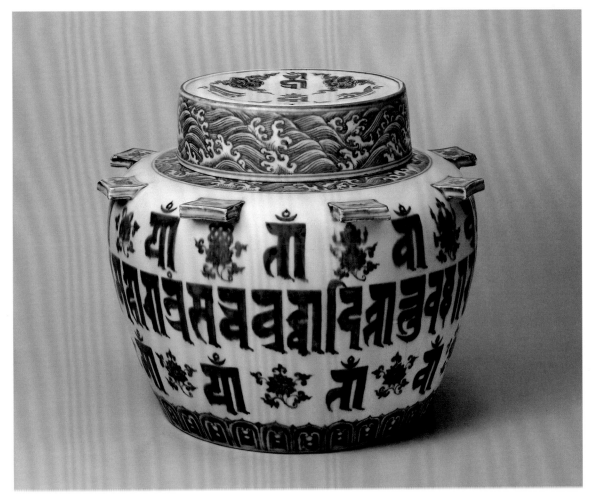

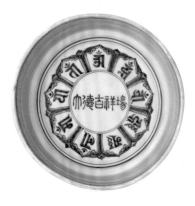

罐直口，平肩，鼓腹，平底，口上有凹槽，肩上凸起八個長方形出戟，蓋凹頂。通體青花紋飾，口及肩上均飾海水紋，戟面飾折枝蓮花。腹飾三層藍查文，上部字間飾蓮花托八吉祥紋；下部字間繪折枝蓮紋。近底處飾蓮瓣紋。罐內底部繪蓮瓣紋一周，蓮瓣內有藍查文，中間青花橫書"大德吉祥場"篆書款。蓋面中心及四周各有一藍查文，字間飾雲紋，蓋邊飾海水紋，蓋裏紋飾與罐裏底部紋飾相同，亦書"大德吉祥場"篆書款。

此罐為藏傳佛教作道場的法器。宣德時朝廷承襲前朝，以藏傳佛教作為與西藏地方政權聯繫的紐帶，不僅賜予西藏貴族珍奇寶物，而且廣招藏地僧徒，大力興建寺廟。此器的出現是當時宮廷從事藏傳佛教活動的物證。藍查文為古印度文字，是梵文的前身。

青花魚蓮紋罐
明宣德
高 24 厘米　口徑 16 厘米　足徑 16 厘米

Blue and white jar with fish and lotus design
Xuande period, Ming Dynasty
Height: 24cm　Diameter of mouth: 16cm
Diameter of foot: 16cm

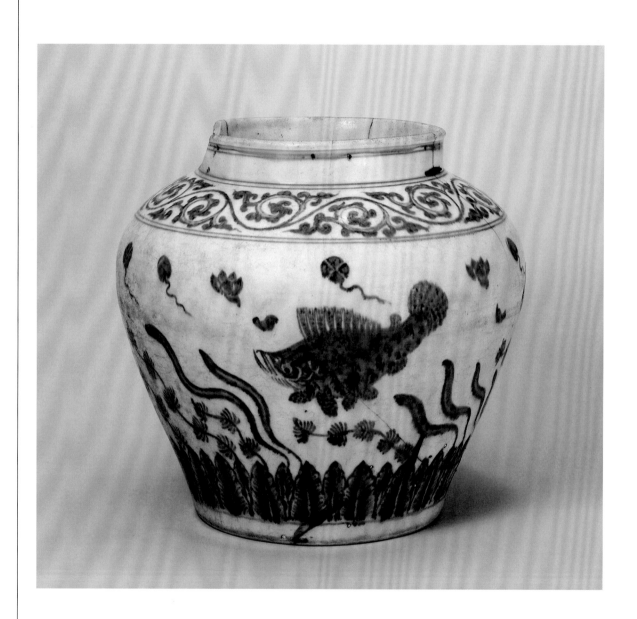

罐直口，圓肩，平底。通體青花紋飾，肩飾忍冬紋，腹飾魚藻紋，近底處飾蕉葉紋，紋飾間飾青花綫九道。

此器是宣德民窰製品，風格自然明快。

青花折枝靈芝紋石榴尊

明宣德
高 19 米口徑 6.9 厘米　足徑 9.7 厘米
清宮舊藏

Blue and white pomegranate-shaped vase with design of separate sprays of magic fungus
Xuande period, Ming Dynasty
Height: 19cm　Diameter of mouth: 6.9cm
Diameter of foot: 9.7cm
Qing court collection

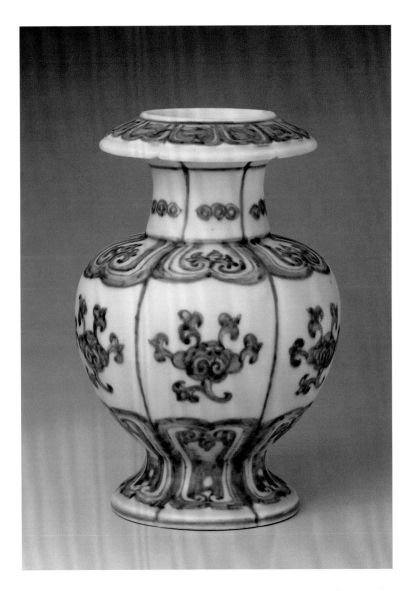

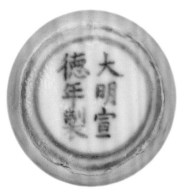

尊折沿口，直頸，鼓腹，外撇足，台階式內底，通體呈六瓣瓜棱形。青花紋飾，口沿飾蓮瓣紋，頸飾圓圈紋，肩飾蓮瓣紋，腹飾折枝靈芝紋，近足部飾仰覆蓮瓣紋。底青花雙圈內書"大明宣德年製"楷書款。

此器形制摹仿石榴的形象，構思十分巧妙。

青花蓮池龍紋尊
明宣德
高 13.9 厘米　口徑 16.3 厘米　足徑 12 厘米
清宮舊藏

Blue and white jar with design of dragons in a lotus pond
Xuande period, Ming Dynasty
Height: 13.9cm　Diameter of mouth: 16.3cm
Diameter of foot: 12cm
Qing court collection

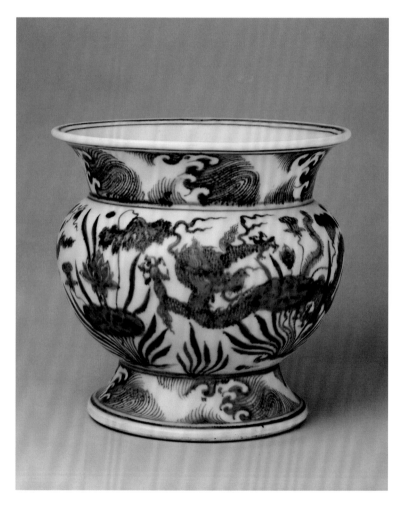

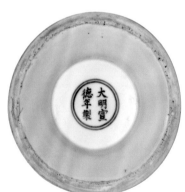

尊廣口外撇，鼓腹，圈足外撇。青花紋飾，頸及足牆各繪海水紋，腹
繪雙龍及蓮花紋，龍穿行於花間。底青花雙圈內書"大明宣德年製"
楷書款。

此尊器型從渣斗發展而來，腹部紋飾着力於表現龍和花在水浪湧動下
的飄逸狀態，十分生動。

青花海水蕉葉紋尊

113

明宣德
高 15.1 厘米　口徑 16.5 厘米　足徑 10.9 厘米
清宮舊藏

Blue and white jar with design of waves and banana leaves
Xuande period, Ming Dynasty
Height: 15.1cm　Diameter of mouth: 16.5cm
Diameter of foot: 10.9cm
Qing court collection

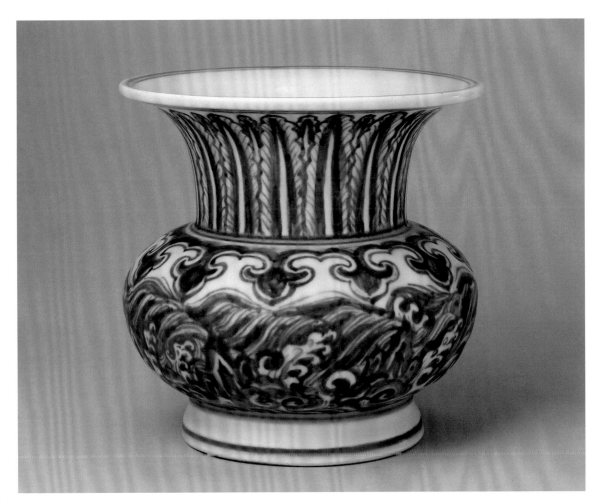

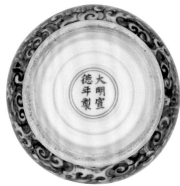

尊廣口外撇，扁鼓腹，圈足外撇。青花紋飾，頸飾上仰蕉葉紋，肩飾下垂如意雲頭紋，腹飾海水江崖紋。底青花雙圈內書"大明宣德年製"楷書款。

此器紋飾寓有"江山大業"的吉祥大意。

青花折枝花果紋執壺
明宣德
通高 27.5 厘米　口徑 6.2 厘米　足徑 10 厘米
清宮舊藏

**Blue and white ewer with design of fruit and floral
sprays**
Xuande period, Ming Dynasty
Overall height: 27.5cm　Diameter of mouth: 6.2cm
Diameter of foot: 10cm
Qing court collection

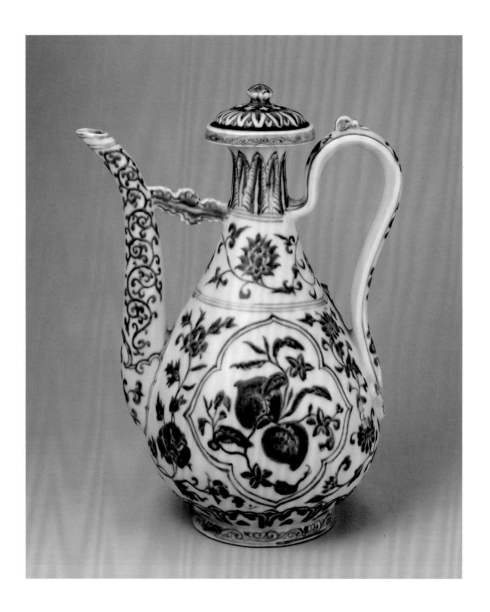

壺撇口，細頸，垂腹，圈足。長曲柄，柄上有小繫，流與頸間有雲形
板連接。蓋拱頂，圓繫鈕，與柄繫相對應。通體青花紋飾，頸飾蕉葉
紋，下飾纏枝蓮紋，腹兩面飾菱形開光，一面內繪折枝桃實紋，另一
面內繪枇杷果紋，開光外飾纏枝花卉紋。近足處飾蓮瓣紋。流飾忍冬
紋，柄飾朵花紋，蓋面飾纏枝蓮紋。

這種執壺仿自阿拉伯銅器，造型舒展端莊，紋飾鮮明細膩。

青花折枝果紋執壺
明宣德
高 32.1 厘米　口徑 7.5 厘米　足徑 10.7 厘米
清宮舊藏

Blue and white ewer with design of plucked fruit sprays
Xuande period, Ming Dynasty
Height: 32.1cm　Diameter of mouth: 7.5cm
Diameter of foot: 10.7cm
Qing court collection

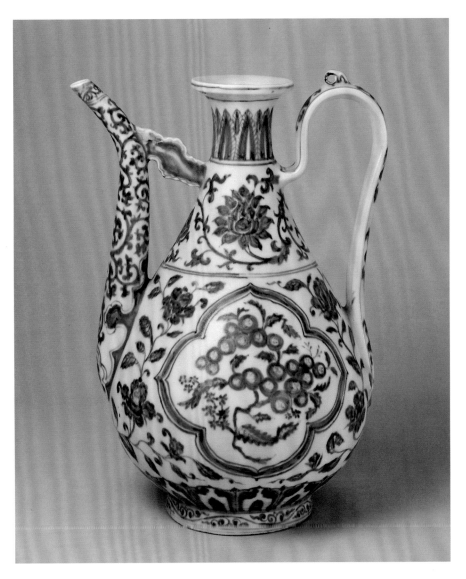

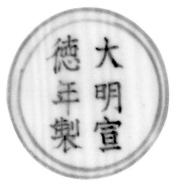

壺撇口，細頸，垂腹，圈足，為玉壺春瓶形。長彎流，流與頸間有雲
形板連接；曲形柄，柄上有小繫。通體青花紋飾，頸飾蕉葉紋，肩處
飾纏枝蓮花紋，腹兩面飾菱形開光，一面內繪折枝桃，另一面內繪枇
杷果，開光外飾纏枝花卉紋。近足處飾變形蓮瓣紋，足牆及流飾忍冬
紋，柄飾朵花紋。底青花雙圈內書"大明宣德年製"楷書款。

此壺造型源於阿拉伯銅器。

青花雲龍紋瓜棱梨式壺
明宣德
通高 13.5 厘米　口徑 4 厘米　足徑 5.7 厘米
清宮舊藏

Blue and white pear-shaped ewer with melon ridges
decorated with design of dragon and clouds
Xuande period, Ming Dynasty
Overall height: 13.5cm　Diameter of mouth: 4cm
Diameter of foot: 5.7cm
Qing court collection

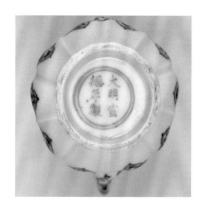

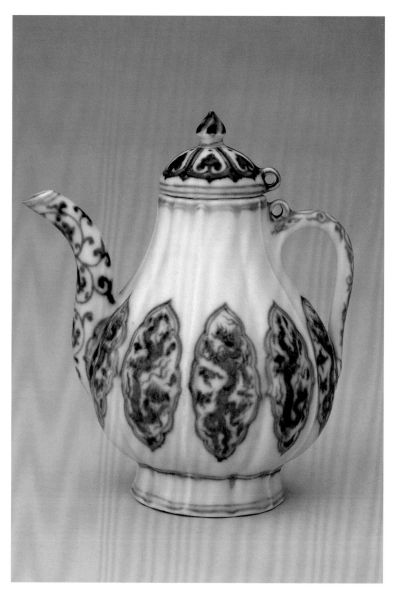

壺似梨形，通體呈十瓣瓜棱狀，圈足。彎流，弧形柄，柄上端有小圓
繫與蓋邊小圓繫對應。蓋拱頂，寶珠鈕。青花紋飾，腹部飾菱形開光，
內繪雲龍紋。流飾纏枝紋，柄飾忍冬紋，蓋飾蓮瓣紋。底青花雙圈內
書"大明宣德年製"楷書款。

此器造型圓潤可手，紋飾佈局典雅，頗有品味。

青花纏枝牡丹紋梨式壺
明宣德
通高 14.5 厘米　口徑 4 厘米　足徑 6 厘米
清宮舊藏

Blue and white pear-shaped ewer with interlocking
peony design

Xuande period, Ming Dynasty

Overall height: 14.5cm　Diameter of mouth: 4cm
Diameter of foot: 6cm

Qing court collection

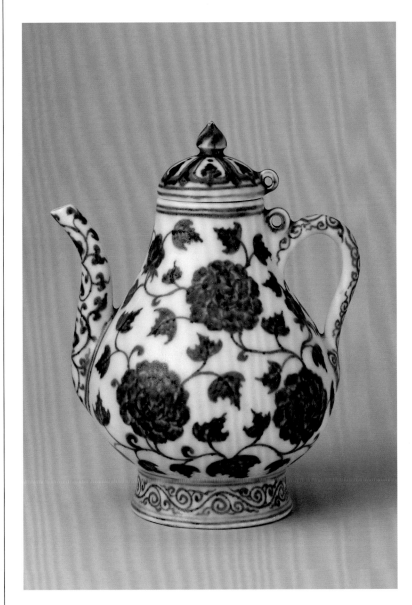

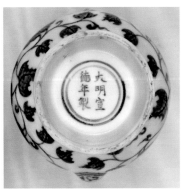

壺似梨形，圈足。彎流，弧形柄。蓋拱頂，寶珠鈕。通體青花紋飾，
腹飾纏枝牡丹紋，流與柄及足牆飾忍冬紋，蓋頂飾變形蓮瓣紋。底青
花雙圈內書"大明宣德年製"楷書款。

此器形制細巧，紋飾與造型相配合，描繪工緻。

118

青花纏枝蓮紋茶壺
明宣德
通高 15.3 厘米　口徑 4.8 厘米　足徑 7.7 厘米
清宮舊藏

Blue and white teapot with interlocking lotus design
Xuande period, Ming Dynasty
Overall height: 15.3cm　Diameter of mouth: 4.8cm
Diameter of foot: 7.7cm
Qing court collection

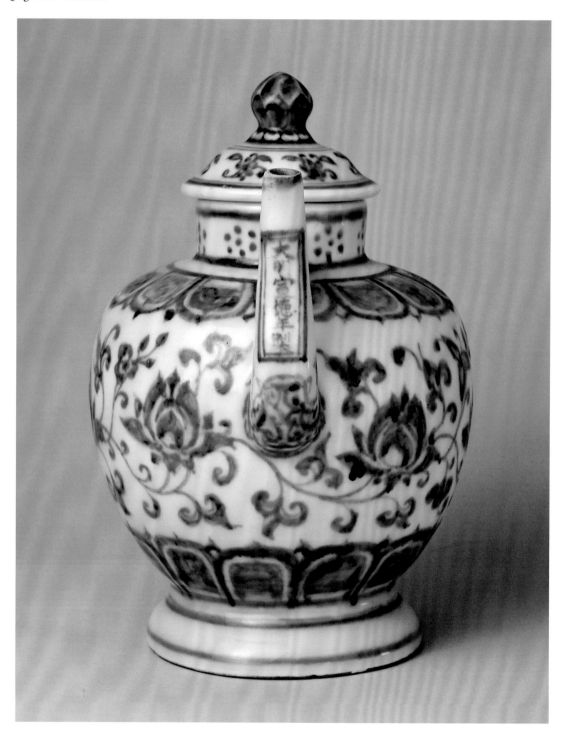

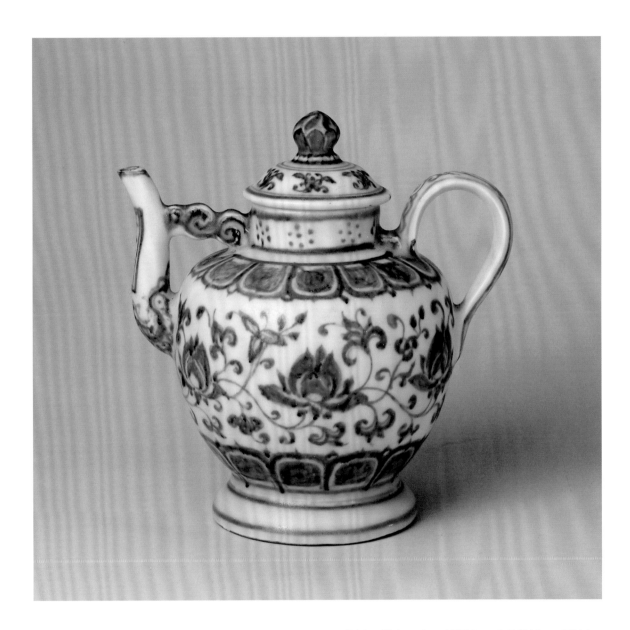

壺直口，圓腹，圈足外撇。彎流，流、頸間連以雲形橫板；弧形柄。
蓋折沿，寶珠鈕。通體青花紋飾，頸飾花形圓點紋，肩及足上飾仰覆
蓮瓣紋，腹飾纏枝蓮紋，柄飾忍冬紋；蓋面飾折枝花。流正面青花雙
綫框內書"大明宣德年製"楷書款。

此壺為宣德時的典型器物，風格樸實自然。

青花纏枝花卉紋水注

119

明宣德
高 32.3 厘米　口徑 7.4 厘米　足徑 11.5 厘米
清宮舊藏

Blue and white water dropper with interlocking floral
design
Xuande period, Ming Dynasty
Height: 32.3cm　Diameter of mouth: 7.4cm
Diameter of foot: 11.5cm
Qing court collection

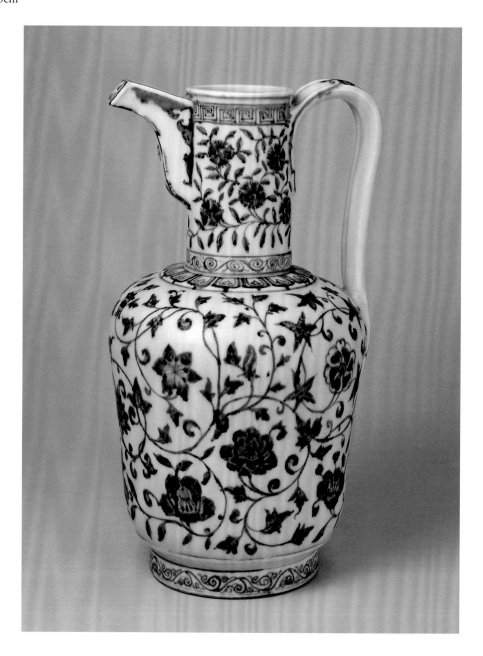

水注直口，長頸，寬肩，肩以下漸斂，圈足。頸一端有扁形流，另一
端安如意式曲柄。通體青花紋飾，口飾回紋，頸飾纏枝花卉紋，頸下
飾忍冬紋，肩飾蓮瓣紋，身飾纏枝花卉紋，足牆飾忍冬紋，柄飾折枝
花卉紋。

此器型源自阿拉伯銅器，紋飾嚴謹工細。

青花纏枝花紋花澆
明宣德
高 13 厘米　口徑 7.9 厘米　足徑 5.2 厘米
清宮舊藏

Blue and white flower sprinkler with interlocking spray design
Xuande period, Ming Dynasty
Height: 13cm　Diameter of mouth: 7.9cm
Diameter of foot: 5.2cm
Qing court collection

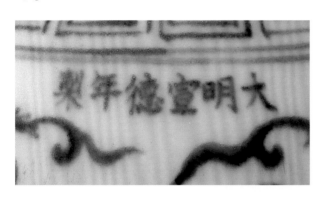

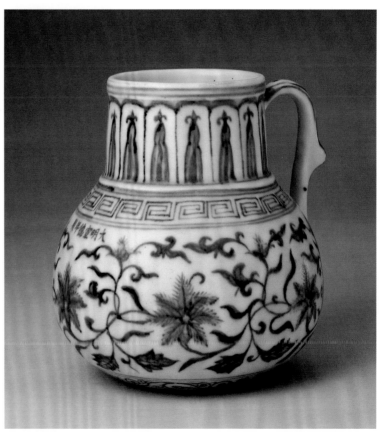

花澆直口，直頸，圓腹，底內凹，一側安如意形柄。青花紋飾，頸飾
變形花瓣紋，肩飾回紋，腹飾纏枝花卉紋，近底處飾忍冬紋，肩下青
花橫書"大明宣德年製"楷書款。

此器紋飾自然生動，含有異域風格。

青花纏枝蓮紋花澆

明宣德
高 12.5 厘米　口徑 7.5 厘米　足徑 5.4 厘米
清宮舊藏

Blue and white flower sprinkler with interlocking lotus design
Xuande period, Ming Dynasty
Height: 12.5cm　Diameter of mouth: 7.5cm
Diameter of foot: 5.4cm
Qing court collection

121

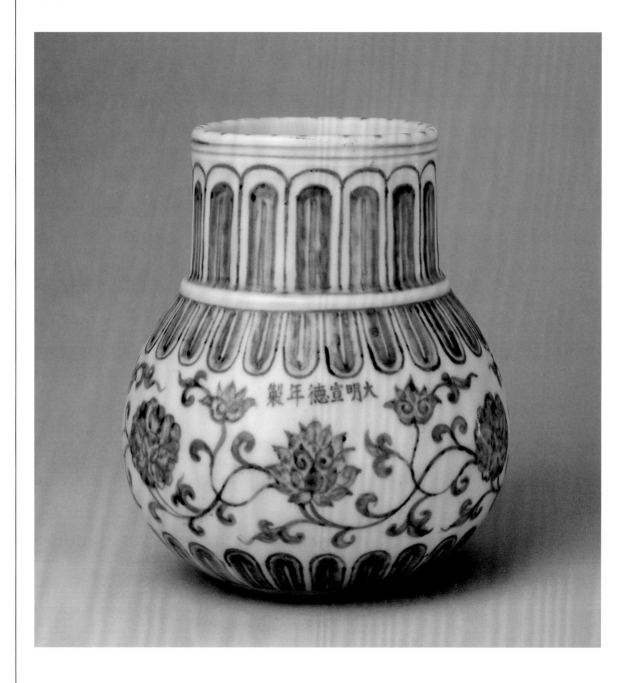

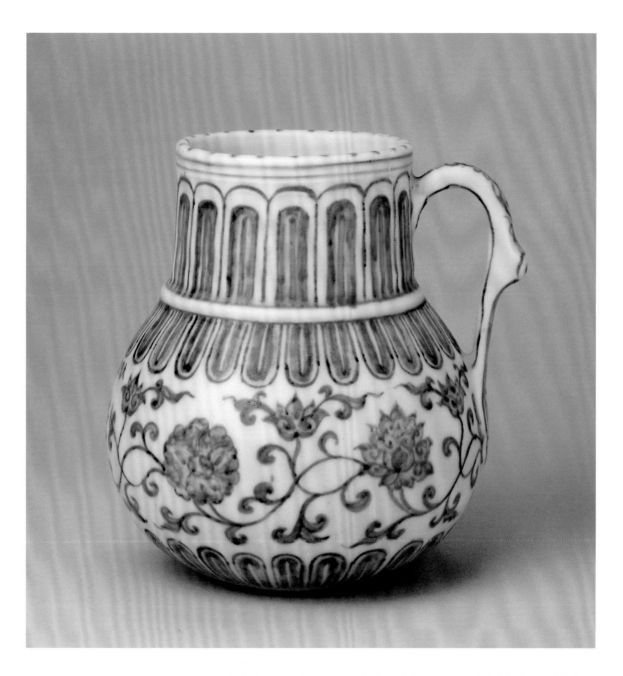

花澆直口，直頸，溜肩，圓腹，底內凹，一側安如意形柄。通體青花
紋飾，頸、肩及近底處各飾蓮瓣紋，腹飾纏枝蓮紋。正面肩下青花橫
書"大明宣德年製"楷書款。

此器造型秀美端莊，為宣德典型器物。

青花松竹梅紋三足爐
明宣德
高 31.3 厘米　口徑 20.2 厘米　足徑 12 厘米
清宮舊藏

Blue and white censer with pine, bamboo and plum design
Xuande period, Ming Dynasty
Height: 31.3cm　Diameter of mouth: 20.2cm
Diameter of foot: 12cm
Qing court collection

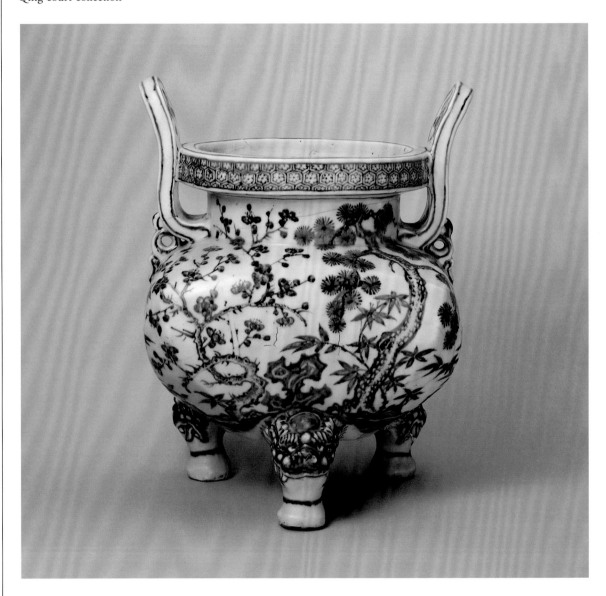

爐洗口，短頸，腹長方多角形，口肩處有朝天耳，下承以三獸足。青花紋飾，口飾錦紋，腹兩面飾松竹梅紋，雙耳裏側飾折枝靈芝紋，外側飾忍冬紋，三足上部各飾獸頭，獸張口銜足。

松、竹、梅組合圖紋為"歲寒三友"，寓意高風亮節。此器紋飾描繪細膩生動，富有寫實精神，青花濃淡相宜，達到一種渲染的效果。

永樂、宣德時，青花大爐的燒製十分盛行。這些大爐一般氣勢雄偉，穩重而端莊，多用於較為盛大的宗教、祭祀活動。

青花雙鳳紋長方爐
明宣德
高 18 厘米　口徑 22/14 厘米　足徑 22/14 厘米

Blue and white rectangular censer with double phoenix design
Xuande period, Ming Dynasty
Height: 18cm　Diameter of mouth: 22/14cm
Diameter of foot: 22/14cm

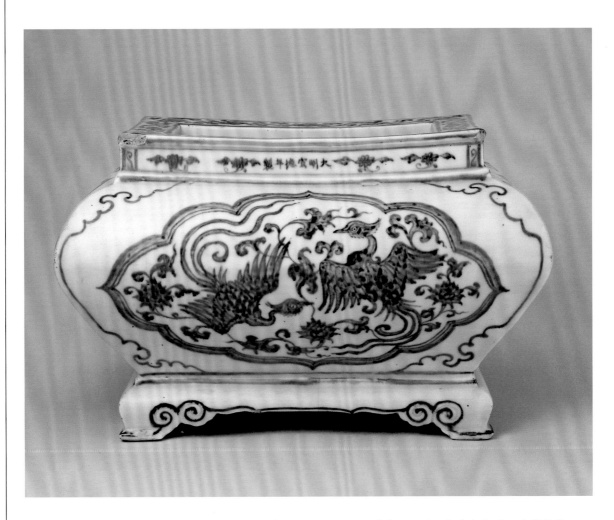

此爐形制奇特，方口出唇，扁腹，下承四如意折角足。青花紋飾，口沿飾纏枝靈芝紋，頸飾小朵花紋，腹飾菱形開光，內飾雙鳳穿花紋，腹、足四角各飾如意雲頭紋。口下青花橫書"大明宣德年製"楷書款。

青花雲龍紋缽
明宣德
高 12 厘米　口徑 26.5 厘米　足徑 12.6 厘米

Blue and white mortar with dragon and cloud design
Xuande period, Ming Dynasty
Height: 12cm　Diameter of mouth: 26.5cm
Diameter of foot: 12.6cm

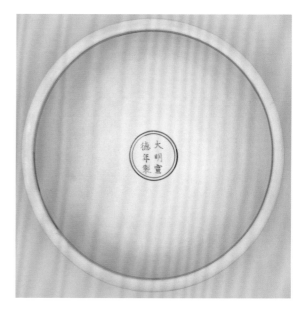

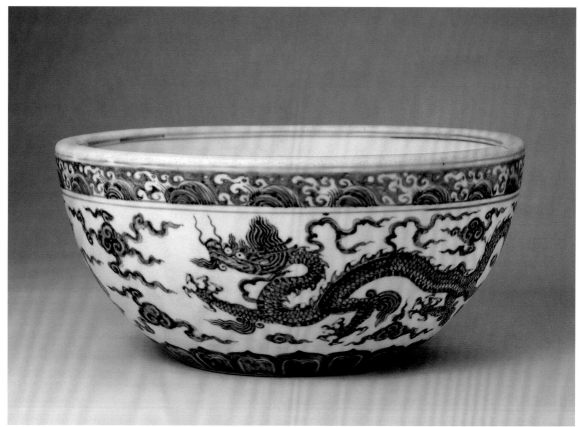

缽直口，弧腹，平底。通體青花紋飾，外口沿飾海水紋。外壁飾雲龍紋，近底處飾蓮瓣紋。裏心青花雙圈內書"大明宣德年製"楷書款。

此器造型敦實，紋飾生動，雲氣飛動，青龍矯健，頗有氣勢。

缽形器早在新石器時代的裴李崗和磁山等文化的陶器中就已經出現。但"缽"字是佛門盛貯器的譯音，自佛教傳入中國後，僧人多用之。宣德時，皇家崇信佛教，特別是藏傳佛教，故為宮廷燒製的佛教器物數量頗多。

青花纏枝蓮紋缽

明宣德
高 12 厘米　口徑 26.5 厘米　足徑 12.6 厘米
清宮舊藏

Blue and white mortar with interlocking lotus design
Xuande period, Ming Dynasty
Height: 12cm　Diameter of mouth: 26.5cm
Diameter of foot: 12.6cm
Qing court collection

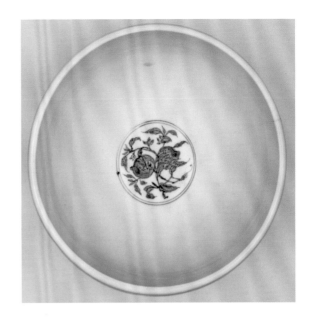

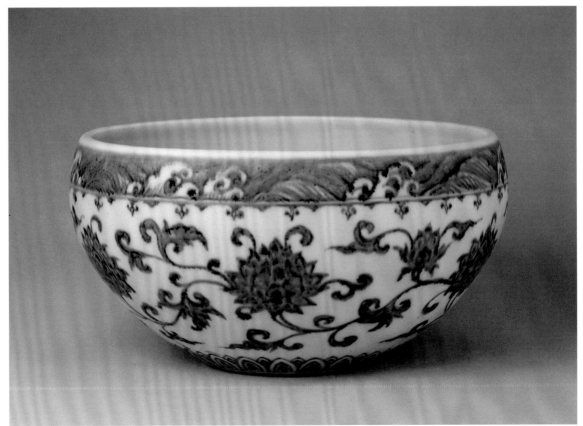

缽斂口，弧腹下斂，平底。通體青花紋飾，裏心飾折枝桃紋，外口沿飾海水紋，腹飾纏枝蓮紋，近底處飾雙層蓮瓣紋。

此器造型敦實飽滿，紋飾風格素雅。

青花纏枝花卉紋菱花式花盆
明宣德
高 12.9 厘米　口徑 21.6 厘米　足徑 12.2 厘米
清宮舊藏

Blue and white flower pot in the shape of water
chestnut flower decorated with interlocking
floral　spray design
Xuande period, Ming Dynasty
Height: 12.9cm　Diameter of mouth: 21.6cm
Diameter of foot: 12.2cm
Qing court collection

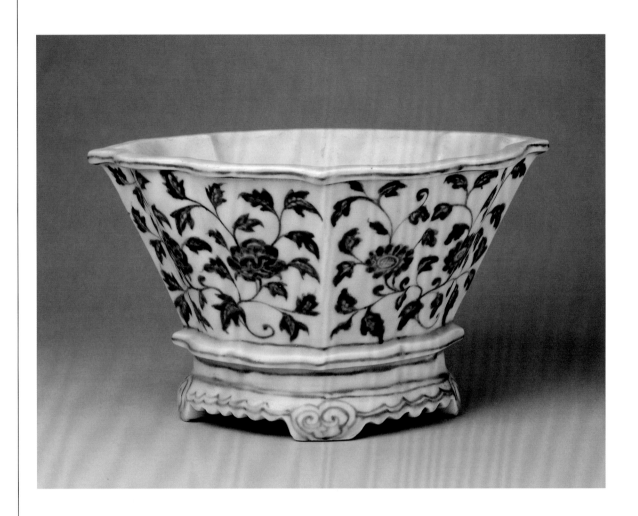

花盆菱花式，侈口，斂腹，托式座。青花紋飾，外壁飾纏枝牡丹、菊
等花卉紋，托上飾青花綫及如意雲頭紋。

此器造型精巧，紋飾細膩，有宋代花盆遺風。

青花花果紋葵瓣式洗
明宣德
高 3.7 厘米　口徑 15.5 厘米　足徑 12.3 厘米

Blue and white mallow-petal-shaped washer with fruit and floral design
Xuande period, Ming Dynasty
Height: 3.7cm　Diameter of mouth: 15.5cm
Diameter of foot: 12.3cm

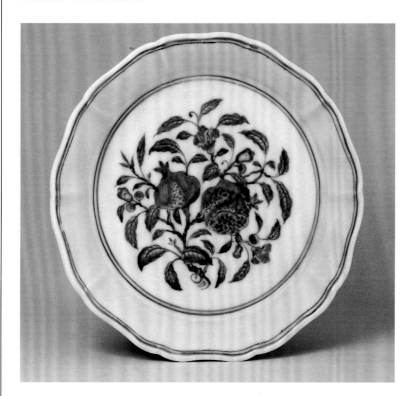

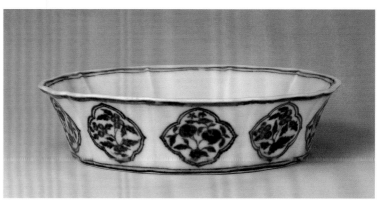

洗花瓣式，裏心微凸。青花紋飾，器心飾折枝石榴紋，外飾菱形開光，內繪折枝花果紋，裏外有青花綫四道。

此器造型簡潔，但紋飾生動自然，富於裝飾感。

青花龍鳳紋葵瓣式洗
明宣德
高 3.6 厘米　口徑 15.6 厘米　足徑 12.5 厘米
清宮舊藏

Blue and white mallow-petal-shaped washer with
dragon
and phoenix design
Xuande period, Ming Dynasty
Height: 3.6cm　Diameter of mouth: 15.6cm
Diameter of foot: 12.5cm
Qing court collection

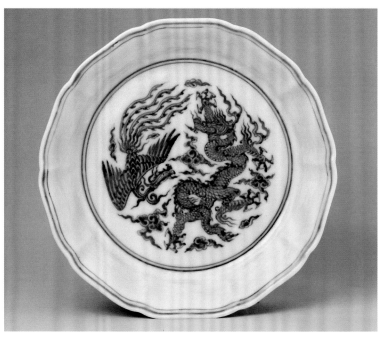

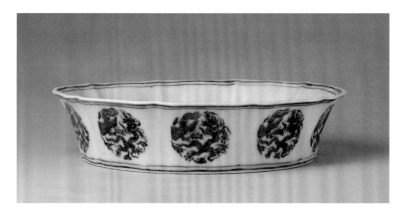

洗葵瓣式，花口，器心平坦。青花紋飾，裏心和外壁一周飾團花式龍鳳呈祥紋。

此器造型精巧，紋飾繪製規整，主次分明。雖無款識，但從其工藝特色和裝飾內容來看，應該是一件官窰器物無疑。

洗屬於文房用具，此洗的葵瓣式造型，反映出一種獨特的審美。這是由於宣德皇帝具有較深厚的文化藝術修養，受此影響，宣德瓷器大者粗獷雄渾，小者則精巧別致。

青花鸞鳳紋葵瓣式洗
明宣德
高 4.5 厘米　口徑 17.5 厘米　足徑 14.2 厘米
清宮舊藏

Blue and white mallow-petal-shaped washer with double-phoenix design
Xuande period, Ming Dynasty
Height: 4.5cm　Diameter of mouth: 17.5cm
Diameter of foot: 14.2cm
Qing court collection

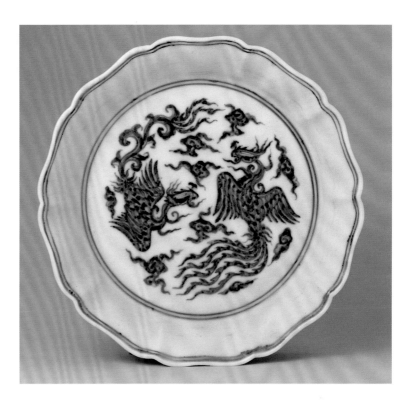

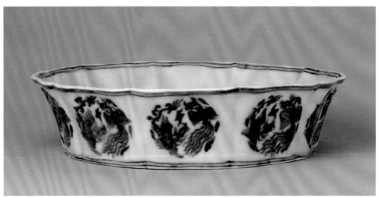

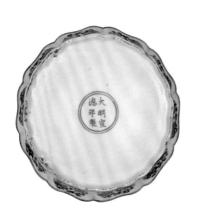

洗葵瓣式，裏心微凹。青花紋飾，裏心及外壁飾團花式鸞鳳紋，裏外有青花綫八道。底青花雙圈內書"大明宣德年製"楷書款。

此器紋飾描繪細膩，富於層次感，寓意為"鸞鳳和鳴"。

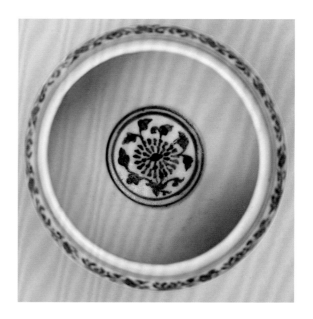

青花纏枝花紋盂

明宣德
高 7.6 厘米　口徑 6.9 厘米　足徑 3.8 厘米
清宮舊藏

Blue and white receptacle with interlocking floral spary design
Xuande period, Ming Dynasty
Height: 7.6cm　Diameter of mouth: 6.9cm
Diameter of foot: 3.8cm
Qing court collection

130

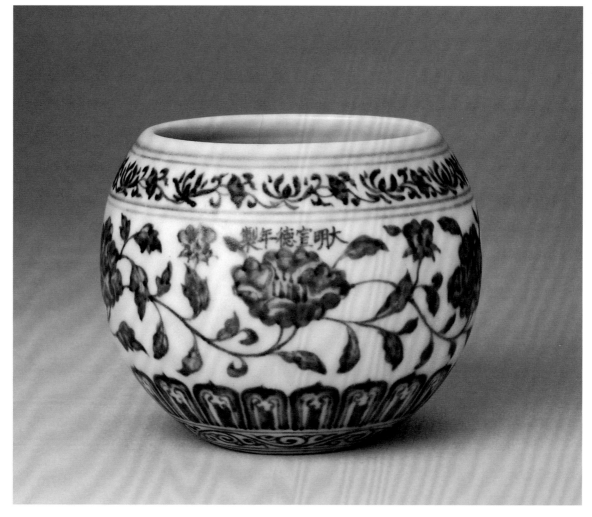

盂斂口，鼓腹，平底內凹。通體青花紋飾，裏心雙圈內飾折枝菊花紋，外口下飾荷蓮紋，腹飾纏枝花紋，近底處飾蓮瓣紋和忍冬紋。肩下青花橫書"大明宣德年製"楷書款。

此器造型圓潤，紋飾富於層次感。

青花纏枝花紋豆
明宣德
通高 14 厘米　口徑 8 厘米　足徑 6.7 厘米
清宮舊藏

Blue and white Dou with interlocking floral design
Xuande period, Ming Dynasty
Overall height: 14cm　Diameter of mouth: 8cm
Diameter of foot: 6.7cm
Qing court collection

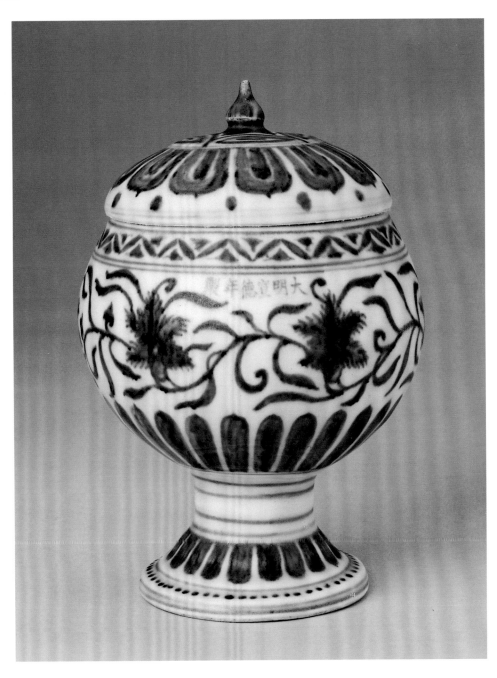

豆口內斂，腹豐滿，足中空外撇。蓋拱頂，寶珠鈕。通體青花紋飾，
裏心飾花卉紋；外口下飾花葉紋，腹飾纏枝花卉紋，近底處飾菊瓣紋，
足上飾菊瓣紋和圈點紋。蓋中部飾古錢紋，四周環繞蓮瓣紋和圈點紋。

此器形制樸實飽滿，紋飾自然明快。豆是古代盛食器和禮器，源於新石
器時代的同名陶器，商代晚期開始出現青銅豆，盛行於春秋戰國時期。

青花雲龍紋盤
明宣德
高 10 厘米　口徑 74.8 厘米　足徑 53 厘米

Blue and white plate with dragon and cloud design
Xuande period, Ming Dynasty
Height: 10cm　Diameter of mouth: 74.8cm
Diameter of foot: 53cm

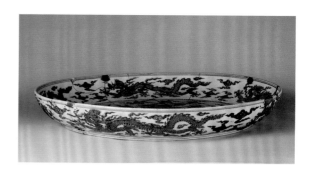

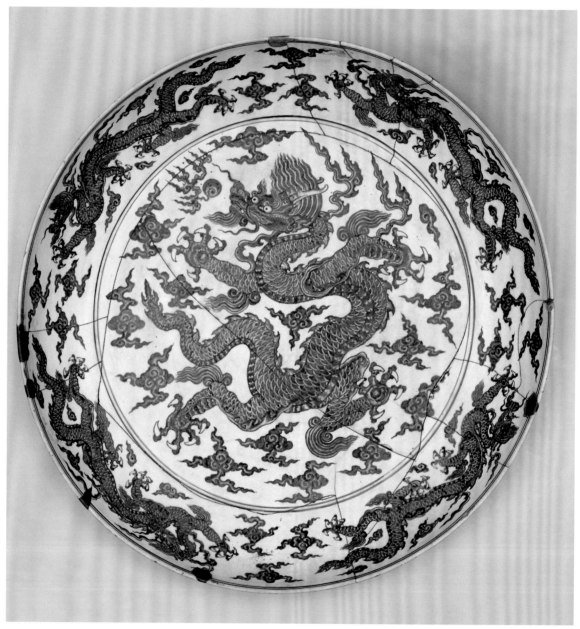

盤敞口，通體青花紋飾，盤心飾雲龍紋，裏外壁各飾四組雲龍紋。

此器體大厚重，雲龍紋氣勢磅礴，為目前所見的宣德時最大器皿。

永樂、宣德時期的龍紋整體感覺粗大，比起元代的矯健遊龍有逐步形
式化的趨向。

青花穿花鳳紋盤
高 4.6 厘米　口徑 20.2 厘米　足徑 12.5 厘米

Blue and white plate with design of phoenix flying through flowers
Xuande period, Ming Dynasty
Height: 4.6cm　Diameter of mouth: 20.2cm
Diameter of foot: 12.5cm

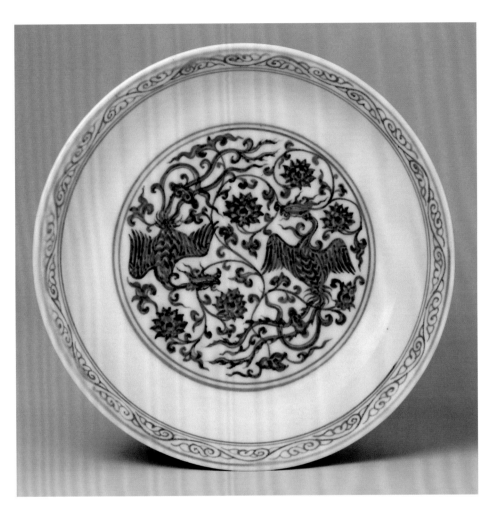

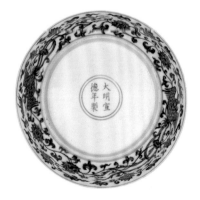

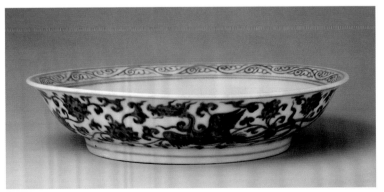

盤撇口。通體青花紋飾，盤心飾雙飛鳳及纏枝蓮紋，裏口飾忍冬紋，外壁飾雙鳳紋及纏枝蓮紋，圖紋間飾以青花綫八道。底青花雙圈內書"大明宣德年製"楷書款。

青花園景仕女圖盤
明宣德
高 4.2 厘米　口徑 21.4 厘米　足徑 13.6 厘米

Blue and white plate with design of beautiful ladies
going a sight-seeing
Xuande period, Ming Dynasty
Height: 4.2cm　Diameter of mouth: 21.4cm
Diameter of foot: 13.6cm

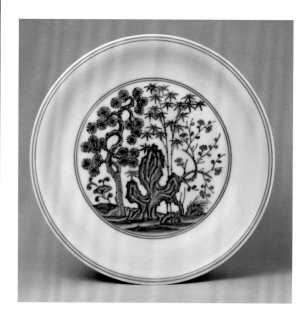

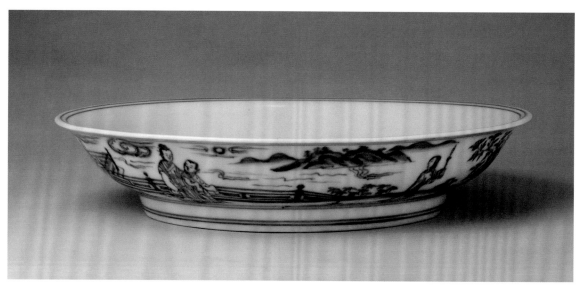

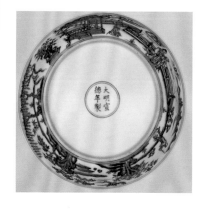

盤撇口。通體青花紋飾，盤心繪松、竹、梅、山石、靈芝等組成的園景圖，外環以青花雙圈，外壁繪庭園仕女，襯以山水、楊柳等景物，足邊和口沿各飾青花綫兩道。底青花雙圈內書"大明宣德年製"楷書款。

青花吹簫引鳳圖盤

明宣德
高 4.8 厘米　口徑 17.6 厘米　足徑 11 厘米

**Blue and white plate with design of a lady playing
vertical flute for attracting phoenix**
Xuande period, Ming Dynasty
Height: 4.8cm　Diameter of mouth: 17.6cm
Diameter of foot: 11cm

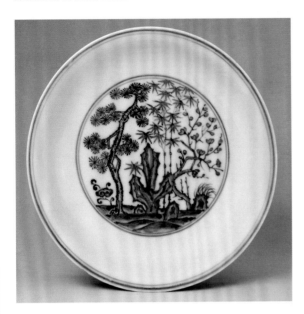

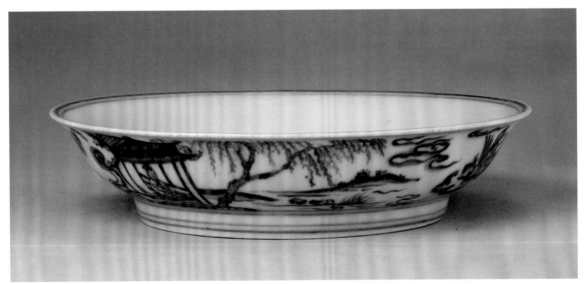

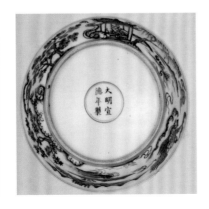

盤撇口。通體青花紋飾，盤心飾松、竹、梅、靈芝、壽石組成的園景圖，外壁繪《吹簫引鳳圖》。底青花雙圈內書"大明宣德年製"楷書款。

此器外壁紋飾題材取自神仙故事，春秋時蕭史善吹簫，引得鳳凰來，秦穆公女弄玉與之登仙而去。

青花魚藻紋盤
明宣德
高 4.2 厘米　口徑 19 厘米　足徑 11.8 厘米

136

Blue and white plate with fish and seaweed design
Xuande period, Ming Dynasty
Height: 4.2cm　Diameter of mouth: 19cm
Diameter of foot: 11.8cm

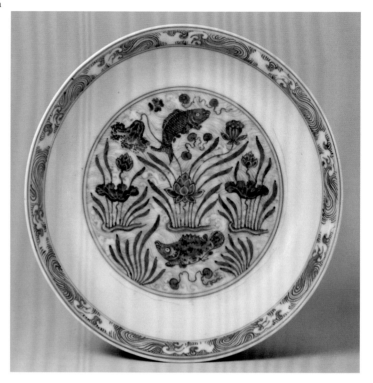

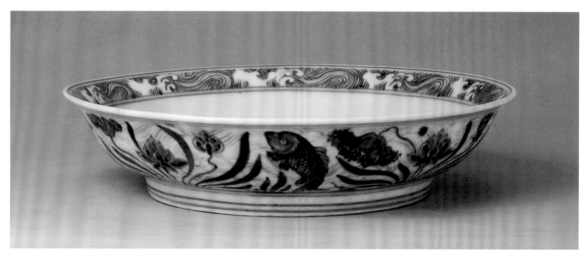

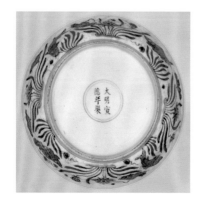

盤撇口。通體青花紋飾，盤心和外壁均飾海水紋及蓮花魚藻紋。底青花雙圈內書"大明宣德年製"楷書款。

此器紋飾繪鱖魚游於蓮花中，鯉魚高高躍起，寓意"富貴連升"。

青花纏枝蓮紋盤
明宣德
高 3.7 米口徑 17.1 厘米　足徑 26.8 厘米
清宮舊藏

Blue and white plate with interlocking lotus-spray design
Xuande period, Ming Dynasty
Height: 3.7cm
Diameter of mouth: 17.1cm
Diameter of foot: 26.8cm
Qing court collection

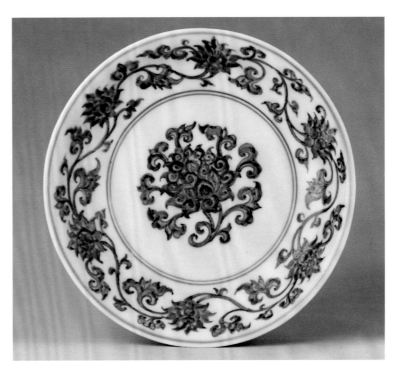

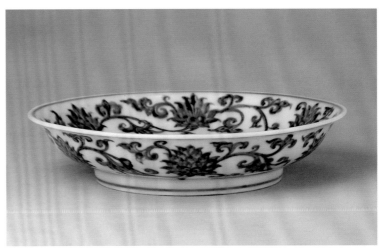

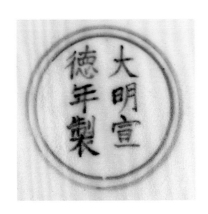

盤撇口。通體青花紋飾，盤心飾團花式朵蓮紋，裏外壁均飾纏枝蓮紋。底青花雙圈內書"大明宣德年製"楷書款。

此器風格樸實，製作細膩，紋飾豐滿充實，青花濃豔。

青花纏枝花卉紋盤
明宣德
高 7.8 厘米　口徑 40.5 厘米　足徑 26.8 厘米
清宮舊藏

Blue and white plate with interlocking lotus spray design
Xuande period, Ming Dynasty
Height: 7.8cm　Diameter of mouth: 40.5cm
Diameter of foot: 26.8cm
Qing court collection

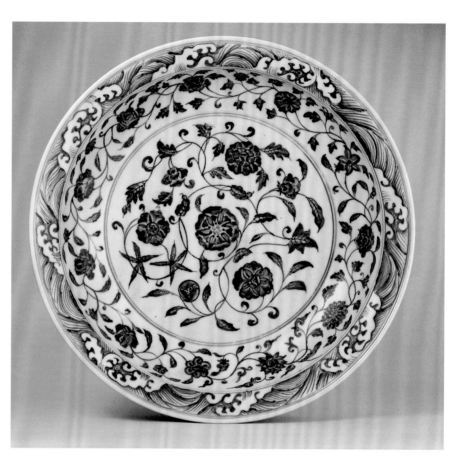

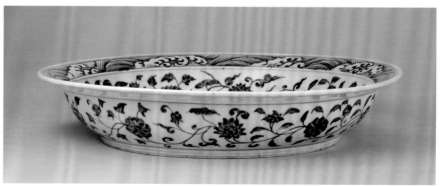

盤折沿。通體青花紋飾，盤心飾纏枝蓮紋，裏外壁均飾纏枝花卉紋，口沿飾海浪紋。

此器紋飾以纏枝花卉紋和海浪紋襯托蓮紋，更加突出了"吉祥富貴"的寓意。

青花束蓮紋花口盤

明宣德
高 5 厘米　口徑 27 厘米　足徑 17.5 厘米
清宮舊藏

**Blue and white plate with flower-petal mouth decorated
with lotus design**
Xuande period, Ming Dynasty
Height: 5cm　Diameter of mouth: 27cm
Diameter of foot: 17.5cm
Qing court collection

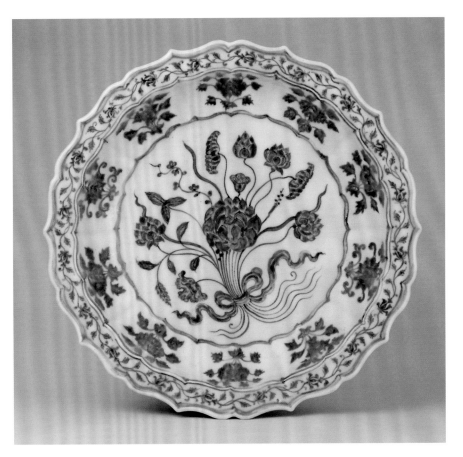

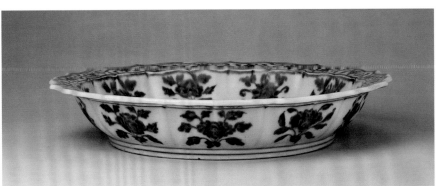

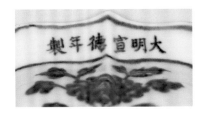

盤菱花口。青花紋飾，盤心飾束蓮紋，裏外壁均飾折枝花紋，折沿飾
纏枝花卉紋。外口沿下青花橫書"大明宣德年製"楷書款。

此器是宣德時期典型器，其裏心紋飾又稱"把蓮紋"，是宣德瓷器上獨
具特色的裝飾。

青花松竹梅紋盤

明宣德
高 6 厘米　口徑 31.6 厘米　足徑 22.5 厘米
清宮舊藏

Blue and white plate with design of pine, bamboo and plum
Xuande period, Ming Dynasty
Height: 6cm　Diameter of mouth: 31.6cm
Diameter of foot: 22.5cm
Qing court collection

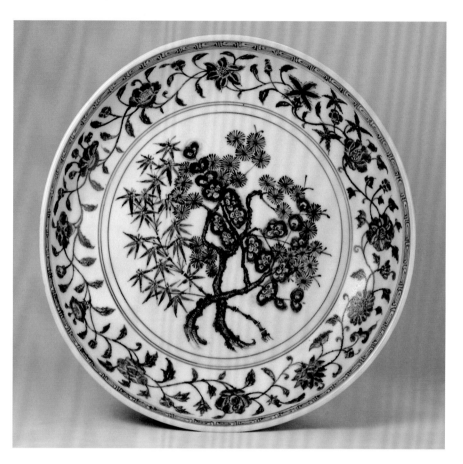

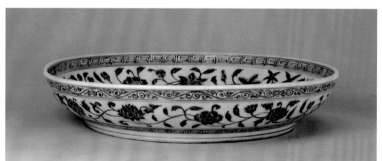

盤敞口。通體青花紋飾，盤心飾折枝松竹梅紋，外環飾青花綫三道，
裏壁飾纏枝蓮紋十二朵，花蕾紋十二枚，裏口沿下飾回紋，外口沿下
飾忍冬紋，外壁飾纏枝花紋十二朵，近足處飾回紋。

此器盤心紋飾繁密，佈局錯落有致。松、竹、梅下無土無石，以折枝
形式表現，梅花外圈加染，均不多見。

140

青花瓜果紋盤
明宣德
高 8.1 厘米　口徑 39.6 厘米　足徑 26.3 厘米

Blue and white plate with melon and fruit design
Xuande period, Ming Dynasty
Height: 8.1cm　Diameter of mouth: 39.6cm
Diameter of foot: 26.3cm

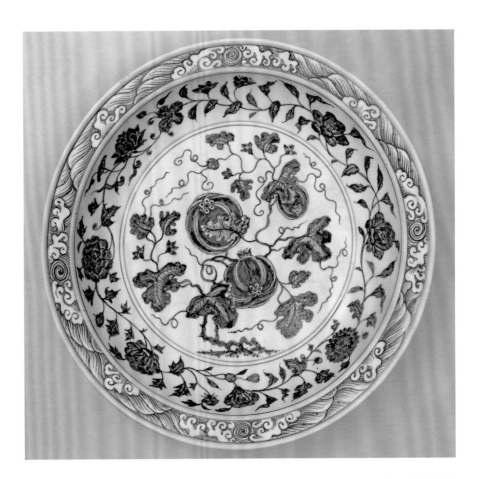

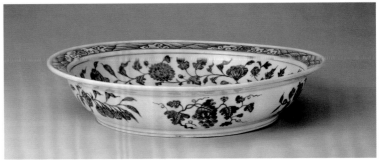

盤折沿，砂底。通體青花紋飾，盤心飾折枝西瓜紋，描繪細膩，裏壁飾纏枝四季花卉紋，折沿飾海水紋，外壁飾折枝果紋，圖紋間飾青花綫四道。

此器紋飾仿永樂朝，以四季花卉環抱西瓜，寓"四時報喜"之意。

青花葡萄紋花口盤
明宣德
高 7.7 厘米　口徑 44 厘米　足徑 28.4 厘米
清宮舊藏

**Blue and white plate with flower-petal mouth decorated
with grape design**
Xuande period, Ming Dynasty
Height: 7.7cm　Diameter of mouth: 44cm
Diameter of foot: 28.4cm
Qing court collection

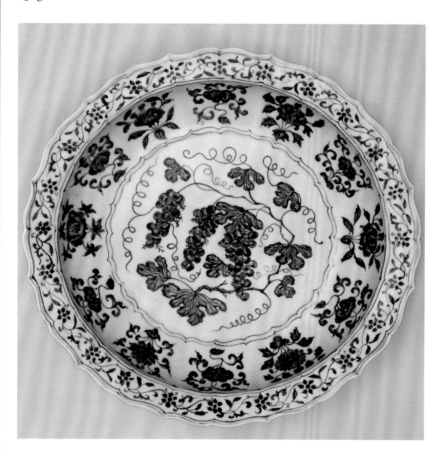

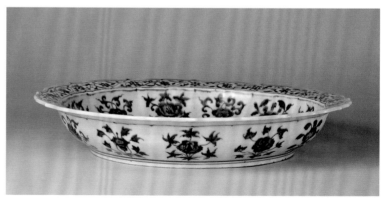

盤菱花式，花瓣口。通體青花紋飾，盤心飾折枝葡萄紋，裏外壁均飾
折枝花紋，口沿飾纏枝花紋，裏外紋飾間均隔以青花綫。

此種器物在宣德時較為盛行。

143

青花雲龍紋碗
明宣德
高 10.2 厘米　口徑 27.8 厘米　足徑 11.2 厘米
清宮舊藏

Blue and white bowl with cloud and dragon design
Xuande period, Ming Dynasty
Height: 10.2cm　Diameter of mouth: 27.8cm
Diameter of foot: 11.2cm
Qing court collection

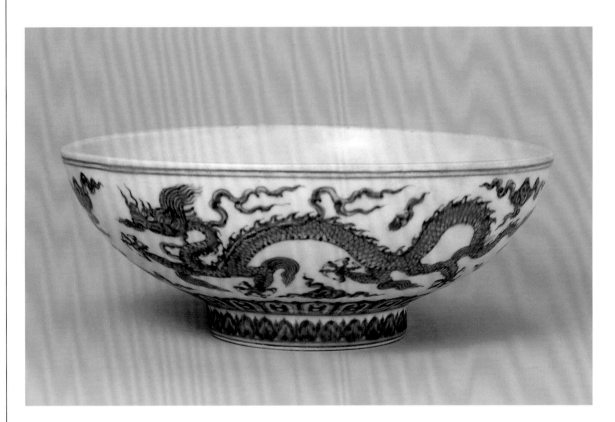

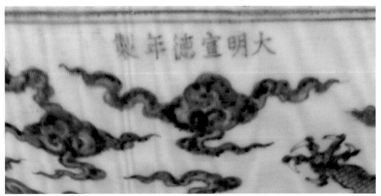

碗敞口，方唇，淺腹。裏白釉。外青花紋飾，口飾青花綫兩道，壁飾
祥雲雙龍，近底處飾蓮瓣紋，足牆飾如意雲頭紋。口沿下青花橫書
"大明宣德年製"楷書款。

此器造型淺闊，紋飾描繪細膩。

青花折枝花果紋碗
明宣德
高 11.2 厘米　口徑 28.9 厘米　足徑 10.1 厘米
清宮舊藏

Blue and white bowl decorated with plucked sprays of flowers and fruits
Xuande period, Ming Dynasty
Height: 11.2cm　Diameter of mouth: 28.9cm
Diameter of foot: 10.1cm
Qing court collection

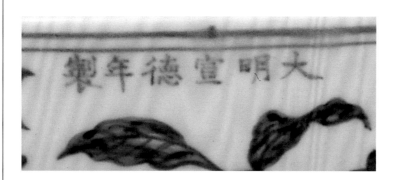

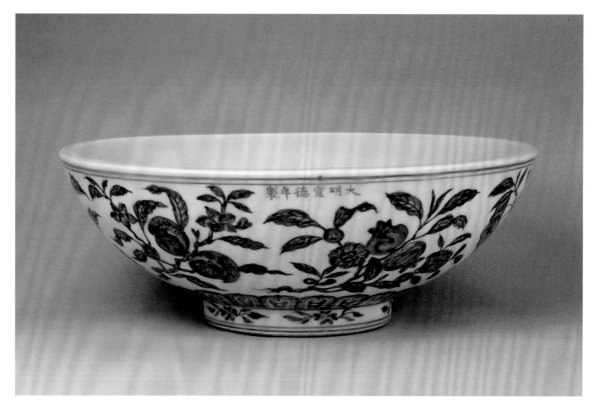

碗敞口，方唇。裏白釉。外青花紋飾，口沿下飾青花綫兩道，壁飾壽桃、石榴等四種折枝花果紋，近底處飾蓮瓣紋，足牆飾朵花紋。外口沿下青花橫書"大明宣德年製"楷書款。

此器紋飾飽滿，綫條自然，壽桃、石榴等瓜果有"多子多壽"的吉祥寓意。

青花纏枝牡丹紋碗
明宣德
高 11 厘米　口徑 30.5 厘米　足徑 12.4 厘米
清宮舊藏

**Blue and white bowl with interlocking peony-spray
design**
Xuande period, Ming Dynasty
Height: 11cm　Diameter of mouth: 30.5cm
Diameter of foot: 12.4cm
Qing court collection

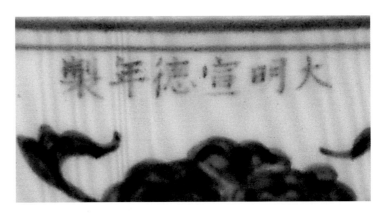

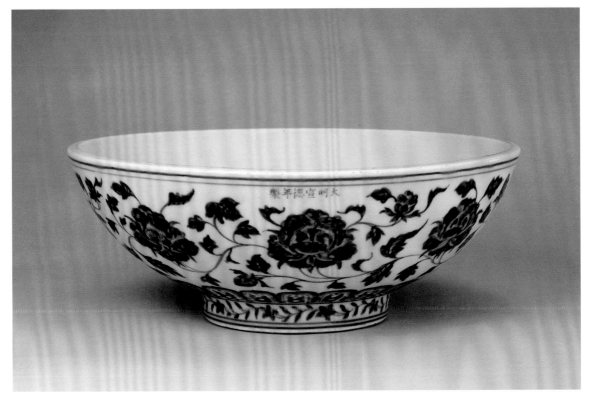

碗敞口，方唇。裏白釉。外青花紋飾，口飾青花綫兩道，壁飾纏枝牡
丹紋，近底處飾蓮瓣紋，足牆飾纏枝花紋。外口沿下青花橫書"大明
宣德年製"楷書款。

青花纏枝蓮紋碗

明宣德
高 10.3 厘米　口徑 28.1 厘米　足徑 11.1 厘米
清宮舊藏

Blue and white bowl with interlocking lotus-spray
design
Xuande period, Ming Dynasty
Height: 10.3cm　Diameter of mouth: 28.1cm
Diameter of foot: 11.1cm
Qing court collection

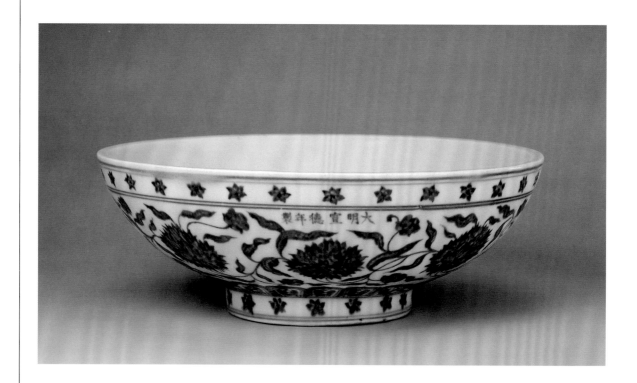

碗敞口，方唇，淺腹。裏白釉。外青花紋飾，口沿下及足牆飾朵梅紋，壁飾纏枝蓮紋，近足處飾蓮瓣紋。外口沿下青花橫書"大明宣德年製"楷書款。

青花纏枝蓮托八寶紋碗
明宣德
高 10.2 厘米　口徑 28 厘米　足徑 11.1 厘米

Blue and white bowl decorated with design of
interlocking lotus flowers supporting the eight Buddhist
emblems
Xuande period, Ming Dynasty
Height: 10.2cm　Diameter of mouth: 28cm
Diameter of foot: 11.1cm

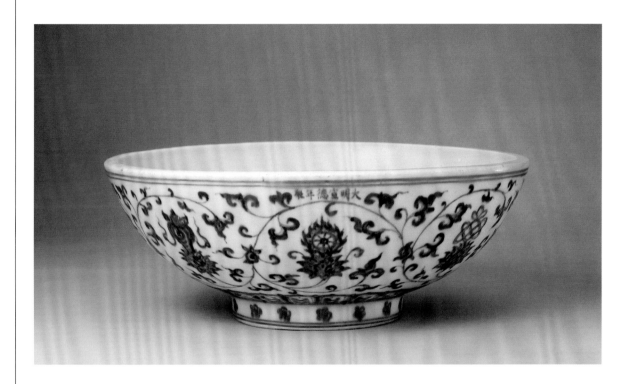

碗敞口，方唇。裏白釉。外青花紋飾，口飾青花綫兩道，壁飾纏枝蓮
托八寶紋，近足處飾蓮瓣紋，足牆飾朵梅紋。口沿下青花橫書"大明
宣德年製"楷書款。

此碗紋飾繪工細膩，用綫流暢。八寶紋又稱八吉祥紋，是藏傳佛教的
八件法器，自永樂年始按輪、螺、蓋、傘、花、魚、瓶、結的順序繪製。

148

青花纏枝靈芝紋碗
明宣德
高 10.3 厘米　口徑 28.1 厘米　足徑 11.1 厘米
清宮舊藏

Blue and white bowl with design of interlocking magic
fungus sprays
Xuande period, Ming Dynasty
Height: 10.3cm　Diameter of mouth: 28.1cm
Diameter of foot: 11.1cm
Qing court collection

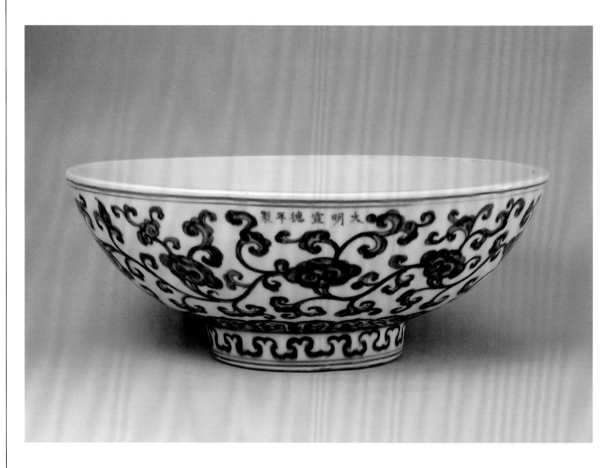

碗敞口，方唇。裏白釉。外青花紋飾，口飾弦紋兩道，壁飾纏枝靈芝
紋，近足處飾蓮瓣紋，足牆飾變形如意紋。口沿下青花橫書“大明宣
德年製”楷書款。

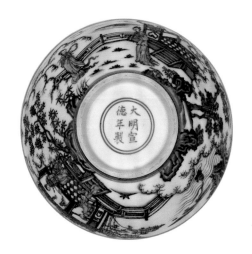

青花庭園仕女圖碗
明宣德
高 7.8 厘米　口徑 18.7 厘米　足徑 7.7 厘米

Blue and white bowl with decoration of ladies enjoying
themselves in garden
Xuande period, Ming Dynasty
Height: 7.8cm　Diameter of mouth: 18.7cm
Diameter of foot: 7.7cm

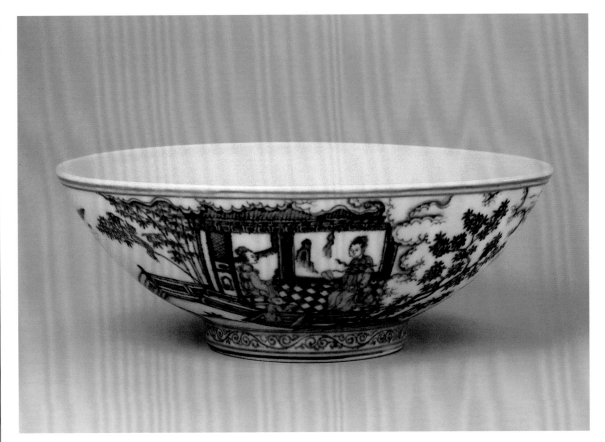

碗敞口，斂腹。裏白釉無紋飾。外青花紋飾，繪四仕女及一小童於庭
園內，或閒庭信步，或對坐清談。足牆飾忍冬紋，上下飾青花綫六道。
底青花雙圈內書"大明宣德年製"楷書款。

此器紋飾格調高雅，意境清幽。

青花松竹梅紋笠式碗
明宣德
高 8.9 厘米　口徑 22 厘米　足徑 6.8 厘米
清宮舊藏

Blue and white bowl in the shape of bamboo hat
decorated with design of pine, bamboo and plum
Xuande period, Ming Dynasty
Height: 8.9cm　Diameter of mouth: 22cm
Diameter of foot: 6.8cm
Qing court collection

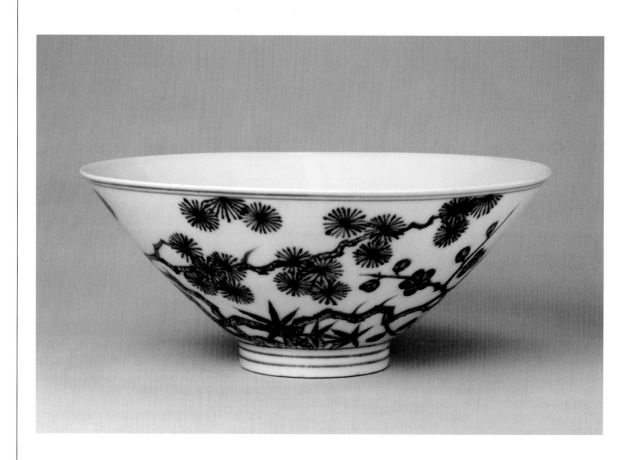

碗敞口，斜腹。裏白釉。外青花紋飾，繪松、竹、梅，口沿及足牆飾
青花綫五道。

此器造型精巧，紋飾細膩。宣德青花碗以花卉紋為多，繪松竹梅紋較
少有，彌足珍貴。

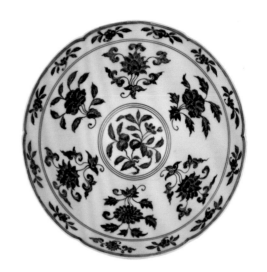

青花折枝花果紋葵瓣口碗

151

明宣德
高 7.9 厘米　口徑 22.3 厘米　足徑 7.5 厘米
清宮舊藏

Blue and white bowl with mallow-petal mouth
decorated with disconnected sprays of flowers and
fruits
Xuande period, Ming Dynasty
Height: 7.9cm　Diameter of mouth: 22.3cm
Diameter of foot: 7.5cm
Qing court collection

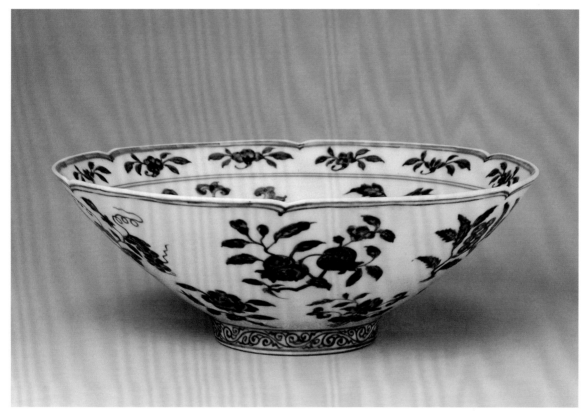

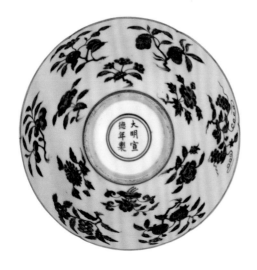

碗敞口，口呈葵瓣形，斜腹。通體青花紋飾，碗心
飾折枝桃紋，裏口及壁飾折枝花紋，外壁上飾折
枝果紋六枝，下飾折枝花紋六枝。足牆飾忍冬紋。
底青花雙圈內書“大明宣德年製”楷書款。

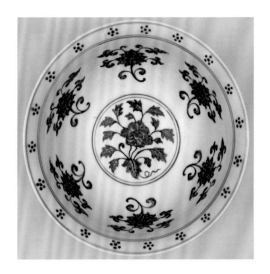

青花纏枝蓮紋碗
明宣德
高 10.1 厘米　口徑 21.3 厘米　足徑 9.1 厘米

152

Blue and white bowl with interlocking lotus-spray design
Xuande period, Ming Dynasty
Height: 10.1cm　Diameter of mouth: 21.3cm
Diameter of foot: 9.1cm

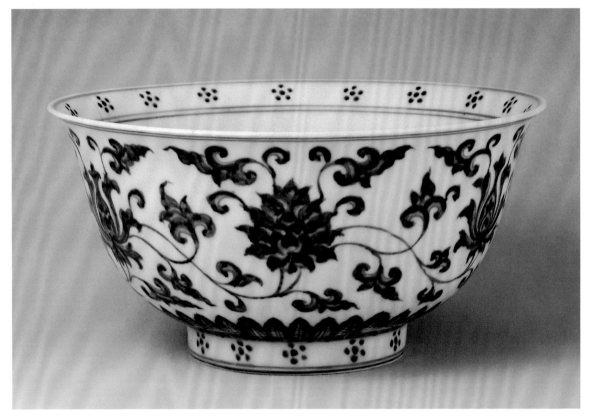

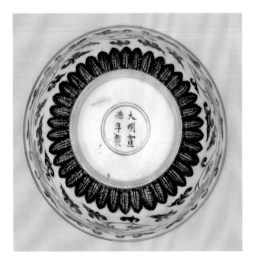

碗撇口，深腹。通體青花紋飾，碗心飾折枝牡丹紋，裏壁飾折枝花紋，裏口沿下及足牆飾朵梅紋，外口沿下飾弦紋，外壁飾纏枝蓮紋，近足處飾蕉葉紋，裏外共青花綫九道。底青花雙圈內書"大明宣德年製"楷書款。

此器紋飾豐富，佈局合理，主次井然有序。

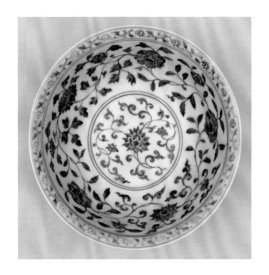

153

青花纏枝蓮紋碗
明宣德
高 7.5 厘米　口徑 17.2 厘米　足徑 7.7 厘米
清宮舊藏

**Blue and white bowl with interlocking lotus
design**
Xuande period, Ming Dynasty
Height: 7.5cm　Diameter of mouth: 17.2cm
Diameter of foot: 7.7cm
Qing court collection

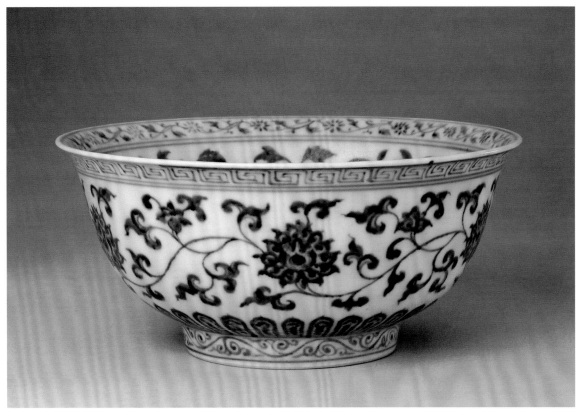

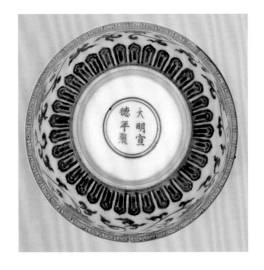

碗撇口，深腹。通體青花紋飾，碗心飾纏枝蓮紋，
裏壁飾纏枝菊花、牡丹、蓮花、石榴花、茶花紋。
裏口飾纏枝花葉紋；外口飾回紋，外壁飾纏枝蓮
紋，近足處飾蓮瓣紋，足牆飾忍冬紋。底青花雙
圈內書"大明宣德年製"楷書款。

此器造型舒展，紋飾細膩生動。

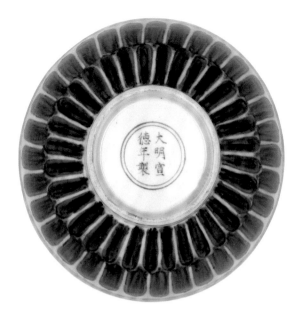

青花菊瓣紋碗

明宣德
高 10.5 厘米　口徑 20.9 厘米　足徑 7.9 厘米

Blue and white bowl with chrysanthemum-petal design
Xuande period, Ming Dynasty
Height: 10.5cm　Diameter of mouth: 20.9cm
Diameter of foot: 7.9cm

154

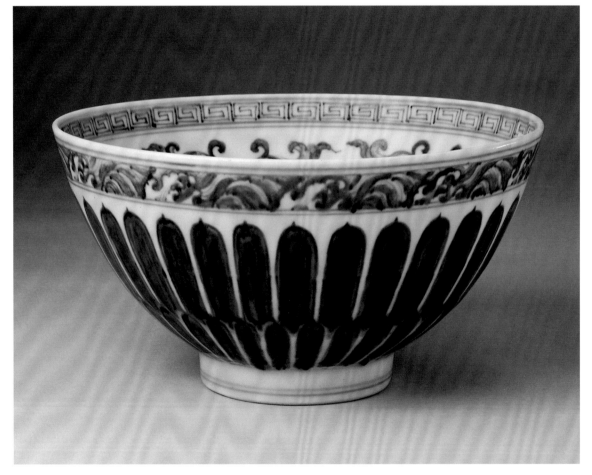

碗直口，深腹。通體青花紋飾，碗心飾折枝石榴紋，壁飾纏枝蓮紋，裏口飾回紋，外口飾海水紋，外壁飾雙層菊瓣紋，足牆飾青花綫兩道。底青花雙圈內書"大明宣德年製"六字楷書款。

此種器物與永樂菊瓣紋碗相比，不僅器體增大，而且紋飾描繪也更為粗獷，反映出宣德瓷器風格的變化。

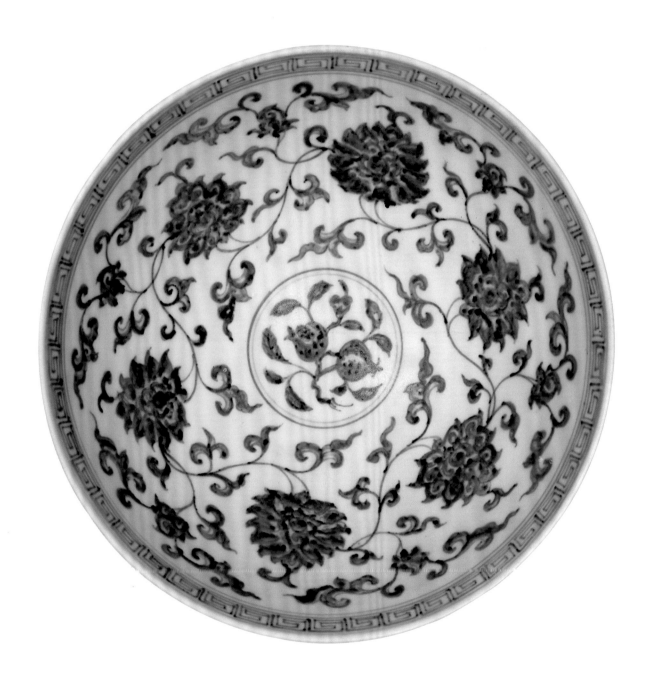

青花雲龍紋合碗
明宣德
高 7.3 厘米　口徑 17.4 厘米　足徑 9.9 厘米

Blue and white bowl with fitted cover decorated with
cloud and dragon design
Xuande period, Ming Dynasty
Height: 7.3cm　Diameter of mouth: 17.4cm
Diameter of foot: 9.9cm

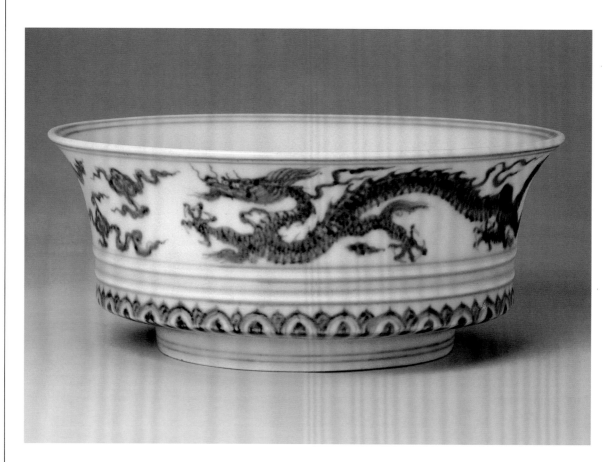

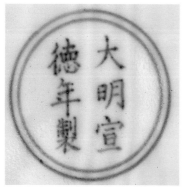

合碗撇口，折腹，原應有蓋，加蓋後與碗體相合，故名"合碗"。青花
紋飾，外壁飾雲龍紋及凸起弦紋，折底處飾蓮瓣紋。碗心青花雙圈內
書"大明宣德年製"六字楷書款。

此器造型獨特，紋飾鮮明生動。

青花折枝花紋合碗
明宣德
高 7.5 厘米　口徑 17.4 厘米　足徑 9.6 厘米
清宮舊藏

**Blue and white bowl with fitted cover decorated with
design of disconnected sprays of flowers**
Xuande period, Ming Dynasty
Height: 7.5cm　Diameter of mouth: 17.4cm
Diameter of foot: 9.6cm
Qing court collection

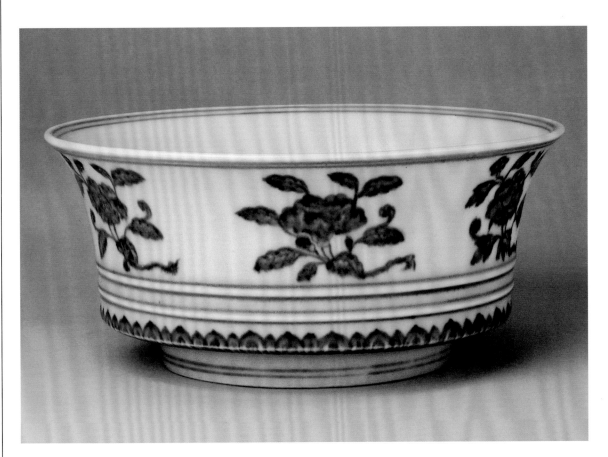

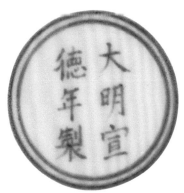

碗撇口，折腹。青花紋飾，外壁飾折枝花卉紋，壁下部有兩道凸弦紋，
近足處飾蕉葉紋。碗心青花雙圈內書"大明宣德年製"楷書款。

此器造型端莊，紋飾細膩。

青花纏枝蓮紋合碗
明宣德
通高 10 厘米　口徑 17.4 厘米　足徑 9.7 厘米
清宮舊藏

**Blue and white bowl with fitted cover decorated with
interlocking lotus-spray design**
Xuande period, Ming Dynasty
Overall height: 10cm　Diameter of mouth: 17.4cm
Diameter of foot: 9.7cm
Qing court collection

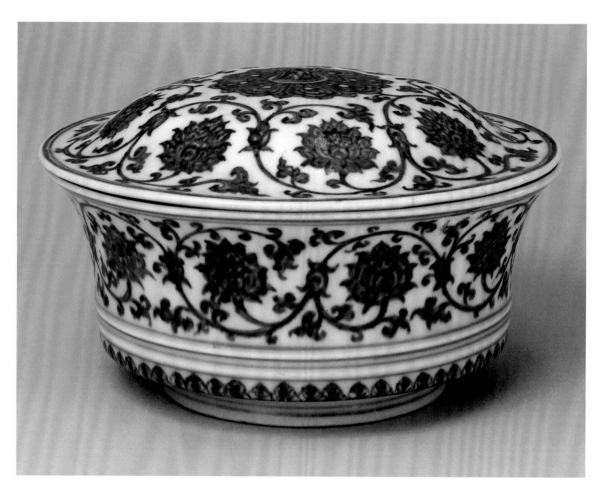

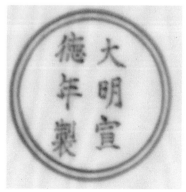

碗撇口，折腹。蓋拱頂，撇沿，凸鈕。通體青花紋飾，外壁飾纏枝蓮
紋，下腹飾兩道凸弦紋，近足處飾蕉葉紋。碗心青花雙圈內書"大明
宣德年製"六字楷書款。蓋鈕周圍飾蓮瓣紋，蓋面飾纏枝蓮紋。

此器造型規整，紋飾工整細膩。

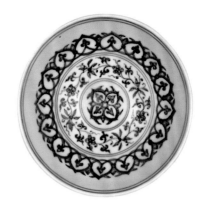

158

青花纏枝花紋臥足碗
明宣德
高 3.8 厘米　口徑 13.5 厘米　足徑 4.2 厘米
清宮舊藏

Blue and white bowl with concave foot decorated with
interlocking floral sprays design
Xuande period, Ming Dynasty
Height: 3.8cm　Diameter of mouth: 13.5cm
Diameter of foot: 4.2cm
Qing court collection

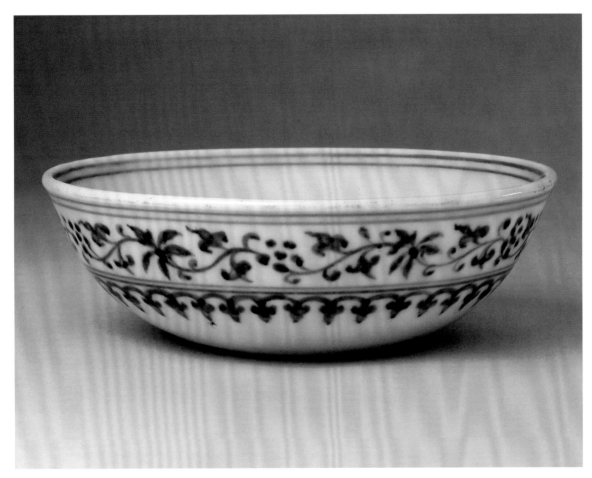

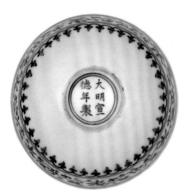

碗敞口，淺腹，臥足。青花紋飾，裏心和裏壁飾變形桃紋，兩者間飾
纏枝花葉紋，口沿飾青花綫，外壁上部飾纏枝花紋，下飾變形如意雲
頭紋，上下紋飾間隔以青花雙綫。底青花雙圈內書"大明宣德年製"
六字楷書款。

此器造型綫條柔和，紋飾嚴謹而細膩，有異域風格。

青花蓮瓣紋臥足碗
明宣德
高 4.9 厘米　口徑 13.7 厘米　足徑 3.7 厘米
清宮舊藏

**Blue and white bowl with concave foot decorated with
lotus-petal design**
Xuande period, Ming Dynasty
Height: 4.9cm　Diameter of mouth: 13.7cm
Diameter of foot: 3.7cm
Qing court collection

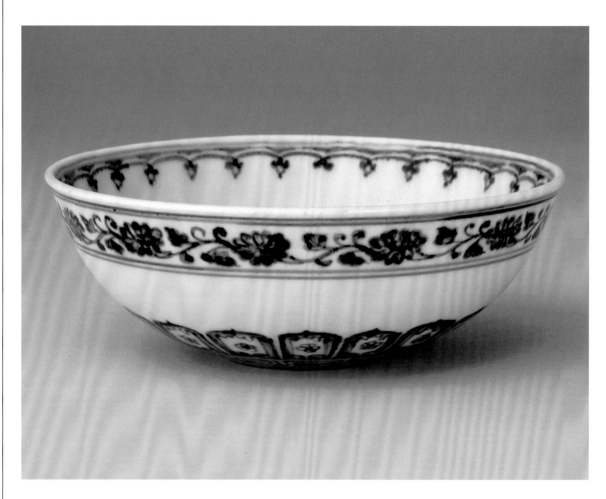

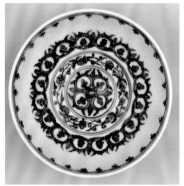

碗敞口，臥足，裏心凸起。青花紋飾，碗心飾桃形花蕊，外環飾纏枝花紋及變形桃紋，裏口飾朵梅紋；外口沿下飾纏枝蓮紋，近足處飾變形仰蓮瓣紋及回紋。

此碗造型圓潤，紋飾集中在口、底處，增強了器物輕巧簡潔的特色。

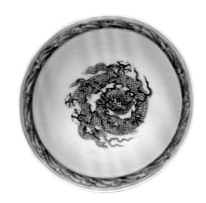

160

青花海水龍紋高足碗
明宣德
高 17.5 厘米　口徑 15.4 厘米　足徑 7.3 厘米
清宮舊藏

Blue and white stem-bowl with waves and dragon design
Xuande period, Ming Dynasty
Height: 17.5cm　Diameter of mouth: 15.4cm
Diameter of foot: 7.3cm
Qing court collection

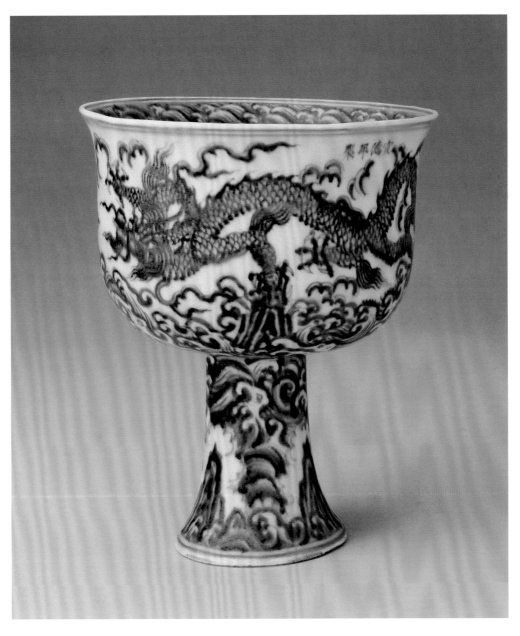

碗撇口，深腹，高足，足中空外撇。青花紋飾，裹口飾海水紋，碗心
繪盤龍，外壁繪海水江崖及二行龍紋，足柄繪海水江崖紋。外口沿下
青花橫書"宣德年製"四字楷書款。

此器上部取宮碗式，形體莊重，紋飾頗有氣魄。

青花纏枝花卉紋高足碗
明宣德
高 18.7 厘米　口徑 11.8 厘米　足徑 7.8 厘米
清宮舊藏

Blue and white stem-bowl with design of interlocking
floral sprays
Xuande period, Ming Dynasty
Height: 18.7cm　Diameter of mouth: 11.8cm
Diameter of foot: 7.8cm
Qing court collection

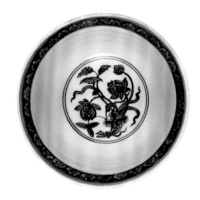

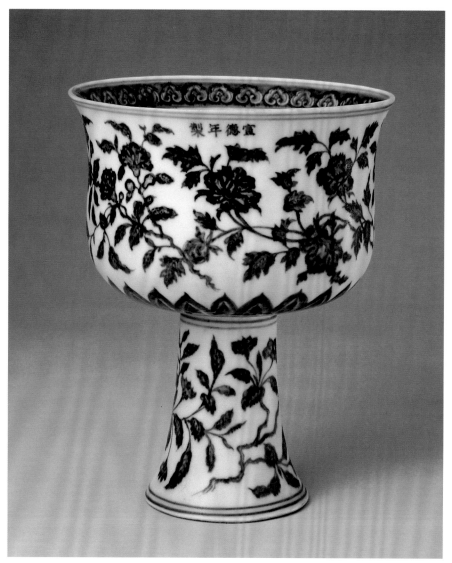

碗撇口，深腹，高足中空外撇。青花紋飾，碗心飾束蓮紋，外壁飾纏
枝牡丹、石榴、月季、菊花紋，近足處飾菊瓣紋，足柄飾折枝花卉紋。
外口沿下青花橫書"宣德年製"四字楷書款。

此碗上部取宮碗式，下承高足，顯得敦實別致。

青花仕女賞畫圖高足碗
明宣德
高 10.3 厘米　口徑 15.2 厘米　足徑 4.4 厘米
清宮舊藏

**Blue and white stem-bowl with design of ladies
appreciating a painting**
Xuande period, Ming Dynasty
Height: 10.3cm　Diameter of mouth: 15.2cm
Diameter of foot: 4.4cm
Qing court collection

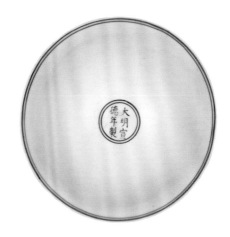

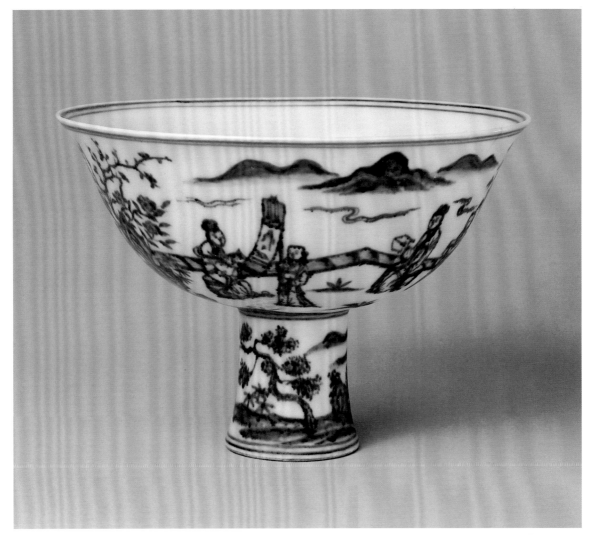

碗撇口，高足中空。外壁繪二仕女對坐賞畫，襯以山水、花草、樹木
等，足柄繪山石樹木。碗心青花雙圈內書"大明宣德年製"六字楷書款。

此器紋飾佈局疏朗，場面開闊，意境清幽。

宣德瓷器人物紋較少，所見者均文人士大夫的氣息濃厚。如此器紋飾
繪仕女賞畫情景，表現一種恬靜淡雅的藝術氣息。心有青花書楷書
款，是典型的宮廷御用器。

青花海水龍紋高足碗
明宣德
高 10.3 厘米　口徑 15.6 厘米　足徑 4.5 厘米

Blue and white stem-bowl with waves and dragon design
Xuande period, Ming Dynasty
Height: 10.3cm　Diameter of mouth: 15.6cm
Diameter of foot: 4.5cm

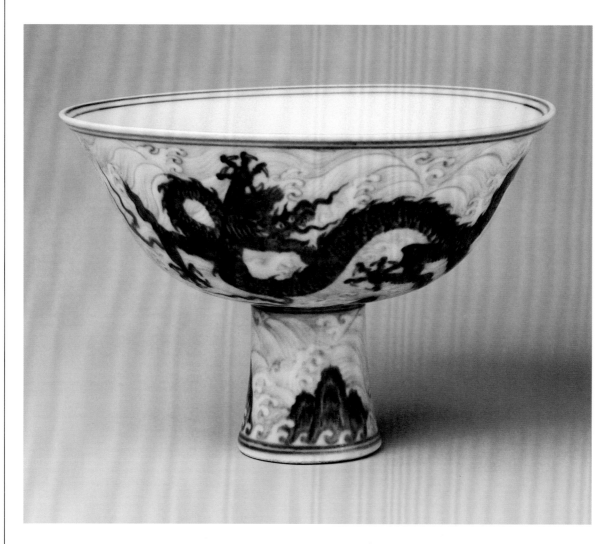

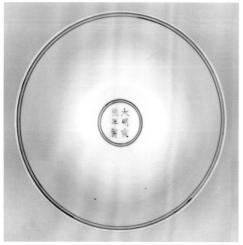

碗撇口，高足外撇。青花紋飾，外壁飾海水紋及一行龍，足柄飾海水江崖紋。碗心青花雙圈內書"大明宣德年製"六字楷書款。

此器以淺淡的海水紋烘托出蒼龍生動矯健的姿態，表現了精湛的陶瓷繪畫藝術。

青花地白龍穿花紋高足碗
明宣德
高 11.1 厘米　口徑 16.7 厘米　足徑 4.8 厘米
清宮舊藏

Blue and white stem-bowl with design of white dragon amidst flowers
Xuande period, Ming Dynasty
Height: 11.1cm　Diameter of mouth: 16.7cm
Diameter of foot: 4.8cm
Qing court collection

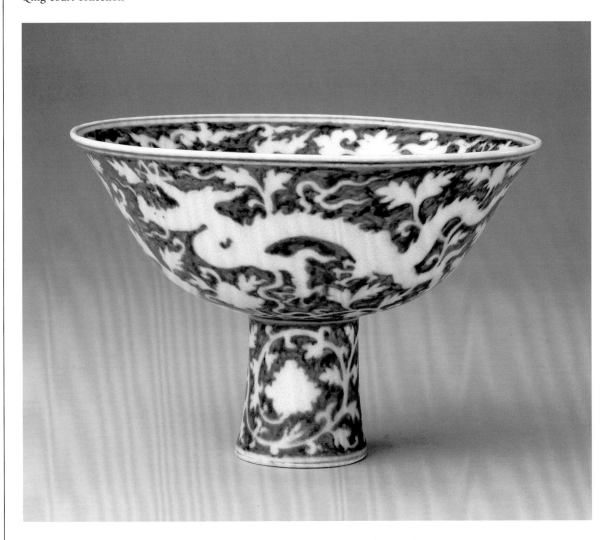

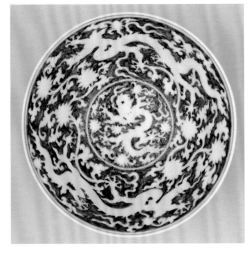

碗撇口，高足中空。外壁飾青花地留白雲龍穿花紋，足柄飾纏枝蓮紋。

此器採用青花地留白的裝飾方法，紋飾分外鮮明生動。高足碗多用於陳設供品。

青花龍鳳紋葵瓣式高足碗
明宣德
高 11.1 厘米　口徑 16.5 厘米　足徑 4.3 厘米
清宮舊藏

**Blue and white stem-bowl in the shape of mallow petals
decorated with dragon and phoenix design**
Xuande period, Ming Dynasty
Height: 11.1cm　Diameter of mouth: 16.5cm
Diameter of foot: 4.3cm
Qing court collection

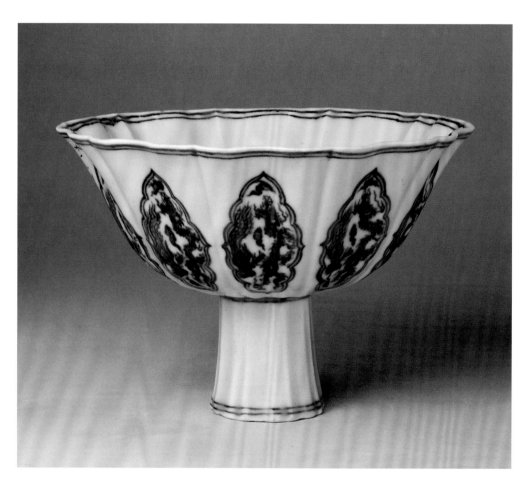

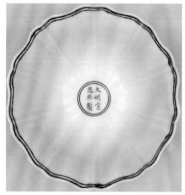

碗花瓣形，撇口，高足中空。青花紋飾，外壁飾十個菱形開光，內均
飾龍鳳紋。碗心青花雙圈內書"大明宣德年製"六字楷書款。

青花鸞鳳紋葵瓣式高足碗
明宣德
高 10.9 厘米　口徑 15.2 厘米　足徑 4.3 厘米

Blue and white stem-bowl in the shape of mallow petals
decorated with double phoenix design
Xuande period, Ming Dynasty
Height: 10.9cm　Diameter of mouth: 15.2cm
Diameter of foot: 4.3cm

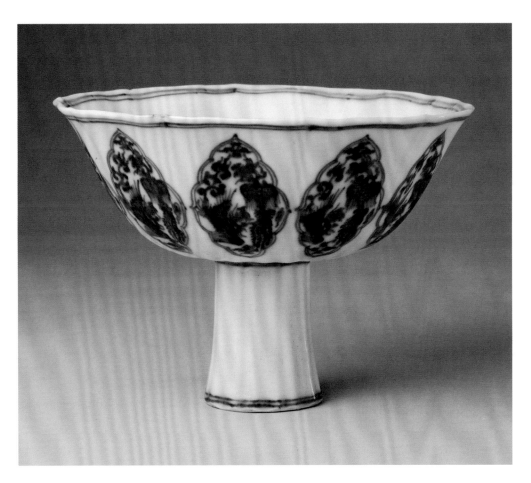

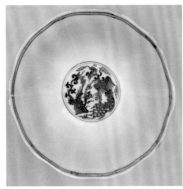

碗花瓣形，撇口，高足中空。青花紋飾，碗心雙圈內飾鸞鳳紋，外壁
飾十個菱花形開光，開光內均飾鸞鳳紋，寓"鸞鳳和鳴"之意。

青花雲龍紋高足杯
明宣德
高 8.9 厘米　口徑 10 厘米　足徑 4.4 厘米
清宮舊藏

Blue and white stem-cup with cloud and dragon design
Xuande period, Ming Dynasty
Height: 8.9cm　Diameter of mouth: 10cm
Diameter of foot: 4.4cm
Qing court collection

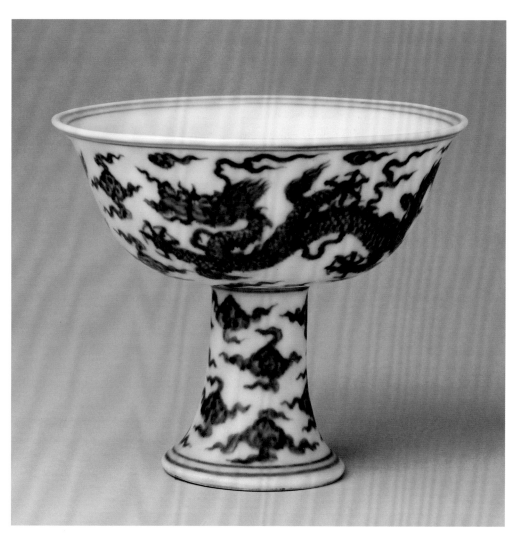

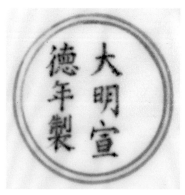

杯撇口，高足外撇，平面砂底。青花紋飾，外壁繪雲龍紋，足柄飾朵
雲紋，裏口飾雙綫，碗心青花雙圈內書"大明宣德年製"六字楷書款。

青花穿花鳳紋高足杯

明宣德
高 8.9 厘米　口徑 9.9 厘米　足徑 4.4 厘米
清宮舊藏

Blue and white stem-cup with design of phoenix among
flowers
Xuande period, Ming Dynasty
Height: 8.9cm　Diameter of mouth: 9.9cm
Diameter of foot: 4.4cm
Qing court collection

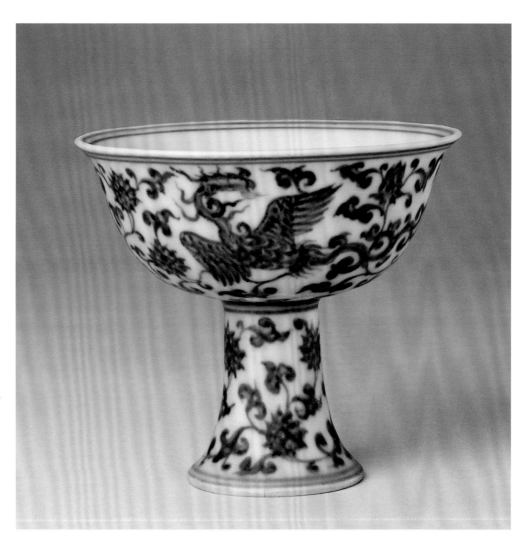

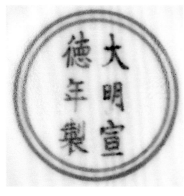

杯撇口，高足，平底無釉。青花紋飾，外壁飾鳳穿花紋，足柄飾纏枝
蓮紋，裏口及器外飾八道弦紋。碗心青花雙圈內書"大明宣德年製"
六字楷書款。

明代宣德年間，青花瓷器的燒造呈現出繁榮的局面。這不僅表現為器
物種類繁多、造型精美，而且表現為紋飾的多樣性。如穿花鳳紋、穿
花龍紋等圖紋形式的出現，是以纏枝花來烘托龍、鳳的高貴與神聖。
這種紋飾形式在明代中葉的正德年間得到繼承和發揚。

青花纏枝蓮紋高足杯
明宣德
高 10.6 厘米　口徑 12.1 厘米　足徑 4.7 厘米
清宮舊藏

Blue and white stem-cup with interlocking lotus spray design
Xuande period, Ming Dynasty
Height: 10.6cm　Diameter of mouth: 12.1cm
Diameter of foot: 4.7cm
Qing court collection

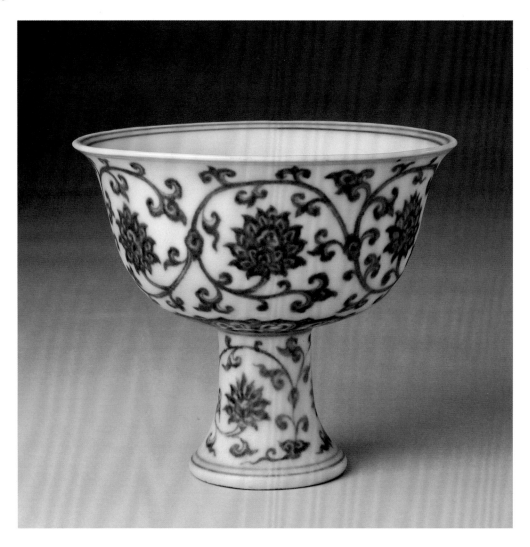

杯撇口，深腹，高足中空外撇。青花紋飾，外壁及足柄飾纏枝蓮紋，
近足處飾蓮瓣紋。碗心青花雙圈內書"大明宣德年製"六字楷書款。

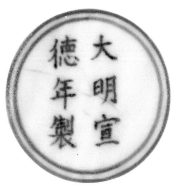

青花折枝芍藥紋盞托
明宣德
高 2.1 厘米　口徑 19.8 厘米　足徑 12.4 厘米
清宮舊藏

Blue and white cup-saucer with plucked peony spray design
Xuande period, Ming Dynasty
Height: 2.1cm　Diameter of mouth: 19.8cm
Diameter of foot: 12.4cm
Qing court collection

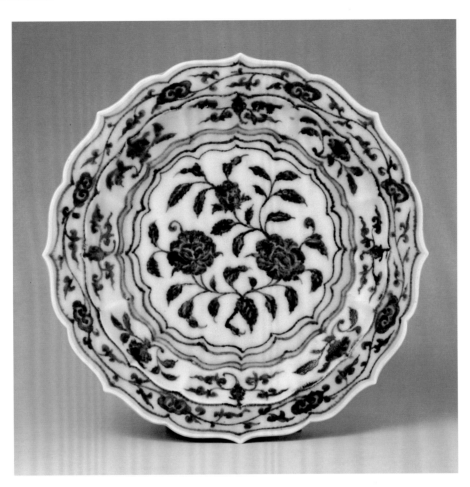

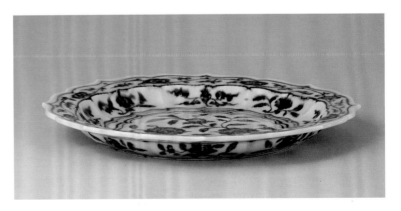

盞托葵瓣口，折沿，淺腹，圈足。青花紋飾，內底心飾折枝芍藥紋，
外圍飾菱花形邊四道，壁內外均飾折枝花紋，口沿飾纏枝靈芝紋。

此器造型美觀，紋飾細膩。

青花折枝花紋盞托
明宣德
高 2.3 厘米　口徑 19.7 厘米　足徑 12.6 厘米
清宮舊藏

Blue and white cup-saucer with design of plucked floral sprays
Xuande period, Ming Dynasty
Height: 2.3cm　Diameter of mouth: 19.7cm
Diameter of foot: 12.6cm
Qing court collection

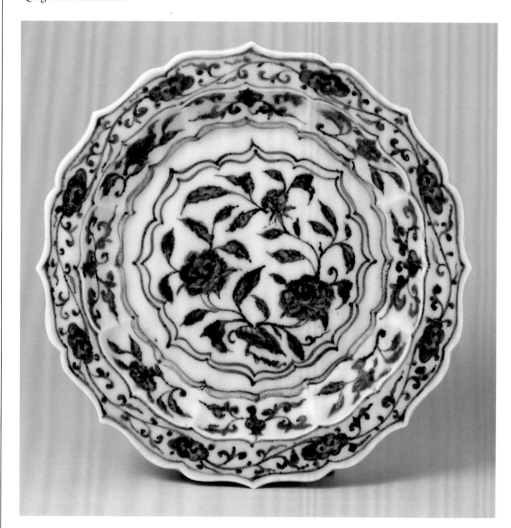

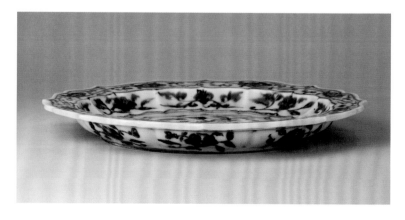

盞托花口，折沿，花瓣形淺腹，平底，圈足。青花紋飾，內底心飾菱
花形開光，開光內飾折枝花紋，裏外壁均飾折枝花卉紋。折沿飾纏枝
靈芝紋。

青花折枝花紋盞托
明宣德
高 2.5 厘米　口徑 20 厘米　足徑 12.3 厘米
清宮舊藏

Blue and white cup-saucer with plucked floral spray design
Xuande period, Ming Dynasty
Height: 2.5cm　Diameter of mouth: 20cm
Diameter of foot: 12.3cm
Qing court collection

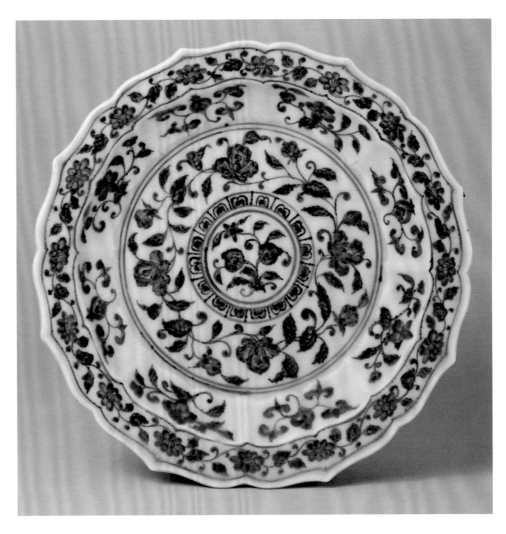

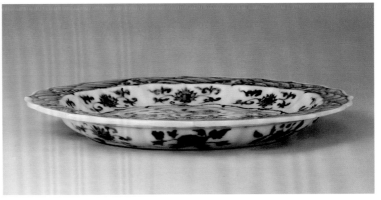

盞托花口，折沿，花瓣形淺腹，圈足。青花紋飾，內底心飾折枝桃紋，
外環以蓮瓣紋及纏枝牡丹紋，裏外壁均飾折枝花紋，折沿飾纏枝花紋。

173

青花纏枝牡丹紋盞托
明宣德
高 2.1 厘米　口徑 19.7 厘米　足徑 12.4 厘米

Blue and white cup-saucer with interlocking peony
spray design
Xuande period, Ming Dynasty
Height: 2.1cm　Diameter of mouth: 19.7cm
Diameter of foot: 12.4cm

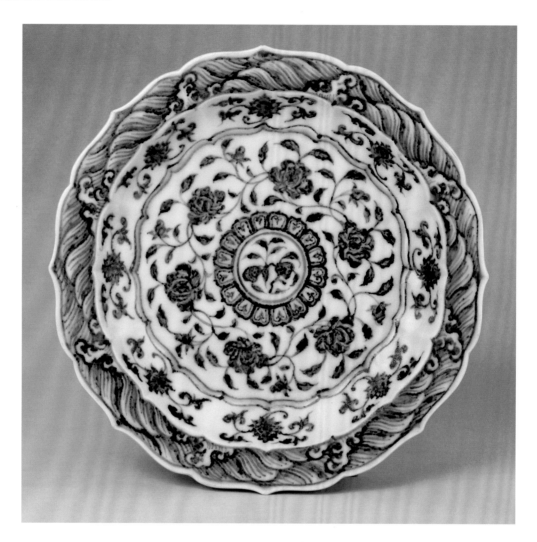

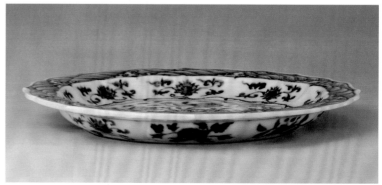

盞托花口，折沿，淺腹，圈足。裏外青花紋飾，裏心飾折枝荔枝紋，
周圍環以蓮瓣紋和纏枝牡丹紋，外壁飾折枝蓮紋、牡丹紋，折沿飾海
水紋。

青花孔雀牡丹圖罐
明正統
高 35 厘米　口徑 21 厘米　足徑 20.5 厘米

Blue and white jar with design of peacock and peony
flowers
Zhengtong period, Ming Dynasty
Height: 35cm　Diameter of mouth: 21cm
Diameter of foot: 20.5cm

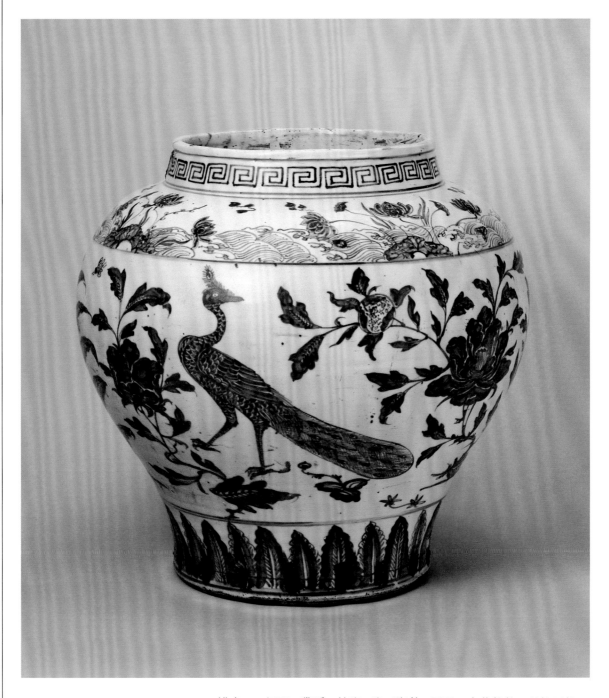

罐直口，短頸，豐肩，鼓腹，腹下漸斂，圈足。青花紋飾，頸飾回紋，
肩飾池塘蓮花，腹繪《孔雀牡丹圖》，近足處飾蕉葉紋。

此器肩、腹兩層裝飾皆繪以圖景，上層繪蓮塘中風波驟起，下層繪孔
雀在花叢中悠閒踱步。

青花孔雀牡丹圖梅瓶

明正統
高 36.5 厘米　口徑 5 厘米　足徑 12.8 厘米

175

Blue and white prunus vase decorated with design of
peacock and peony flowers
Zhengtong period, Ming Dynasty
Height: 36.5cm　Diameter of mouth: 5cm
Diameter of foot: 12.8cm

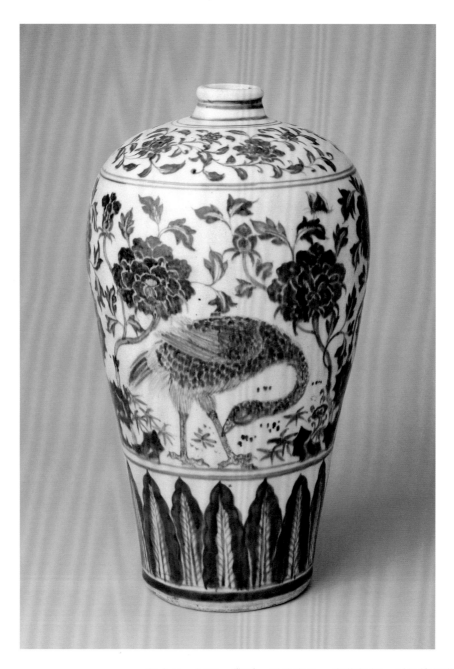

瓶小口，短頸，豐肩，長腹漸收。青花紋飾，肩飾纏枝蓮紋牡丹紋一
周，腹繪《孔雀牡丹圖》，一雄一雌兩隻孔雀穿行於牡丹叢中，近足處
飾蕉葉紋。

此瓶紋飾主體鮮明，青花色澤濃豔。孔雀羽毛豐滿，姿態溫文爾雅，
牡丹花朵碩大，枝葉繁茂。

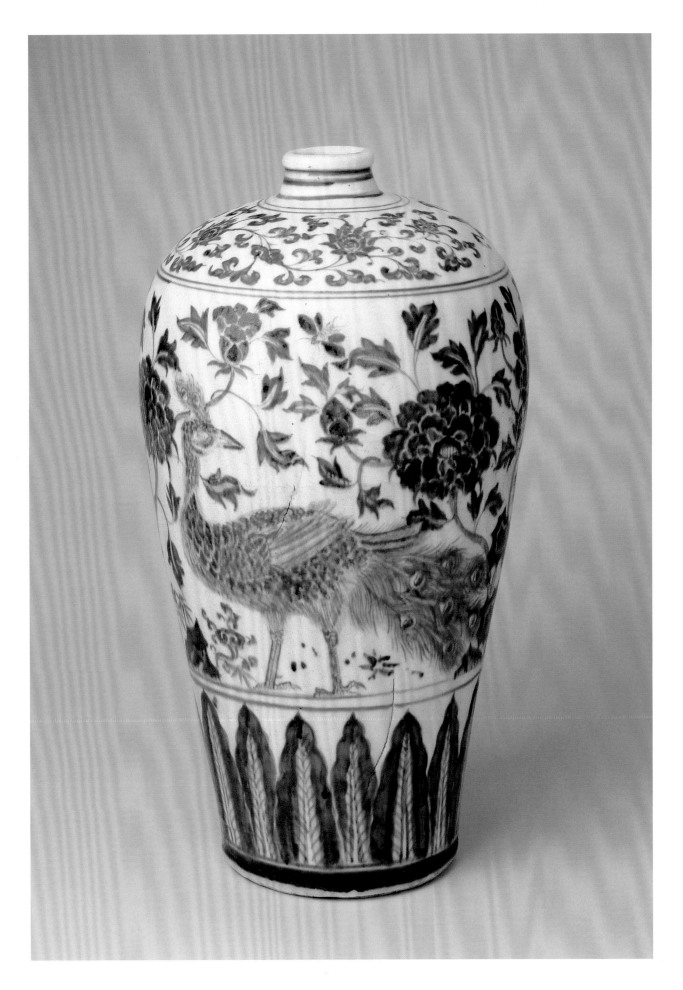

176

青花孔雀牡丹圖罐
明正統
高 37 厘米　口徑 19.8 厘米　足徑 19 厘米

Blue and white jar with design of peacock and peony flowers
Zhengtong period, Ming Dynasty
Height: 37cm　Diameter of mouth: 19.8cm
Diameter of foot: 19cm

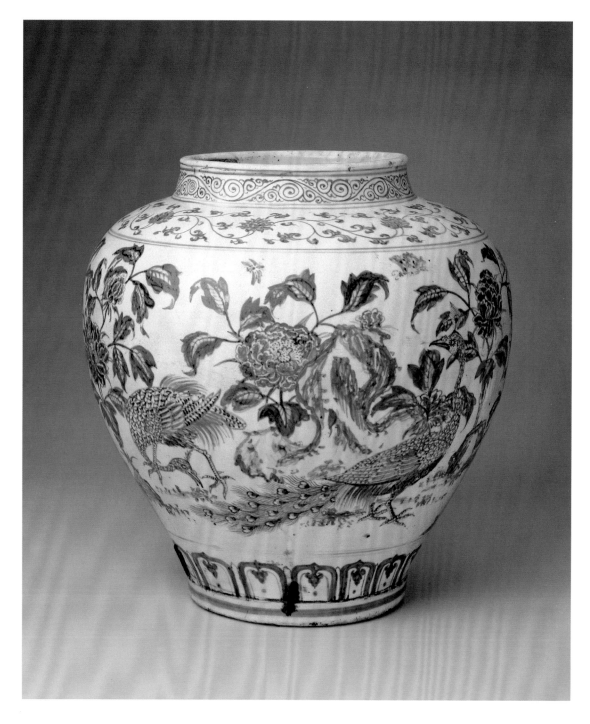

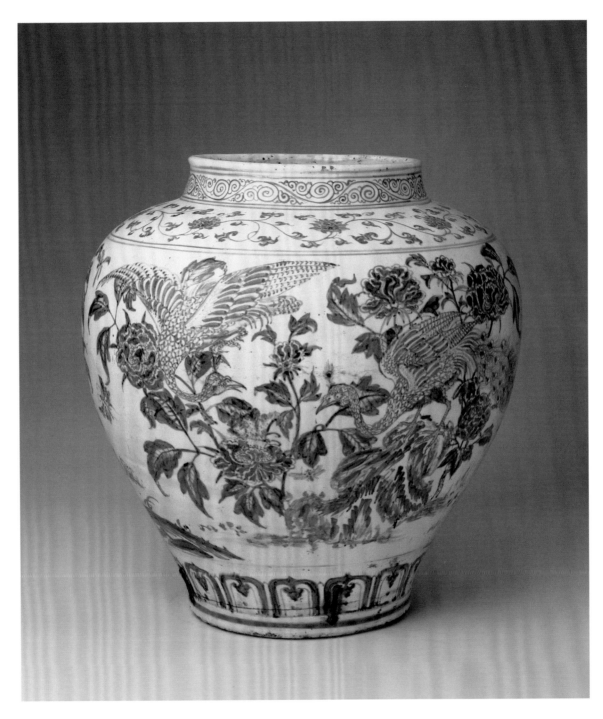

罐直口，短頸，豐肩，鼓腹，腹下漸斂。青花紋飾，頸飾忍冬紋，肩飾纏枝花紋，腹通景繪雌雄孔雀兩對，或於牡丹之間踱步，或立於洞石之上。牡丹花叢中點綴有蝴蝶、蜜蜂、蜻蜓，近足處飾仰蓮紋。

此罐繪畫注重勾綫，筆法流暢，雖略顯細碎，卻別開生面。

青花月映松竹梅紋罐
明正統
高 33 厘米　口徑 17.5 厘米　足徑 17.5 厘米

Blue and white jar with design of pine, bamboo and
plum under the moonlight
Zhengtong period, Ming Dynasty
Height: 33cm　Diameter of mouth: 17.5cm
Diameter of foot: 17.5cm

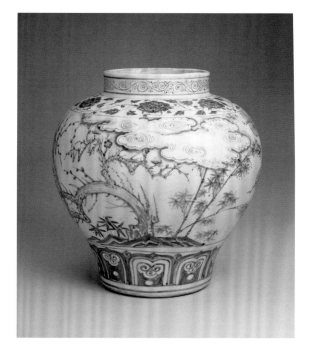

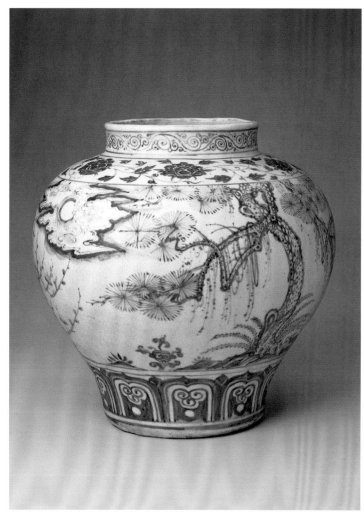

罐直口，短頸，豐肩，鼓腹下斂，圈足。青花紋飾，頸飾忍冬紋，肩
飾纏枝牡丹紋，腹通景繪明月當空，祥雲繚繞，松、竹、梅掩映，近
足處飾蓮瓣紋。

青花纏枝蓮托八寶紋罐

178

明正統
高 43 厘米　口徑 23 厘米　足徑 24 厘米

Blue and white jar with design of interlocking lotus
flowers supporting the eight Buddhist emblems
Zhengtong period, Ming Dynasty
Height: 43cm　Diameter of mouth: 23cm
Diameter of foot: 24cm

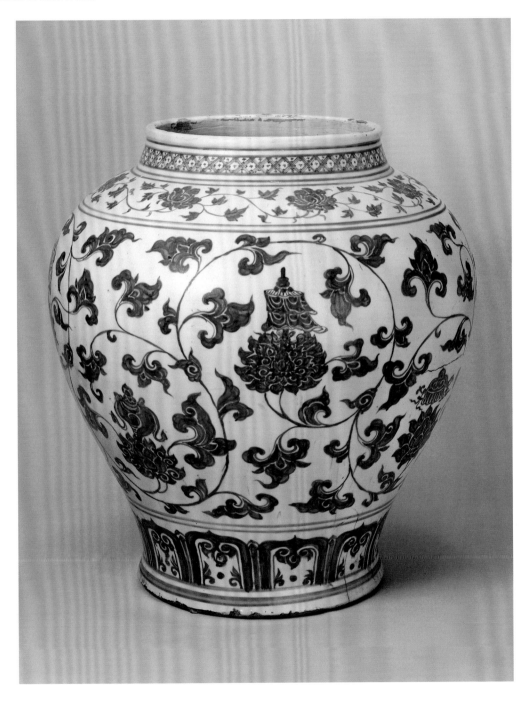

罐直口微內收，短頸，豐肩，鼓腹，腹下漸斂，足外撇。青花紋飾，
外口沿飾錦紋，肩飾纏枝牡丹紋，腹通景繪纏枝蓮紋，蓮花上托八
寶，近足處飾蓮瓣紋。

此罐圖案佈局錯落有致，筆法飄逸流暢。

179

青花八仙慶壽圖罐
明正統
高 35 厘米　口徑 20.5 厘米　底徑 22.5 厘米

Blue and white jar with a design of the eight immortals celebrating birthday
Zhengtong period, Ming Dynasty
Height: 35cm　Diameter of mouth: 20.5cm
Diameter of bottom: 22.5cm

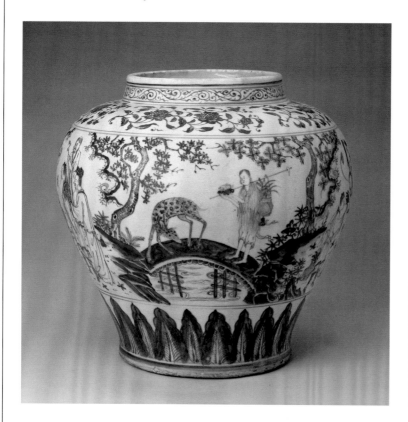

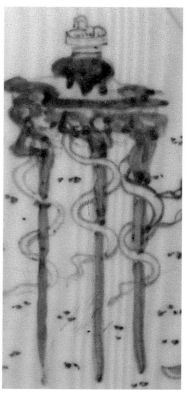

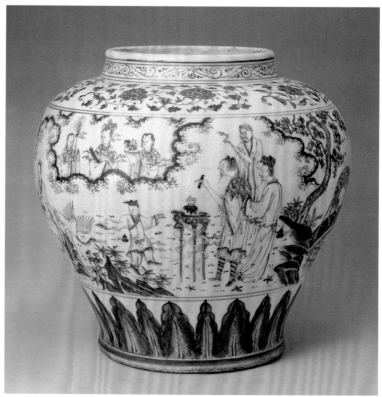

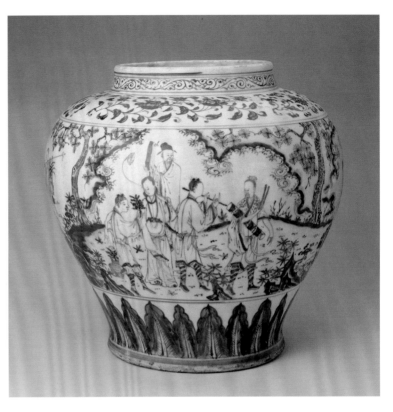

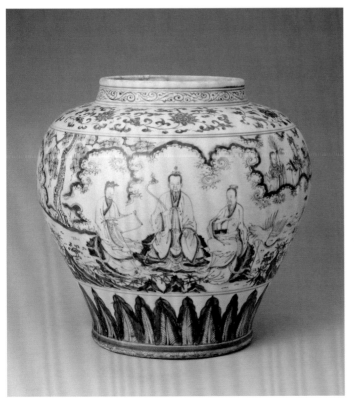

罐直口,短頸,豐肩,鼓腹,腹下漸斂,圈足。青花紋飾,頸飾忍冬紋,肩繪纏枝花,腹通景繪西王母、天尊、八仙等十六位仙人,襯以祥雲、松樹、桂樹、鶴鹿,近足處飾蕉葉紋。

此器以生動的繪畫手法把神話傳說題材表現在瓷器上,圖中繪有八仙採藥、雲遊、遙拜;天尊手持如意,安坐洞府;西王母在仙童陪伴下顯現在雲端等情境,有祝頌長壽的寓意,也反映出明代社會對道教的崇信。

青花應龍麒麟紋盤
明正統
高 10.7 厘米　口徑 52.4 厘米　足徑 28.7 厘米
清宮舊藏

Blue and white plate with design of dragons and
unicorn
Zhengtong period, Ming Dynasty
Height: 10.7cm　Diameter of mouth: 52.4cm
Diameter of foot: 28.7cm
Qing court collection

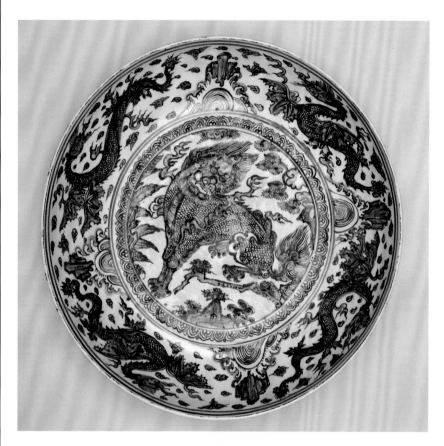

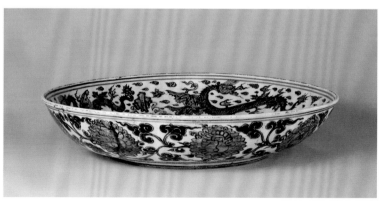

盤敞口，淺弧壁。青花紋飾，盤心繪一麒麟駐足於松柏、山石與蕉葉
中間，周圍飾如意紋，內壁繪四條應龍穿行於山海之間，外壁繪纏枝
蓮紋，近足處飾如意雲頭紋一周。

青花孔雀牡丹紋盤
明正統
高 7 厘米　口徑 45 厘米　足徑 18.5 厘米

Blue and white plate with design of peacock and peony
flowers
Zhengtong period, Ming Dynasty
Height: 7cm　Diameter of mouth: 45cm
Diameter of foot: 18.5cm

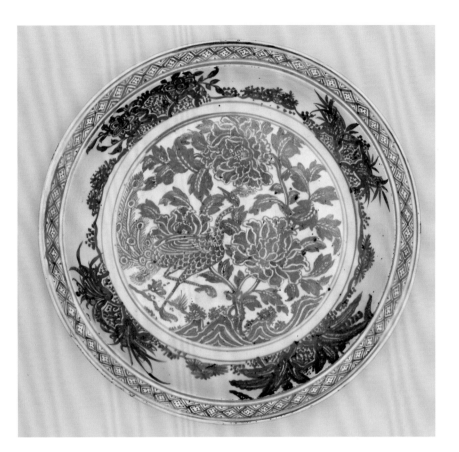

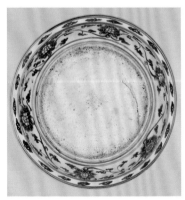

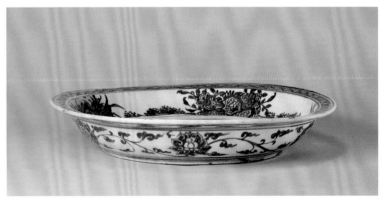

盤折沿，淺弧壁。青花紋飾，盤心繪孔雀牡丹，內壁繪洞石、花草、
芭蕉景物，折沿飾錦紋，折沿下飾朵雲紋，外壁飾纏枝蓮花紋。

此盤中心以青花留白綫手法表現孔雀、牡丹、山石，頗類織物，裝飾
效果獨特。

青花園景圖花口碗
明正統
高 11.4 厘米　口徑 25.9 厘米　足徑 7.5 厘米

Blue and white bowl with flower-petal mouth decorated
with a garden scene
Zhengtong period, Ming Dynasty
Height: 11.4cm　Diameter of mouth: 25.9cm
Diameter of foot: 7.5cm

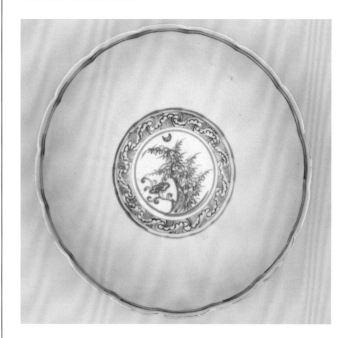

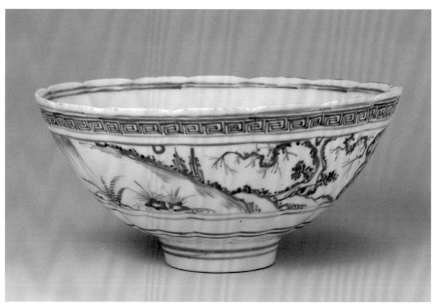

碗呈十六花瓣形，敞口，深弧壁。青花紋飾，碗心繪彎月、靈芝、竹、石，周圍飾海水紋，外口沿飾回紋，外壁通景繪山、樹、雲、草。

此器造型別致，紋飾疏朗自然，外壁的山水圖景與碗心小品相映成趣。

183

青花八仙慶壽圖罐
明景泰
高 35.3 厘米　口徑 21.5 厘米　足徑 20 厘米

**Blue and white jar with a design of the eight immortals
celebrating birthday**
Jingtai period, Ming Dynasty
Height: 35.3cm　Diameter of mouth: 21.5cm
Diameter of foot: 20cm

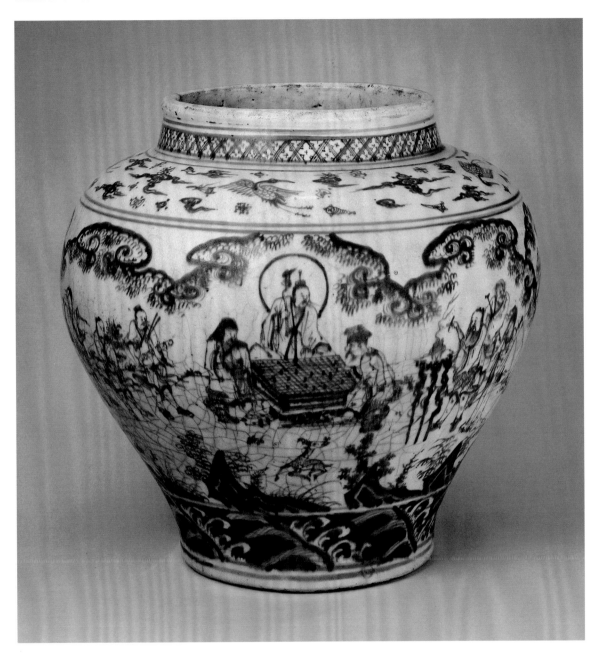

罐直口，短頸，豐肩，鼓腹，腹下漸斂，平底，寬圈足。青花紋飾，
頸繪梅花錦紋，肩繪雲鶴紋，腹通景繪《八仙慶壽圖》，近底處繪海
水紋。

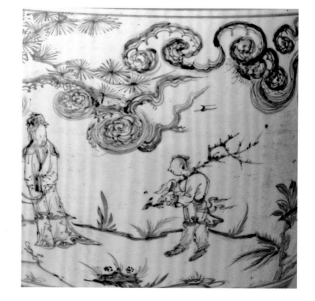

青花高士圖罐

184

明景泰

高 37 厘米　口徑 20.4 厘米　足徑 21.5 厘米

Blue and white jar with design of noble scholars
Jingtai period, Ming Dynasty
Height: 37cm　Diameter of mouth: 20.4cm
Diameter of foot: 21.5cm

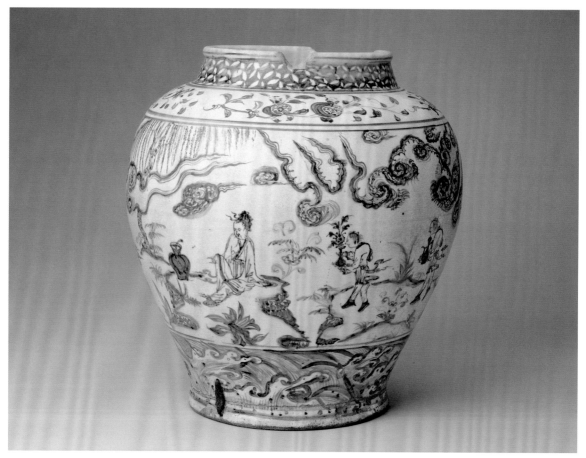

罐唇口，短頸，豐肩，鼓腹，底足外撇，寬圈足。青花紋飾，外口飾錢紋，肩繪折枝花果紋，腹通景繪七高士，或坐、或立、或行於蒼松翠柳之間，近足處繪海水紋。

此器雖殘，但其紋飾完整，對了解景泰時期的繪製風格有一定參考價值。

青花攜琴訪友圖梅瓶
明天順
高 32.5 厘米　口徑 5.4 厘米　足徑 10.5 厘米

Blue and white prunus vase decorated with design of a
man taking Qin to visit a friend
Tianshun period, Ming Dynasty
Height: 32.5cm　Diameter of mouth: 5.4cm
Diameter of foot: 10.5cm

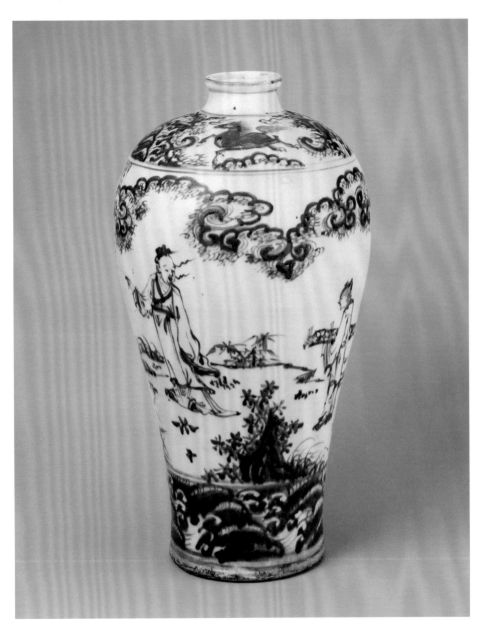

瓶小口，短頸，豐肩，長腹下收。青花紋飾，肩飾海水紋及海馬紋，
腹繪《攜琴訪友圖》，近足處飾海水紋。

天順梅瓶的青花有濃豔的深藍色和泛灰的淡藍色等變化，此器採用進口
青花鈷料，色澤濃豔，並帶有黑色結晶斑。畫面運筆自然，採用一筆勾
勒，特別是中鋒運筆所繪流雲與人物俱有獨到之處，具有很高的繪畫水
平，青花掌握不似宣德之暈散，亦不像成化的纖細，帶一種飄逸感。天
順青花一般胎體較成化時期的厚重，此瓶也無例外，風格古樸敦厚。

青花攜琴訪友圖罐
明天順
高 36 厘米 口徑 21 厘米 足徑 21 厘米
清宮舊藏

**Blue and white jar with design of a man taking Qin to
visit a friend**
Tianshun period, Ming Dynasty
Height: 36cm　Diameter of mouth: 21cm
Diameter of foot: 21cm
Qing court collection

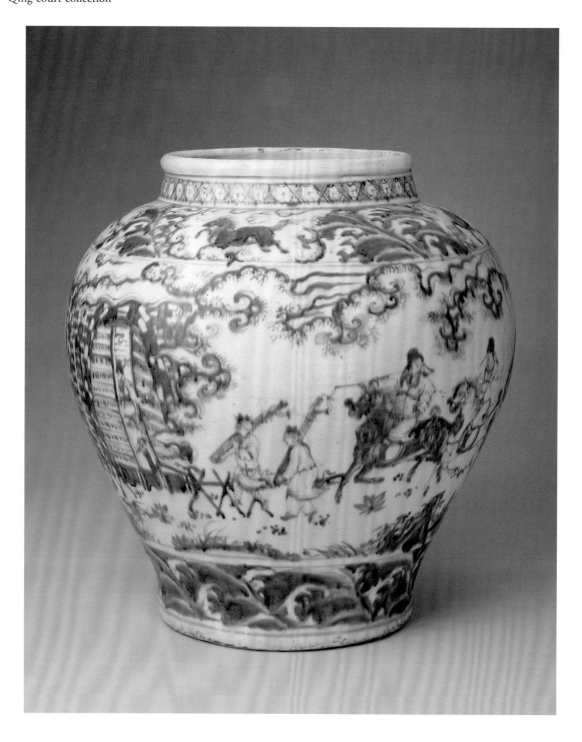

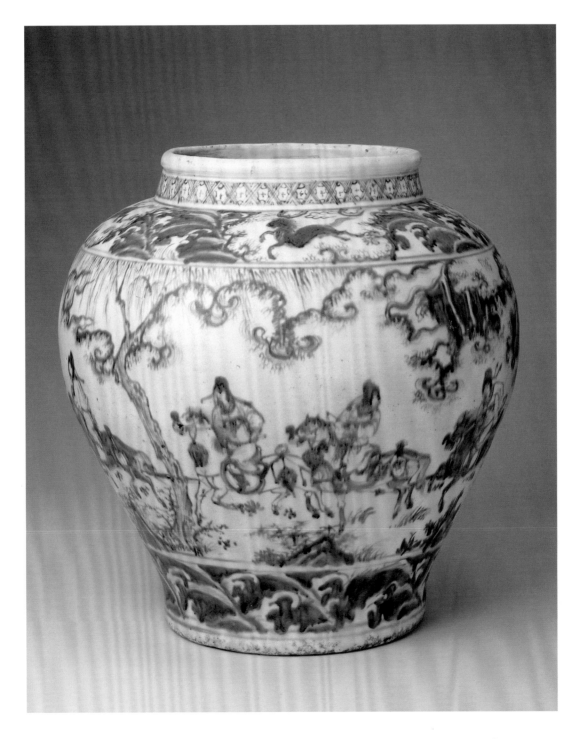

罐唇口，短頸，鼓腹，腹下漸斂，圈足。青花紋飾，口邊飾梅花錦紋，
肩飾海水開光海馬紋，腹通景繪《攜琴訪友圖》，近足處飾海水紋。

青花八仙圖罐
明天順
高 39 厘米　口徑 19.7 厘米　足徑 20 厘米

Blue and white jar with design of the eight immortals
Tianshun period, Ming Dynasty
Height: 39cm　Diameter of mouth: 19.7cm
Diameter of foot: 20cm

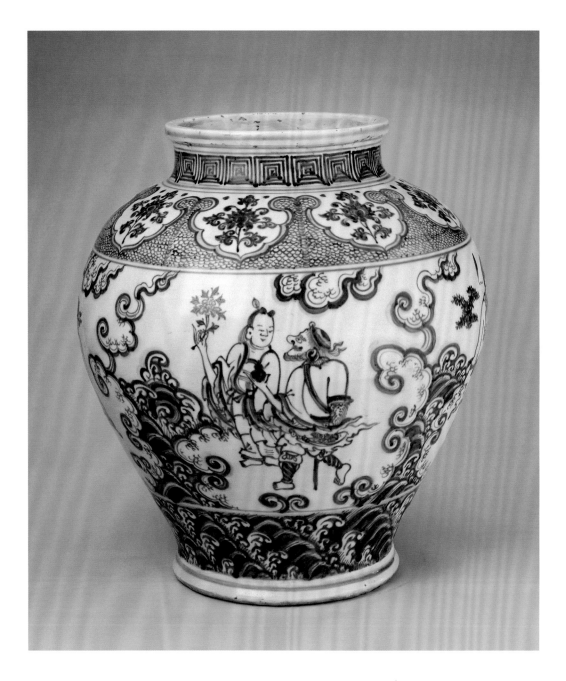

罐唇口，短頸，鼓腹，腹下漸斂，圈足。青花紋飾，口沿飾回紋，肩
飾倒垂如意雲紋開光，其內繪折枝花卉紋，開光外飾鱗紋，腹通繪
《八仙圖》，近足處飾海水紋。

青花波斯文筒爐

明天順

高 11.5 厘米　口徑 15.3 厘米　底徑 14 厘米　足距 13 厘米

Blue and white tube-shaped burner with Persian writings

Tianshun period, Ming Dynasty

Height: 11.5cm　Diameter of mouth: 15.3cm

Diameter of bottom: 14cm　Spacing of feet: 13cm

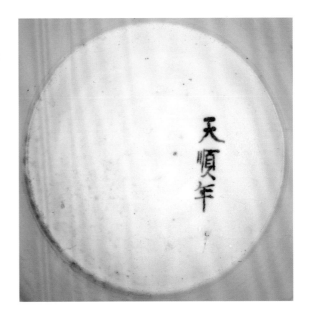

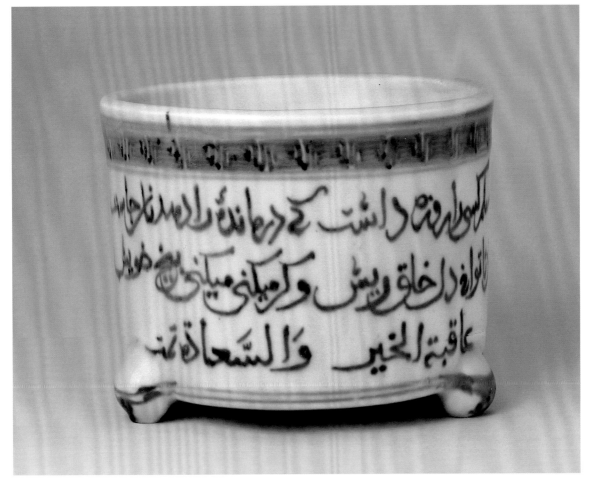

爐樽式，下部微收，平底，有三球形足。爐內施白釉，外青花紋飾，口沿飾回紋，腹部通書三層波斯文，近底處飾兩條青花綫。爐內底部青花書“天順年”楷書款。

此器造型早在西漢時已出現。其波斯文用中鋒寫就，筆法圓潤溫文。

青花荷蓮紋碗
明天順
高 13.5 厘米　口徑 33.2 厘米　足徑 17 厘米

Blue and white bowl with lotus design
Tianshun period, Ming Dynasty
Height: 13.5cm　Diameter of mouth: 33.2cm
Diameter of foot: 17cm

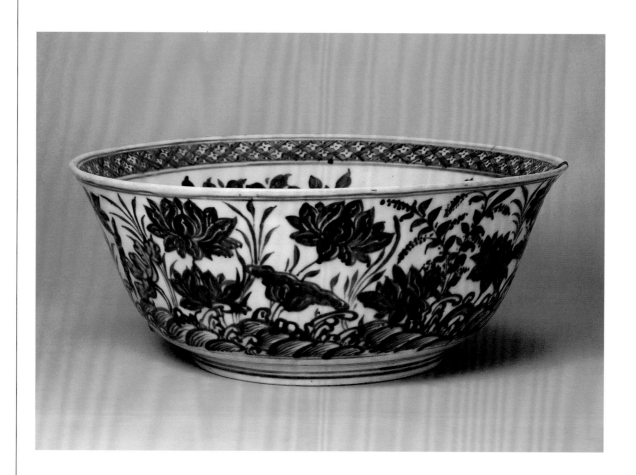

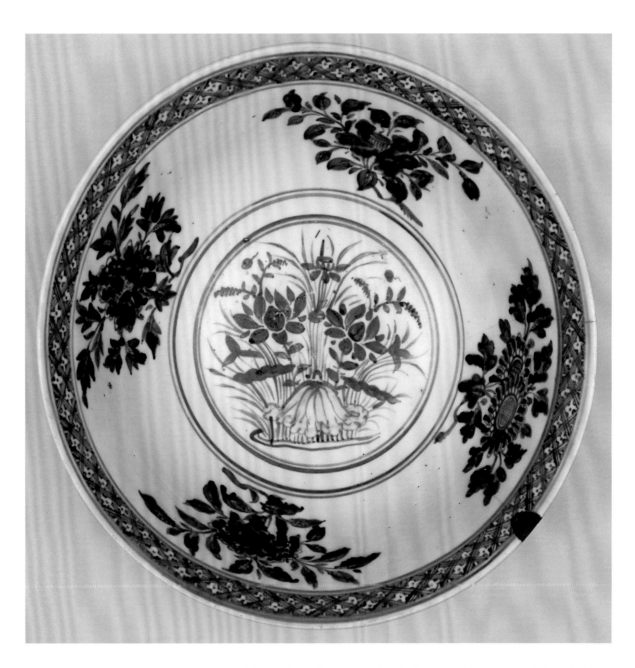

碗撇口，深弧壁。青花紋飾，碗心和外壁繪荷蓮紋，裏壁繪折枝牡丹、月季、菊花、山茶等四季花卉紋，裏口飾錦地條帶形紋飾。

此碗紋飾繁密，運筆流暢，創作此圖紋的工匠應具有良好的繪畫技巧。

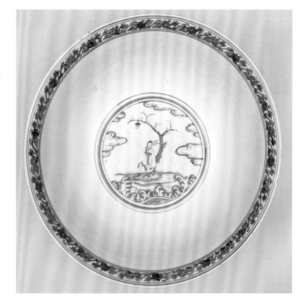

青花八仙渡海圖碗
明天順
高 14.8 厘米　口徑 34.8 厘米　足徑 15.4 厘米

Blue and white bowl with design of the eight immortals crossing the sea
Tianshun period, Ming Dynasty
Height: 14.8cm　Diameter of mouth: 34.8cm
Diameter of foot: 15.4cm

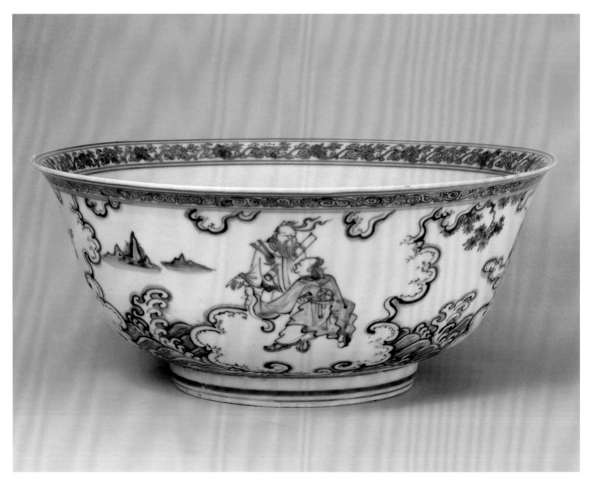

碗撇口，深弧壁。通體青花紋飾，碗心繪仙人乘槎渡海，裏口沿飾纏枝蓮紋，外口沿飾忍冬紋，外壁繪《八仙渡海圖》。

碗心圖筆簡意達，仙人站在古槎之上飄然過海，枝頭掛有葫蘆。減筆畫在明代文人中較為流行。

釉裏紅

Underglaze red

釉裏紅地白兔紋玉壺春瓶
元
高 20.5 厘米　口徑 6.3 厘米　足徑 6.8 厘米

Underglaze red pear-shaped vase decorated with white
rabbit design
Yuan Dynasty
Height: 20.5cm　Diameter of mouth: 6.3cm
Diameter of foot: 6.8cm

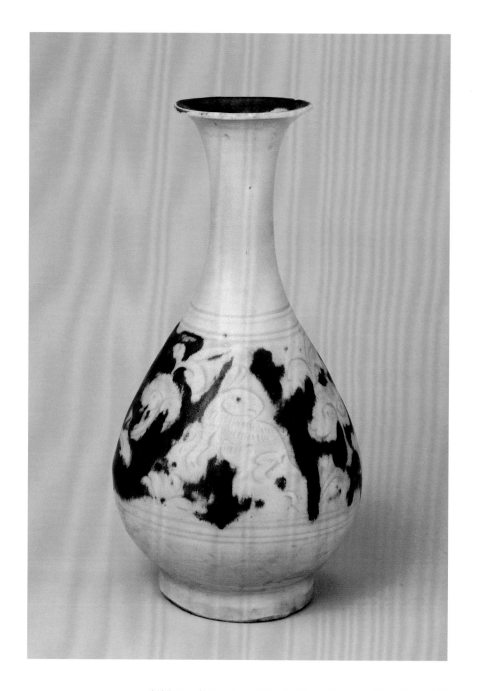

瓶撇口，細長頸，垂腹，圈足。瓶口內塗紅，肩、腹刻劃弦紋，飾釉
裏紅地留白刻玉兔穿花紋。

以流暢的刻花為裝飾，曾流行於宋、金時期的耀州窯系。此器紅釉濃
重，在釉裏紅器中具有重要的研究價值。

釉裏紅地白牡丹紋玉壺春瓶
元
高 28.6 厘米　口徑 7.8 厘米　足徑 9.8 厘米
清宮舊藏

Underglaze red pear-shaped vase with white peony
design
Yuan Dynasty
Height: 28.6cm　Diameter of mouth: 7.8cm
Diameter of foot: 9.8cm
Qing court collection

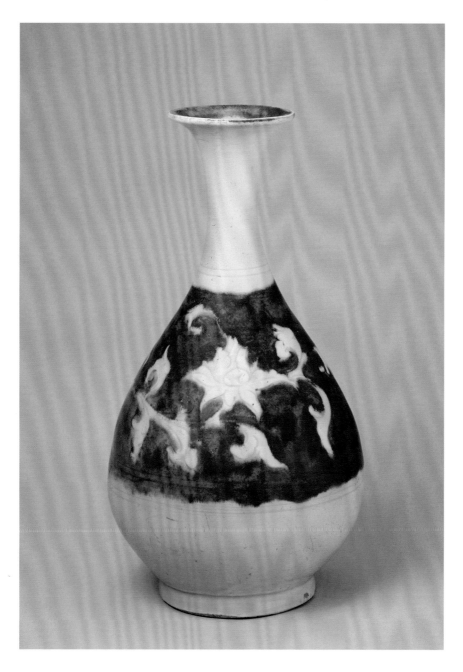

瓶撇口，細長頸，垂腹，豐底，圈足。瓶口裏塗紅，腹飾釉裏紅地留
白刻牡丹紋，上下刻劃有兩道弦紋。

此器造型挺拔清秀，紅釉鮮豔而暈散，呈現出元代早期的特點。

釉裏紅地白龍紋扁方壺

元
高 34 厘米　口徑 8.5 厘米　足徑 26.5/9 厘米

Square flat ewer with white dragon design, underglaze
red
Yuan Dynasty
Height: 34cm　Diameter of mouth: 8.5cm
Diameter of foot: 26.5/9cm

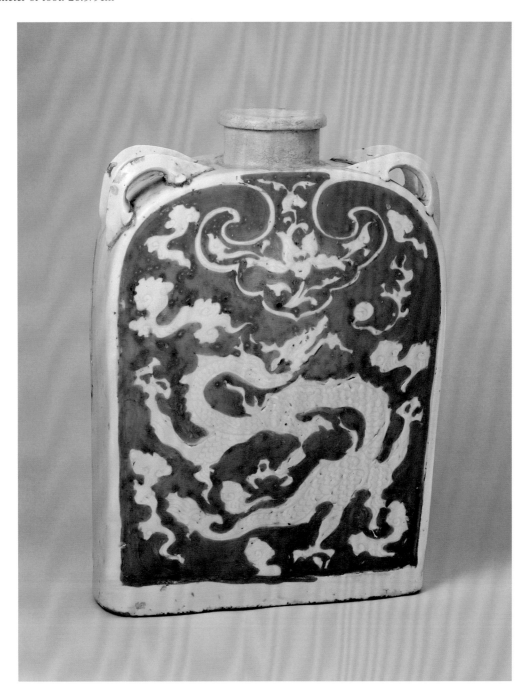

壺圓唇口，短頸，扁方腹，肩兩側有花葉形雙繫。釉裏紅白地裝飾，
壺體兩面上部均飾倒垂雲頭紋，內飾折枝蓮紋，下部飾雲龍紋，龍、
寶珠及雲紋皆刻劃綫條。

此壺造型別致，帶有北方遊牧民族的風格。

釉裏紅斑高足杯

元

高 10 厘米　口徑 7.7 厘米　足徑 3.8 厘米

Stem cup with underglaze red mottles

Yuan Dynasty

Height: 10cm　Diameter of mouth: 7.7cm

Diameter of foot: 3.8cm

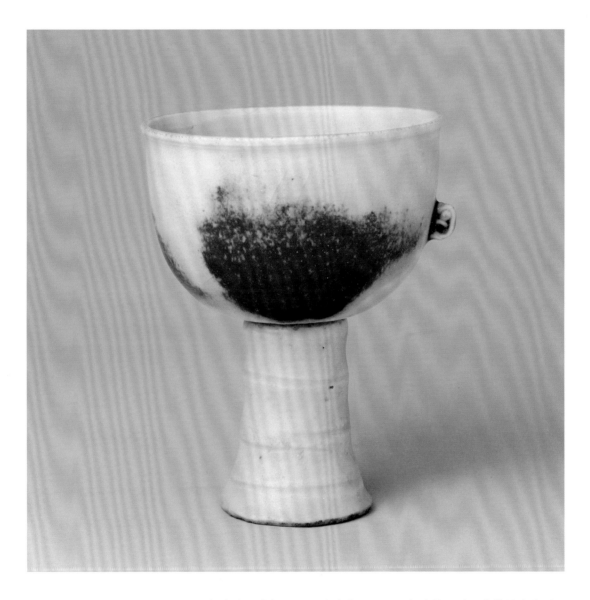

杯直腹，高柄足，足內中空，足上凸起弦紋三道。裏外施青白釉，器
身有釉裏紅斑三處，並有一凸起小圓繫。杯體與高足間有不脫活榫，
可使杯體旋轉。

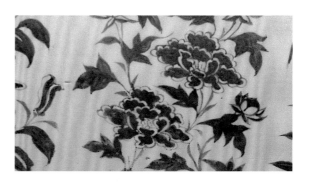

釉裏紅四季花卉紋尊
明洪武
通高 53 厘米　口徑 26.5 厘米　足徑 23.2 厘米

195

Underglaze red Zun with design of flowers of four
seasons
Hongwu period, Ming Dynasty
Overall height: 53cm　Diameter of mouth: 26.5cm
Diameter of foot: 23.2cm

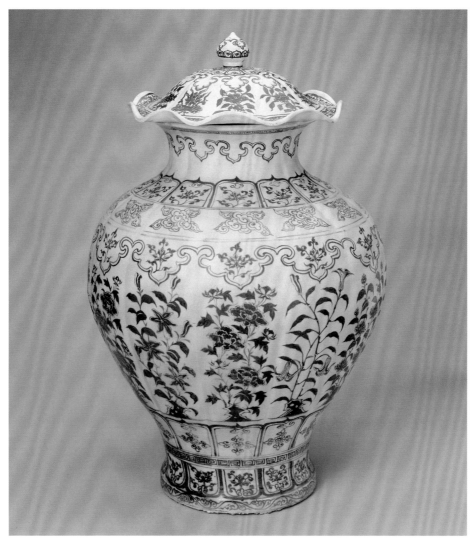

尊花瓣形，束頸，圓肩，斂腹，圈足。蓋拱頂，捲沿，呈荷葉形，寶
珠鈕。通體釉裏紅紋飾，口下飾如意雲頭紋，頸下部飾蓮瓣紋。肩上
部飾變形如意雲頭紋，下部飾如意雲頭紋，其內飾折枝花紋。腹飾串
枝花紋。近足處以回紋相隔，飾仰俯蓮瓣紋，其內飾花瓣紋和折枝花
紋，足牆飾忍冬紋。紋飾間共有青花綫兒道。蓋頂部飾蓮瓣紋、如意
雲頭紋、折枝花紋、忍冬紋，鈕飾如意雲頭紋和蓮瓣紋。

此器紋飾繁密細膩，舊稱"石榴尊"，是明洪武時的典型製品。

釉裏紅纏枝牡丹紋玉壺春瓶
明洪武
通高 33 厘米　口徑 8.4 厘米　足徑 11.3 厘米
清宮舊藏

Underglaze red pear-shaped vase with design of
interlocking peony sprays
Hongwu period, Ming Dynasty
Overall height: 33cm　Diameter of mouth: 8.4cm
Diameter of foot: 11.3cm
Qing court collection

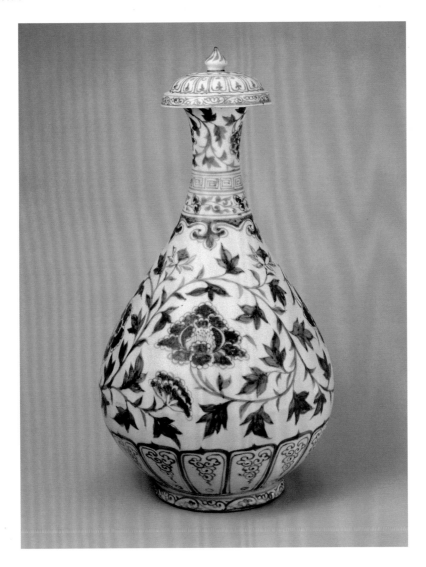

瓶撇口，細頸，垂腹，圈足，蓋拱頂，出沿，寶珠鈕。釉裏紅紋飾，
口沿下飾纏枝牡丹紋，頸下飾回紋、纏枝花紋，肩飾下垂變形如意雲
頭紋，腹飾纏枝牡丹紋，近足處飾蓮瓣紋，足牆飾忍冬紋。蓋鈕飾蓮
瓣紋，頂飾倒垂蓮瓣紋，沿飾忍冬紋。

明洪武時期的玉壺春瓶，紋飾題材豐富，構圖嚴謹，主題紋飾鮮明醒
目。由於銅紅呈色對於窯室條件相當敏感，能燒出這種釉裏紅佳品標
誌着此時陶瓷燒造技術已日臻完善。

此瓶獨特之處在於保留有完整的瓶蓋，因而是一件完美無缺的傳世品。

197

釉裏紅纏枝牡丹紋玉壺春瓶
明洪武
高 32.5 厘米　口徑 8.5 厘米　足徑 11.7 厘米
清宮舊藏

Underglaze red pear-shaped vase with design of
interlocking peony sprays
Hongwu period, Ming Dynasty
Height: 32.5cm　Diameter of mouth: 8.5cm
Diameter of foot: 11.7cm
Qing court collection

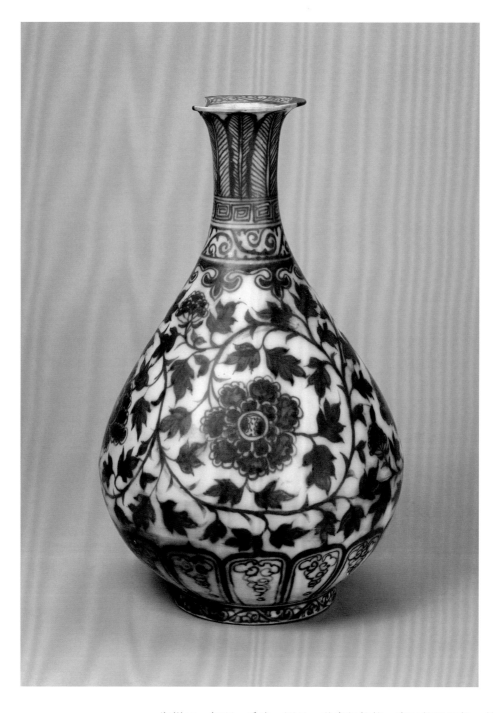

瓶撇口，細頸，垂腹，圈足。釉裏紅紋飾，裏口飾捲雲紋，外口沿下
飾蕉葉紋，下飾回紋，頸肩相交處飾忍冬紋，腹飾纏枝牡丹紋，近足
處飾變形連瓣紋，足牆飾忍冬紋。

釉裏紅纏枝蓮紋玉壺春瓶
明洪武
高 32 厘米　口徑 8.5 厘米　足徑 11.5 厘米

Underglaze red pear-shaped vase with design of
interlocking lotus sprays
Hongwu period, Ming Dynasty
Height: 32cm　Diameter of mouth: 8.5cm
Diameter of foot: 11.5cm

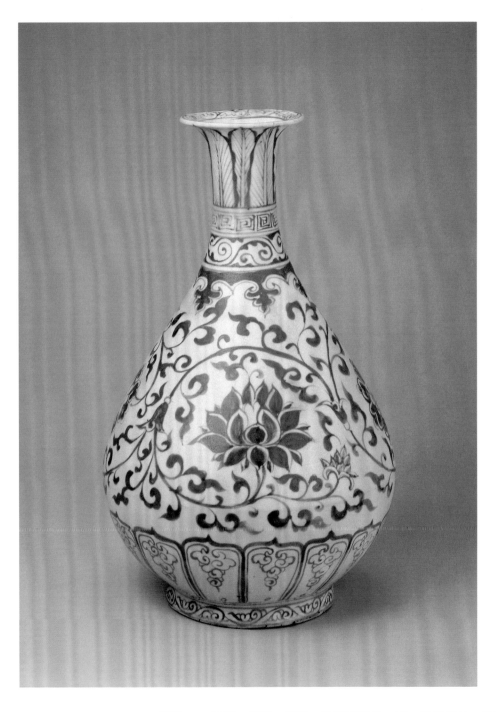

瓶撇口，細頸，垂腹，圈足。釉裏紅紋飾，裏口飾忍冬紋，頸飾蕉葉
紋、回紋，頸肩處飾忍冬紋，腹繪倒垂如意雲頭紋、纏枝蓮紋、仰蓮
瓣紋，足牆飾忍冬紋。

釉裏紅松竹梅紋玉壺春瓶
明洪武
高 33 厘米　口徑 8.8 厘米　足徑 11.3 厘米

Underglaze red pear-shaped vase with design of pine,
bamboo and prunus
Hongwu period, Ming Dynasty
Height: 33cm　Diameter of mouth: 8.8cm
Diameter of foot: 11.3cm

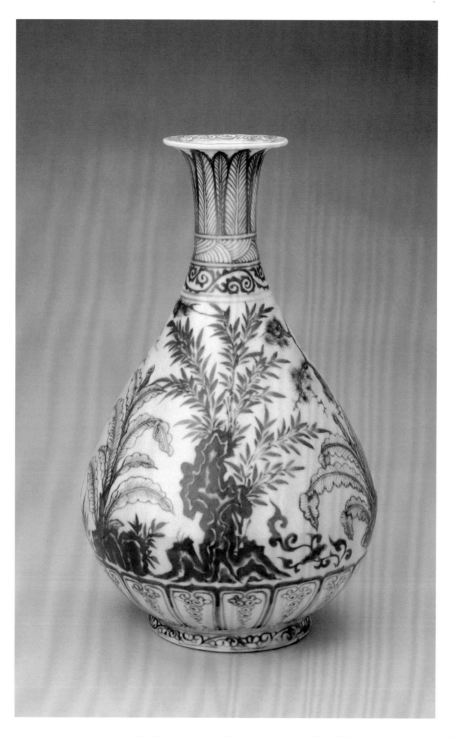

瓶撇口，細頸，垂腹，圈足。釉裏紅紋飾，口沿內繪忍冬紋，頸飾蕉
葉紋、海水紋、忍冬紋，腹繪松、竹、梅，輔以山石、蕉葉、靈芝紋
等，近足處飾蓮瓣紋，足牆飾忍冬紋。

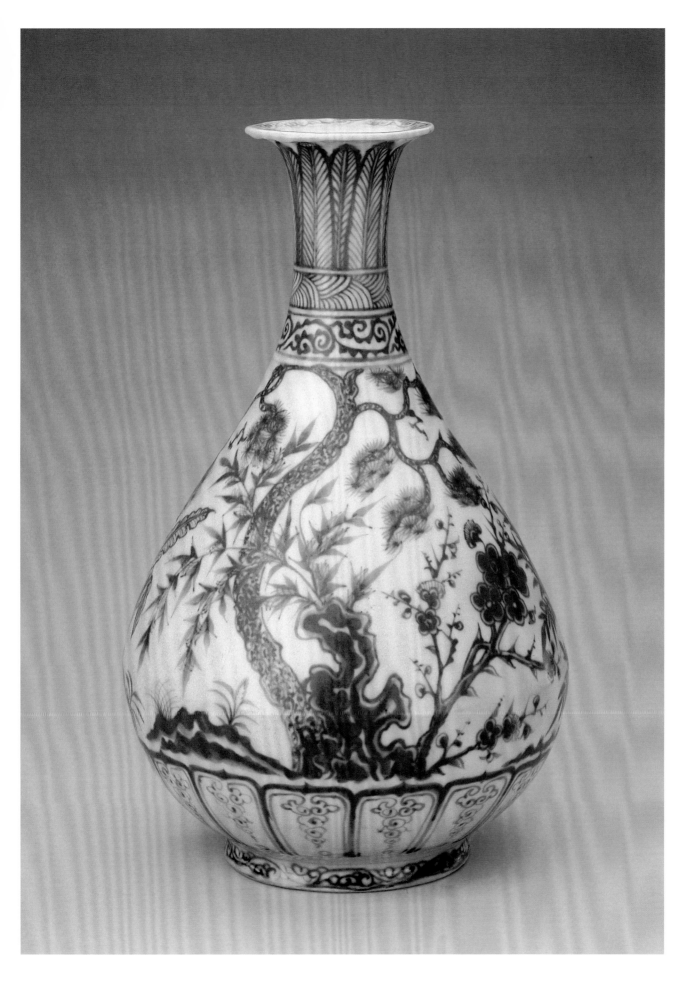

釉裏紅松竹梅紋玉壺春瓶
明洪武
高 33.3 厘米　口徑 8.7 厘米　足徑 11.3 厘米
清宮舊藏

Underglaze red pear-shaped vase with pine, bamboo,
prunus design
Hongwu period, Ming Dynasty
Height: 33.3cm　Diameter of mouth: 8.7cm
Diameter of foot: 11.3cm
Qing court collection

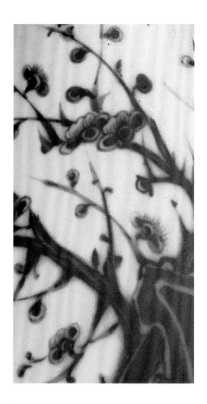

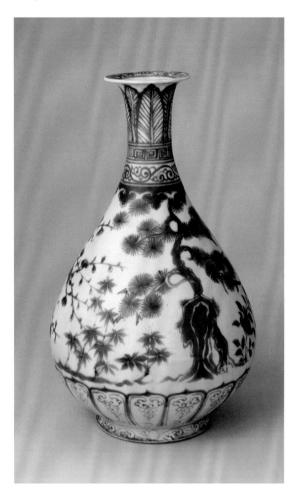

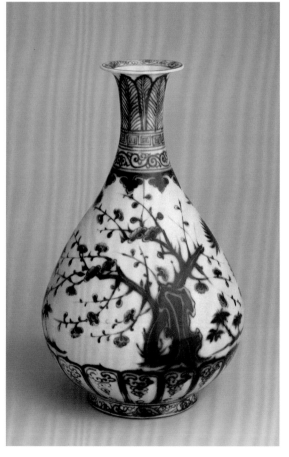

瓶口外撇，細頸，垂腹，圈足。釉裏紅紋飾，裏口飾忍冬紋，頸飾蕉葉紋、回紋、忍冬紋，腹繪松、竹、梅，輔以洞石、蕉葉紋等，近足處飾蓮瓣紋，足牆飾忍冬紋。

釉裏紅纏枝牡丹紋執壺
明洪武
高 32 厘米　口徑 7.3 厘米　足徑 11 厘米
清宮舊藏

Underglaze red ewer with design of interlocking peony
sprays
Hongwu period, Ming Dynasty
Height: 32cm　Diameter of mouth: 7.3cm
Diameter of foot: 11cm
Qing court collection

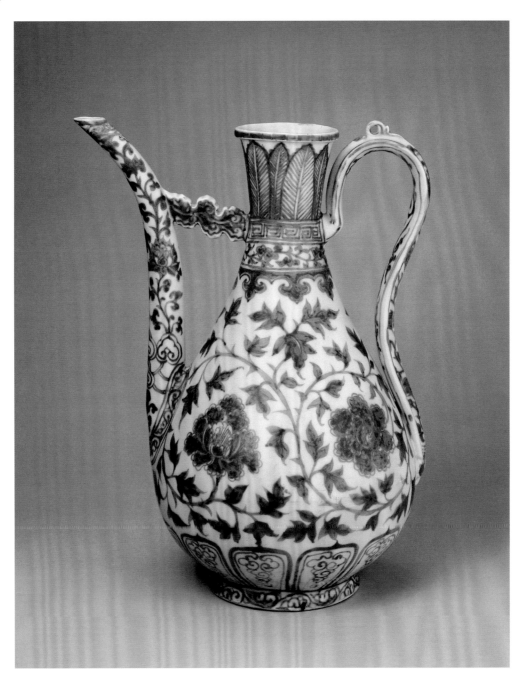

壺唇口，垂腹，圈足。一側有彎流，流、頸間有雲板相連接，一側有
曲柄，柄上端有一小繫。釉裏紅紋飾，口沿飾回紋，頸飾蕉葉紋、回
紋、纏枝花紋，肩飾倒垂如意雲頭紋，腹繪纏枝牡丹紋，近足處飾蓮
瓣紋，足牆飾忍冬紋。

釉裏紅纏枝牡丹紋軍持

明洪武
高 15 厘米　口徑 2.5 厘米　足徑 7.5 厘米
清宮舊藏

Underglaze red kendi with design of interlocking peony
sprays
Hongwu period, Ming Dynasty
Height: 15cm　Diameter of mouth: 2.5cm
Diameter of foot: 7.5cm
Qing court collection

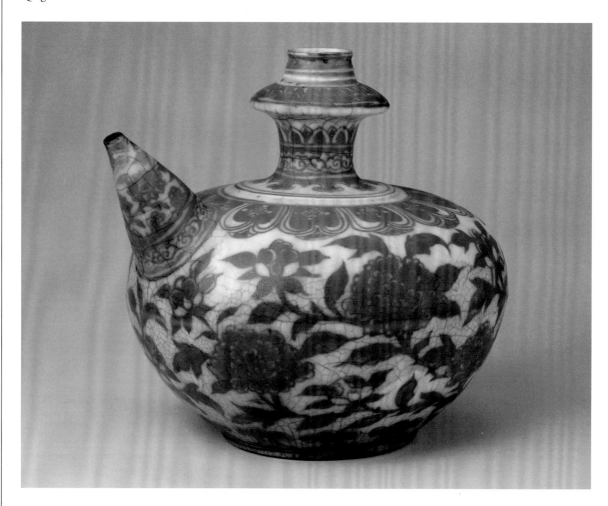

器小口出沿，短頸，扁球形腹，平底。一側有流，小口，無執柄。釉裏紅紋飾，口下飾變形蓮瓣紋，頸飾蓮瓣紋、靈芝紋、雲頭紋，肩飾倒垂蓮瓣紋，腹繪纏枝牡丹紋。

軍持為僧侶和伊斯蘭教徒的飲水和盥洗器，源自梵文的譯音。明初洪武年間，雖然一度實行海禁，但瓷器輸出沒有停止。這時的軍持作為宗教器物，被遠銷到亞洲、非洲和歐洲許多國家和地區，特別是東南亞地區，出土了大量元末明初的釉裏紅和其他品種的軍持，說明當地教徒對中國軍持十分青睞。

釉裏紅纏枝牡丹紋軍持
明洪武
高 14 厘米　口徑 8.3 厘米　足徑 7.1 厘米
清宮舊藏

Underglaze red kendi with design of interlocking peony
sprays
Hongwu period, Ming Dynasty
Height: 14cm　Diameter of mouth: 8.3cm
Diameter of foot: 7.1cm
Qing court collection

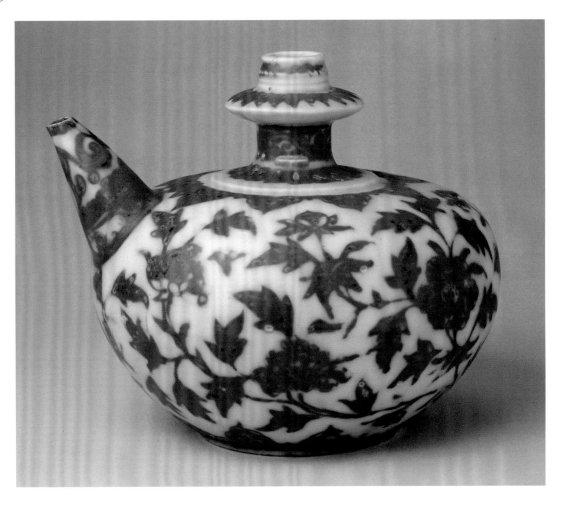

器小口出沿，短頸，扁球形腹，平底。一側有流，無執柄。釉裏紅紋
飾，頸飾忍冬紋、蕉葉紋、蓮瓣紋，腹繪纏枝牡丹紋，近底處飾仰蕉
葉紋。

此軍持釉色潔白潤澤，紅彩鮮明豔麗。牡丹在宋代即被稱為"富貴之
花"，明初沿襲前代觀念，將其作為瓷器的裝飾，並以纏枝牡丹紋，
寓"繁榮富貴，綿綿不絕"之意。

釉裏紅折枝牡丹紋軍持
明洪武
高 13.5 厘米　口徑 2.4 厘米　足徑 7.5 厘米
清宮舊藏

Underglaze red kendi with design of plucked peony sprays
Hongwu period, Ming Dynasty
Height: 13.5cm　Diameter of mouth: 2.4cm
Diameter of foot: 7.5cm
Qing court collection

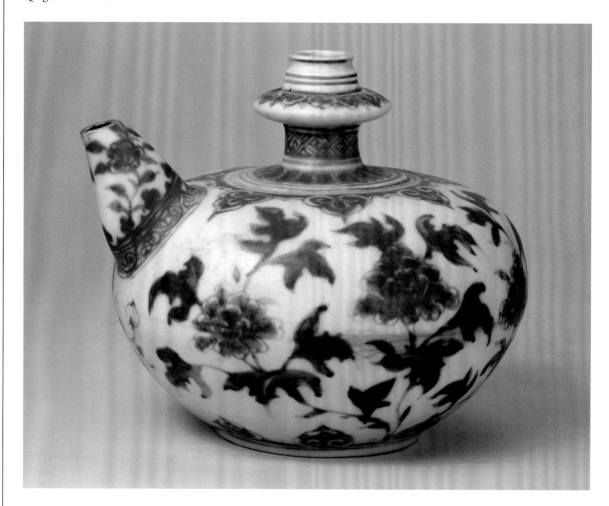

軍持小口出沿，短頸，扁球形腹，平底。一側有流，無執柄。釉裏紅紋飾，口沿下飾弦紋，出沿飾如意雲頭紋，頸飾錦紋，肩飾蓮瓣紋、如意雲頭紋，腹飾折枝牡丹紋，近底處飾如意雲頭紋；口流飾忍冬紋及折枝牡丹紋。

釉裏紅園景芭蕉紋盤
明洪武
高 8.9 厘米　口徑 45.6 厘米　足徑 26.8 厘米
清宮舊藏

Underglaze red plate with design of garden scene and
banana
Hongwu period, Ming Dynasty
Height: 8.9cm　Diameter of mouth: 45.6cm
Diameter of foot: 26.8cm
Qing court collection

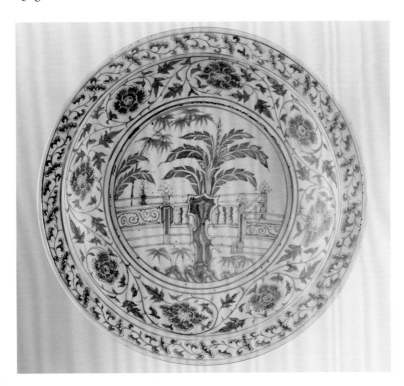

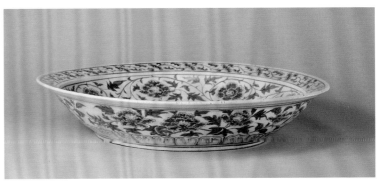

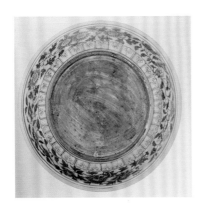

盤折沿。釉裏紅紋飾，盤心飾欄杆、山石、芭蕉、翠竹紋，裏壁飾纏
枝牡丹紋，折沿飾纏枝花；外壁飾纏枝花卉紋、仰蓮瓣紋。

206

釉裏紅山石牡丹紋盤
明洪武
高 8.9 厘米　口徑 45.5 厘米
足徑 26.7 厘米
清宮舊藏

Underglaze red plate with peony
and rock design
Hongwu period, Ming Dynasty
Height: 8.9cm
Diameter of mouth: 45.5cm
Diameter of foot: 26.7cm
Qing court collection

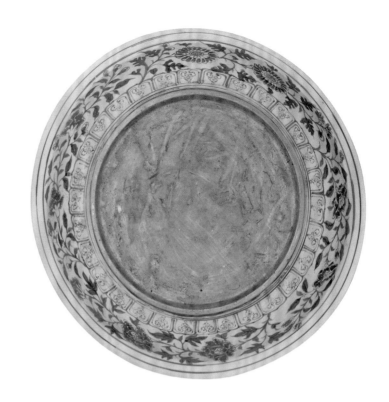

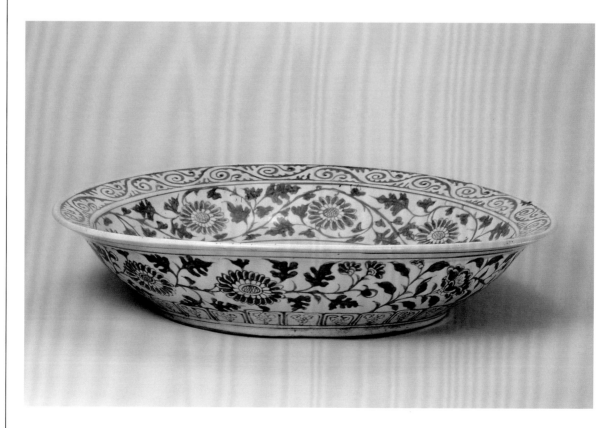

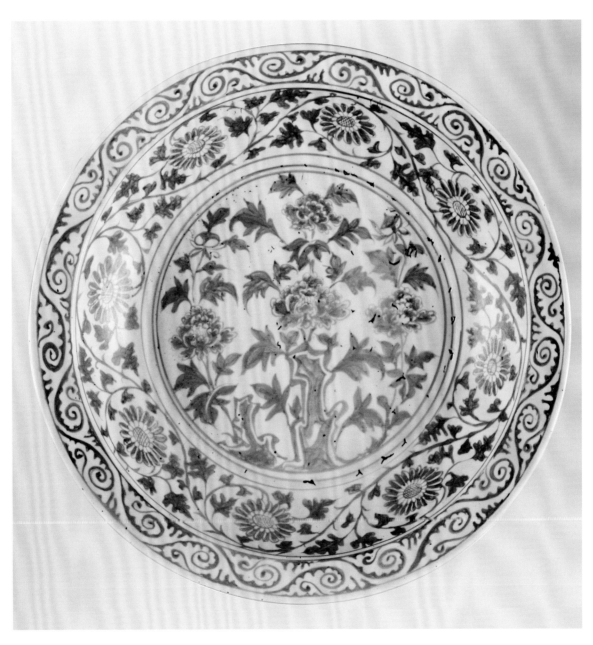

盤折沿，淺弧腹。釉裏紅紋飾，盤心繪山石牡丹紋，裏壁飾纏枝菊花紋，口沿飾忍冬紋，外壁飾折枝花卉紋、仰蓮瓣紋。

釉裏紅牡丹紋盤
明洪武
高 9.9 厘米　口徑 59 厘米　足徑 34.8 厘米
清宮舊藏

Underglaze red plate with peony design
Hongwu period, Ming Dynasty
Height: 9.9cm　Diameter of mouth: 59cm
Diameter of foot: 34.8cm
Qing court collection

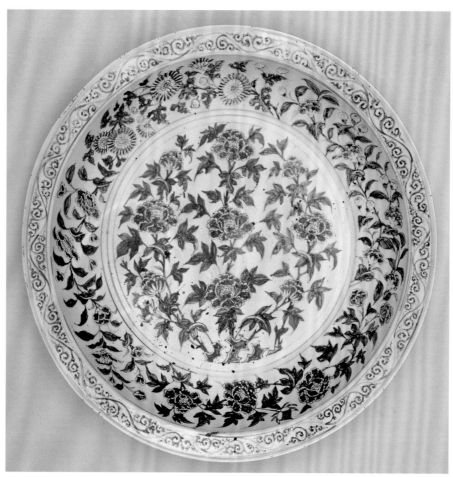

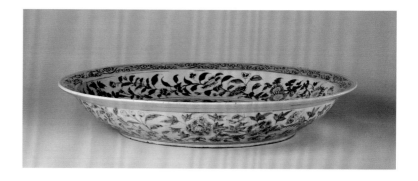

盤折沿，淺弧腹。釉裏紅紋飾，盤心繪牡丹紋，外環以弦紋，裏外壁
繪纏枝牡丹、石榴、菊花、茶花等四季花卉紋，折沿飾忍冬紋。

釉裏紅牡丹菊花紋盤
明洪武
高 9.7 厘米　口徑 46 厘米　足徑 26.6 厘米
清宮舊藏

**Underglaze red plate with design of peony and
chrysanthemum**
Hongwu period, Ming Dynasty
Height: 9.7cm　Diameter of mouth: 46cm
Diameter of foot: 26.6cm
Qing court collection

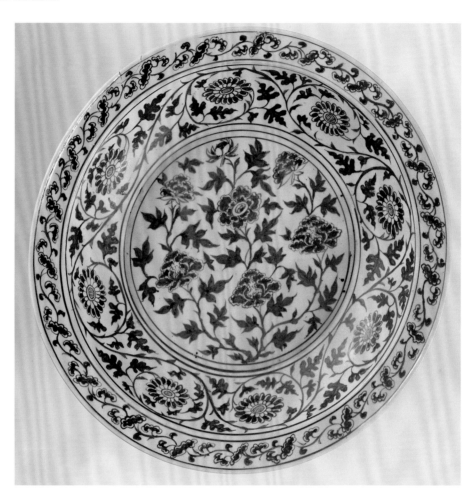

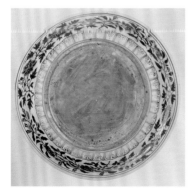

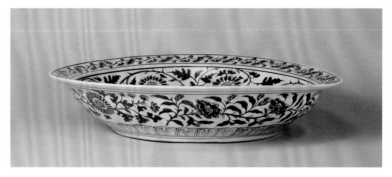

盤折沿，淺弧腹。釉裏紅紋飾，盤心繪牡丹紋，外環以弦紋，裏壁飾
纏枝菊紋，折沿飾纏枝花紋；外壁飾纏枝花紋、仰蓮瓣紋。

此器紋飾繁密，繪製工整，以牡丹象徵春，以菊花象徵秋。

釉裏紅牡丹菊花紋盤
明洪武
高 9.6 厘米　口徑 46.3 厘米　足徑 26.7 厘米
清宮舊藏

Underglaze red plate with design of peony and
chrysanthemum
Hongwu period, Ming Dynasty
Height: 9.6cm　Diameter of mouth: 46.3cm
Diameter of foot: 26.7cm
Qing court collection

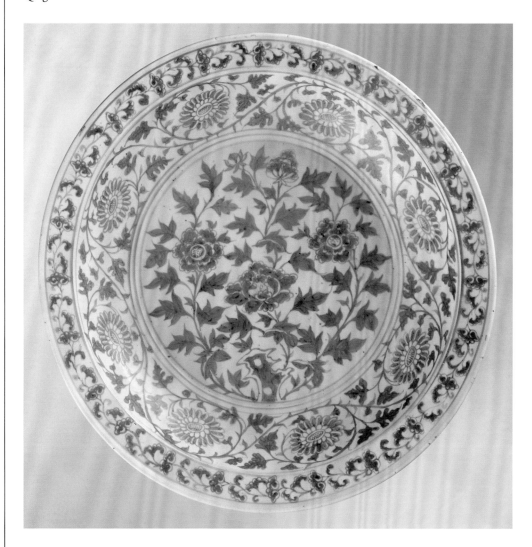

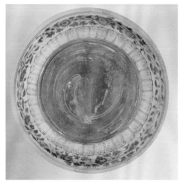

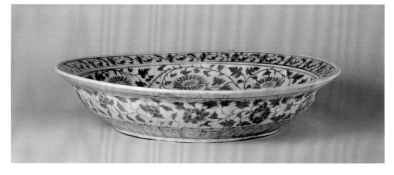

盤折沿，淺弧腹。釉裏紅紋飾，盤心繪洞石牡丹紋，外環以弦紋，裏
壁飾纏枝菊花紋，折沿飾纏枝花紋；外壁飾纏枝花紋、仰蓮瓣紋。

釉裏紅牡丹菊花紋盤
明洪武
高 10.2 厘米　口徑 59 厘米　足徑 35.8 厘米
清宮舊藏

Underglaze red plate with peony and chrysanthemum
design
Hongwu period, Ming Dynasty
Height: 10.2cm　Diameter of mouth: 59cm
Diameter of foot: 35.8cm
Qing court collection

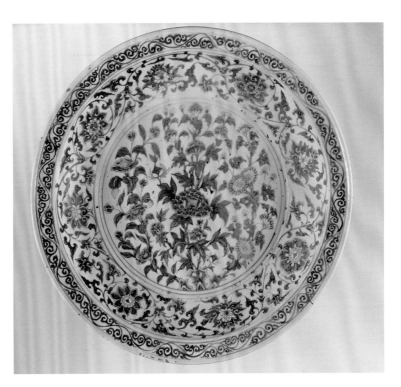

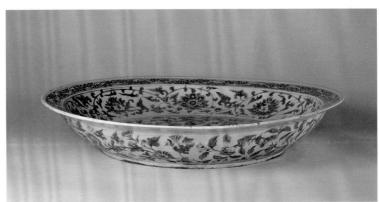

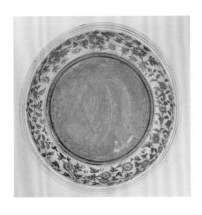

盤折沿，淺弧腹。釉裏紅紋飾，盤心飾洞石牡丹、菊花紋，外環以弦
紋，裏壁飾纏枝蓮紋，折沿飾忍冬紋，外壁飾纏枝牡丹紋、菊花紋。

此器形制較大，繪工精細，寓意吉祥，牡丹、菊花表示春秋，洞石一
稱"壽石"。

釉裏紅荷花牡丹紋盤
明洪武
高 12.3 厘米　口徑 58.5 厘米　足徑 37 厘米
清宮舊藏

Underglaze red plate with design of lotus and peony
Hongwu period, Ming Dynasty
Height: 12.3cm　Diameter of mouth: 58.5cm
Diameter of foot: 37cm
Qing court collection

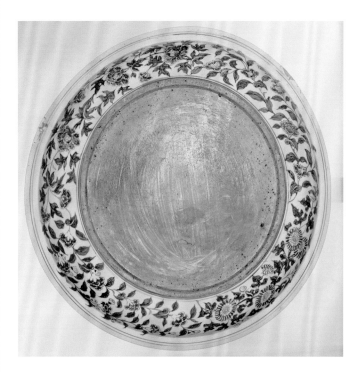

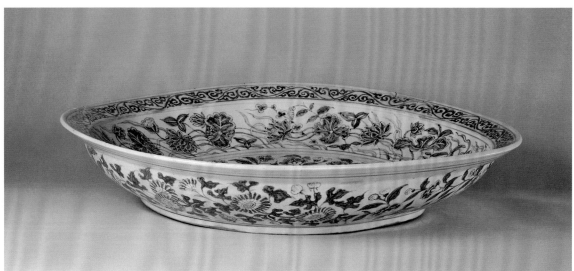

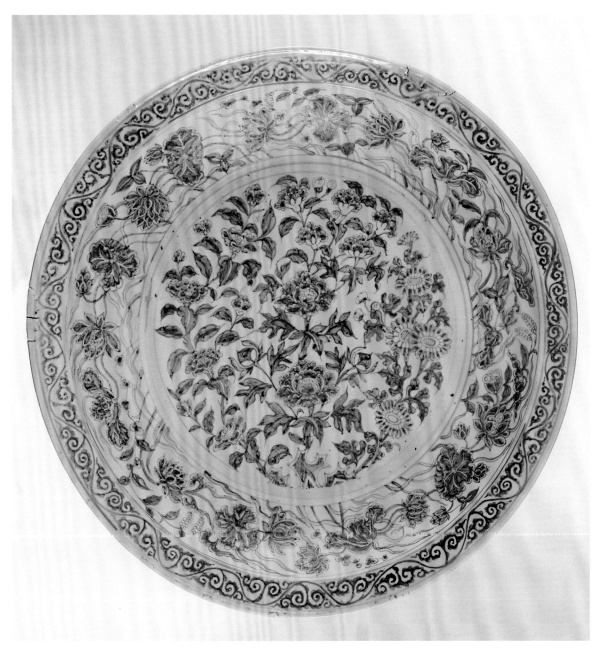

盤折沿,淺弧腹。釉裏紅紋飾,盤心繪牡丹、石榴、菊花、茶花、洞石紋,外環飾弦紋,裏壁飾荷塘蓮花紋,折沿飾忍冬紋,外壁飾纏枝花卉紋。

此器紋飾構思別致,盤心用春、秋、冬三季陸地花卉組成團花,環周是荷塘,在夏日熏風的吹動下,水起漣漪,花葉搖曳,十分生動。

釉裏紅菊花紋盤
明洪武
高 8.6 厘米　口徑 46.8 厘米　足徑 27.8 厘米
清宮舊藏

Underglaze red plate with chrysanthemum design
Hongwu period, Ming Dynasty
Height: 8.6cm　Diameter of mouth: 46.8cm
Diameter of foot: 27.8cm
Qing court collection

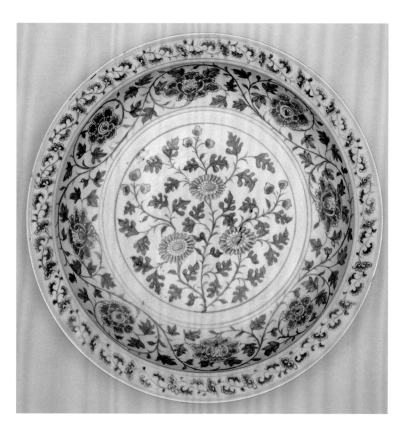

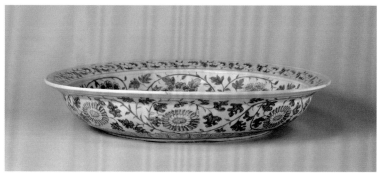

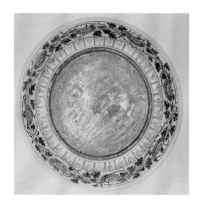

盤折沿，淺弧腹。釉裏紅紋飾，盤心飾折枝菊紋，裏壁飾纏枝牡丹紋，
折沿飾纏枝花紋；外壁飾纏枝菊紋一周，近底處飾仰蓮瓣紋。

213

釉裏紅荷花紋盤
明洪武
高 9 厘米　口徑 47.1 厘米　足徑 28.8 厘米
清宮舊藏

Underglaze red plate with lotus design
Hongwu period, Ming Dynasty
Height: 9cm　Diameter of mouth: 47.1cm
Diameter of foot: 28.8cm
Qing court collection

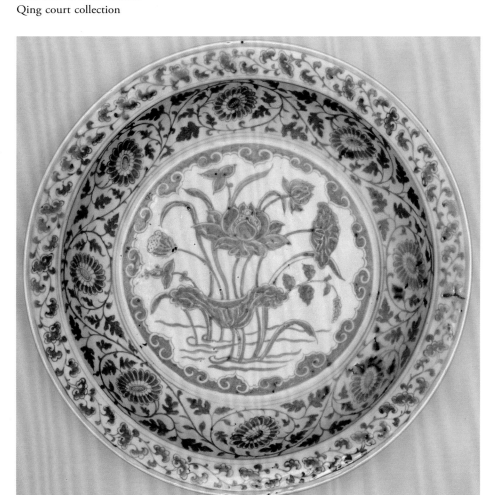

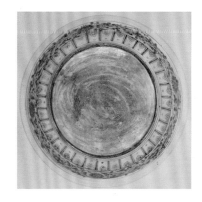

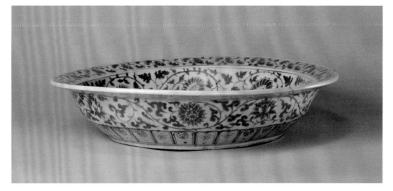

盤折沿，淺弧壁。釉裏紅紋飾，盤心繪荷塘蓮花，外環飾如意雲頭紋，
裏壁飾纏枝菊花紋，折沿處飾纏枝花紋，外壁飾纏枝蓮紋，近底處飾
仰蓮瓣紋。

釉裏紅四季花卉紋盤
明洪武
高 10.9 厘米　口徑 57.7 厘米　足徑 35.2 厘米
清宮舊藏

Underglaze red plate with design of flowers of four
seasons
Hongwu period, Ming Dynasty
Height: 10.9cm　Diameter of mouth: 57.7cm
Diameter of foot: 35.2cm
Qing court collection

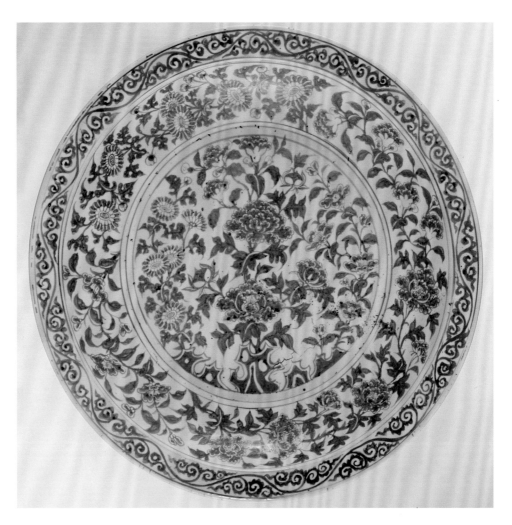

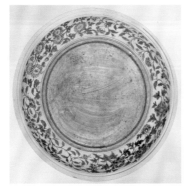

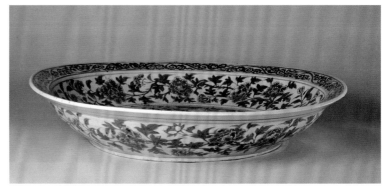

盤折沿，淺弧腹，圈足。釉裏紅紋飾，盤心繪洞石四季花卉紋，裏外
壁花卉同盤心，飾纏枝牡丹、石榴、菊花、茶花紋，折沿飾忍冬紋。

215

釉裏紅四季花卉紋盤
明洪武
高 10.5 厘米　口徑 58 厘米　足徑 35.3 厘米
清宮舊藏

Underglaze red plate with design of flowers of four seasons
Hongwu period, Ming Dynasty
Height: 10.5cm　Diameter of mouth: 58cm
Diameter of foot: 35.3cm
Qing court collection

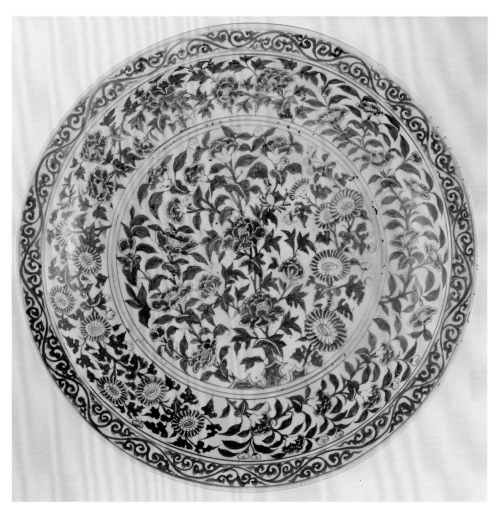

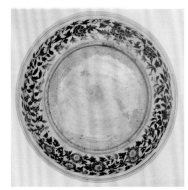

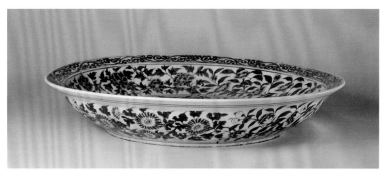

盤折沿，淺弧腹，圈足。釉裏紅紋飾，盤心飾洞石花卉紋，裏外壁花卉同盤心，飾纏枝牡丹、菊花、石榴、茶花紋，折沿飾忍冬紋。

216

釉裏紅牡丹紋花口盤
明洪武
高 12.9 厘米　口徑 54.8 厘米　足徑 34.8 厘米
清宮舊藏

Underglaze red plate with a flower-petal mouth
decorated with peony design
Hongwu period, Ming Dynasty
Height: 12.9cm　Diameter of mouth: 54.8cm
Diameter of foot: 34.8cm
Qing court collection

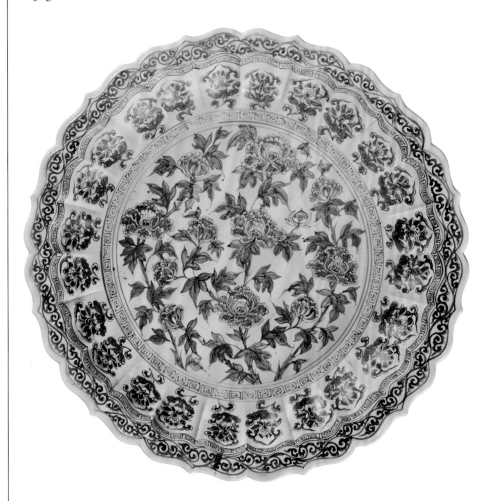

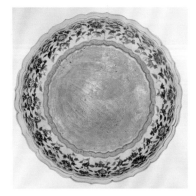

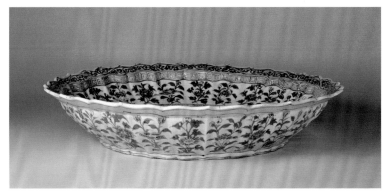

盤花瓣式，折沿，淺弧腹，圈足。釉裏紅紋飾，盤心繪三株折枝牡丹
花，外環以回紋，裏壁飾折枝蓮紋，外環以回紋，折沿飾忍冬紋，外
壁飾折枝牡丹、月季、石榴、菊花等花卉紋。

234

217

釉裏紅折枝牡丹紋花口盤
明洪武
高 8.8 厘米　口徑 45 厘米　足徑 25.7 厘米
清宮舊藏

Underglaze red plate with a flower-petal mouth
decorated with design of plucked peony sprays
Hongwu period, Ming Dynasty
Height: 8.8cm　Diameter of mouth: 45cm
Diameter of foot: 25.7cm
Qing court collection

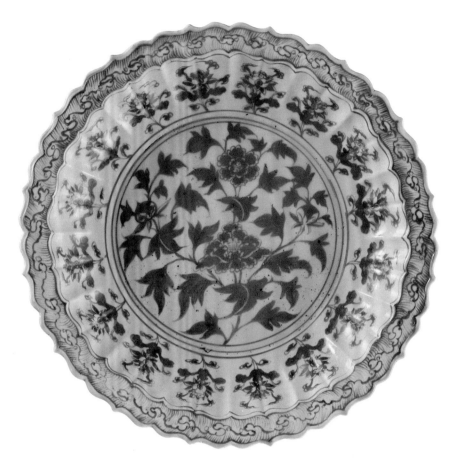

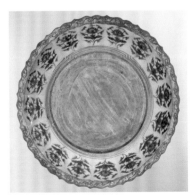

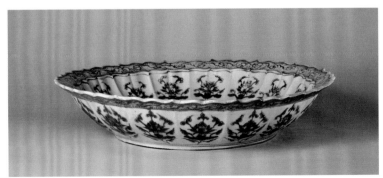

盤為花瓣式。盤心繪折枝牡丹紋，裏壁飾蓮瓣紋，其紋內飾折枝花卉紋，裏外口繪海水紋；外壁飾折枝花卉紋。

此盤器型規整，繪工精細，盤心所飾單株牡丹，枝葉舒展，與當時繁密的裝飾風格有所不同。

釉裏紅折枝牡丹紋花口盤
明洪武
高 9 厘米　口徑 45 厘米　足徑 26.3 厘米
清宮舊藏

Underglaze red plate with flower-petal mouth decorated
with design of plucked peony sprays
Hongwu period, Ming Dynasty
Height: 9cm　Diameter of mouth: 45cm
Diameter of foot: 26.3cm
Qing court collection

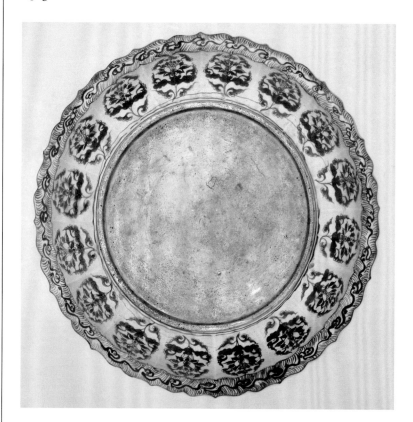

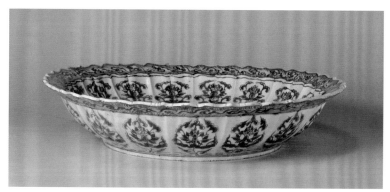

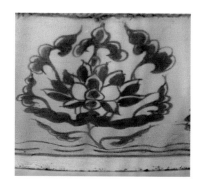

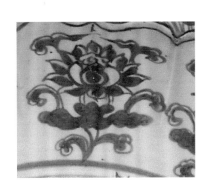

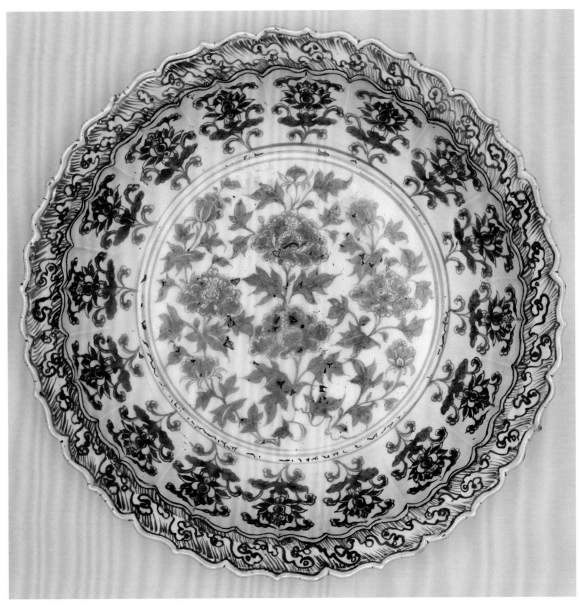

盤為花瓣式。盤心繪山石及折枝牡丹紋，裏外壁均飾折枝花卉紋，裏外口均飾海水紋。

此盤心紋飾的紅釉不甚均勻，繪有三株牡丹，下承山石，山石只勾出輪廓，未加暈染，由此可以推想出其繪製程序。

釉裏紅折枝牡丹紋花口盤
明洪武
高 8.2 厘米　口徑 47.5 厘米　足徑 27.5 厘米
清宮舊藏

Underglaze red plate with flower-petal mouth decorated
with design of plucked peony sprays
Hongwu period, Ming Dynasty
Height: 8.2cm　Diameter of mouth: 47.5cm
Diameter of foot: 27.5cm
Qing court collection

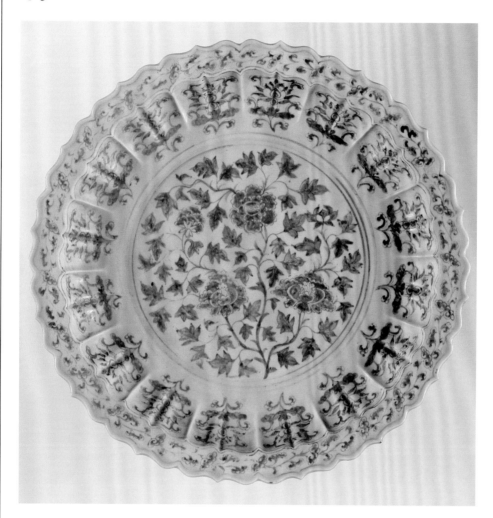

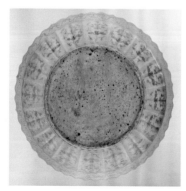
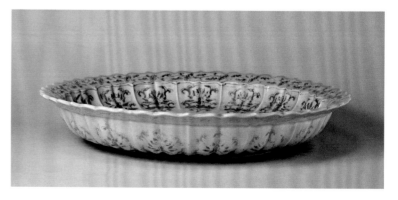

盤為花瓣式。釉裏紅紋飾，盤心繪折枝牡丹紋，裏壁飾折枝蓮紋，折
沿飾纏枝靈芝紋，折沿外部飾海水紋，外壁飾折枝蓮紋。

220

釉裏紅牡丹紋花口盤
明洪武
高 9.8 厘米　口徑 56.3 厘米　足徑 34.5 厘米
清宮舊藏

Underglaze red plate with flower-petal mouth decorated with peony design
Hongwu period, Ming Dynasty
Height: 9.8cm　Diameter of mouth: 56.3cm
Diameter of foot: 34.5cm
Qing court collection

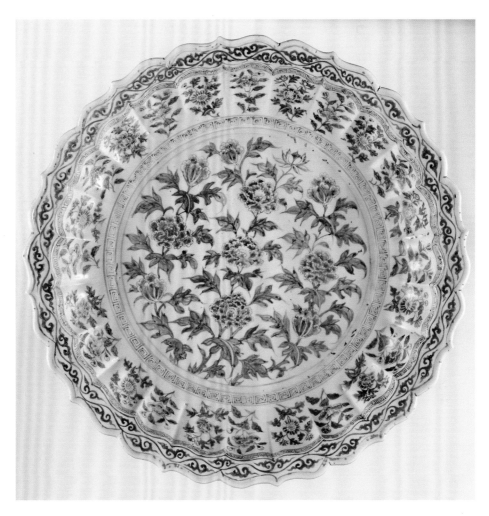

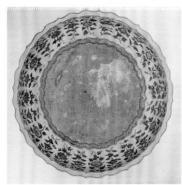

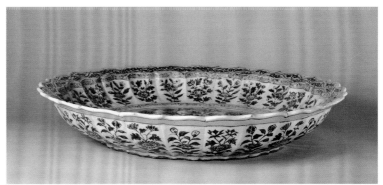

盤為花瓣式。釉裏紅紋飾，盤心繪折枝牡丹紋，外環飾回紋，裏外壁
繪折枝牡丹、月季、石榴、菊花紋，折沿處飾忍冬紋。

釉裏紅牡丹紋花口盤
明洪武
高 10.3 厘米　口徑 55 厘米　足徑 33.7 厘米
清宮舊藏

Underglaze red plate with flower-petal mouth decorated
with peony design
Hongwu period, Ming Dynasty
Height: 10.3cm　Diameter of mouth: 55cm
Diameter of foot: 33.7cm
Qing court collection

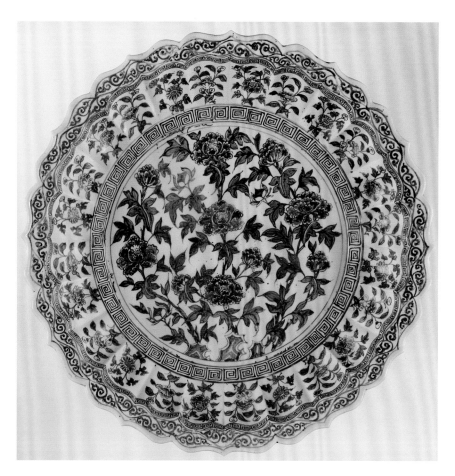

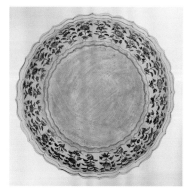

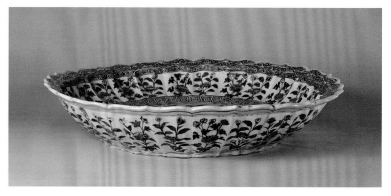

盤為花瓣式。釉裏紅紋飾，盤心飾折枝牡丹紋，以回紋環繞，裏外壁
均飾折枝花卉紋，裏口飾忍冬紋。

釉裏紅纏枝牡丹紋碗
明洪武
高 10 厘米　口徑 20.6 厘米　足徑 9.1 厘米
清宮舊藏

Underglaze red bowl with interlocking peony design
Hongwu period, Ming Dynasty
Height: 10cm　Diameter of mouth: 20.6cm
Diameter of foot: 9.1cm
Qing court collection

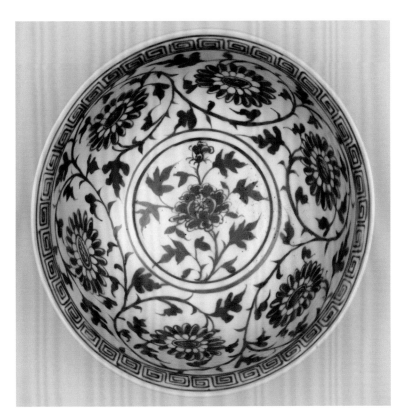

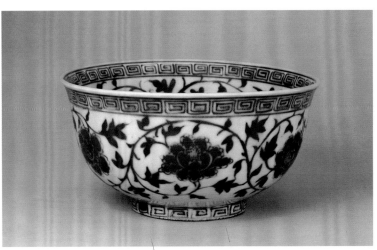

碗敞口，深弧腹，圈足。釉裏紅紋飾，碗心雙圈內飾折枝牡丹紋，裏壁飾纏枝菊花紋，裏外口及足牆均飾回紋，外壁飾纏枝牡丹紋。

此碗紅釉豔麗，紅白相映，十分醒目。

釉裏紅地白纏枝牡丹紋碗
明洪武
高 16.7 厘米　口徑 42 厘米　足徑 22.7 厘米

Underglaze red bowl with white interlocking peony
design
Hongwu period, Ming Dynasty
Height: 16.7cm　Diameter of mouth: 42cm
Diameter of foot: 22.7cm

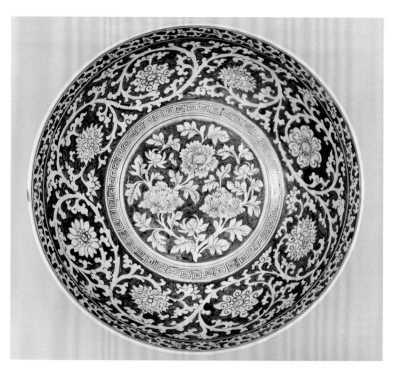

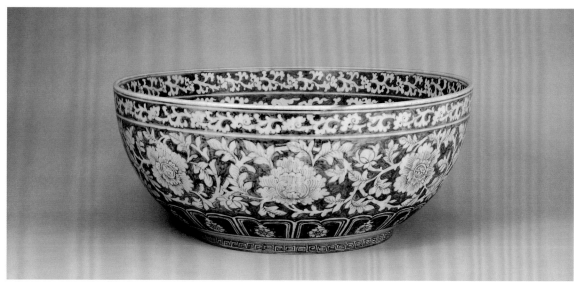

碗敞口，深弧腹。釉裏紅地留白紋飾，碗心飾折枝牡丹紋，外環以回
紋，裏壁飾纏枝花卉紋，外壁飾纏枝牡丹紋，裏外口均飾忍冬紋，近
足處飾蓮瓣紋、朵花紋，足牆飾回紋。

此碗形制頗大，造型敦厚，繪工至精，勾綫細膩規整。其裝飾以釉裏
紅為地，白釉為飾，這在洪武釉裏紅裝飾中較為少見。

釉裏紅纏枝花紋盞托
明洪武
高 3 厘米　口徑 20 厘米　足徑 13 厘米

Undergalze red cup-saucer with interlocking flower
design
Hongwu period, Ming Dynasty
Height: 3cm　Diameter of mouth: 20cm
Diameter of foot: 13cm

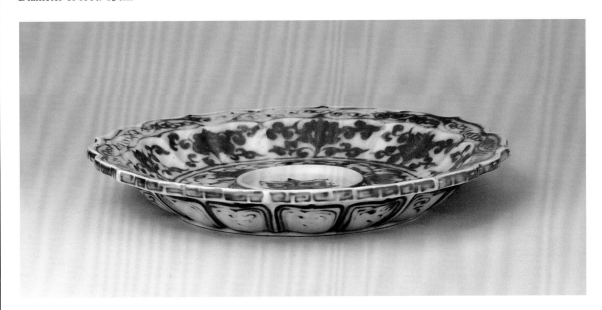

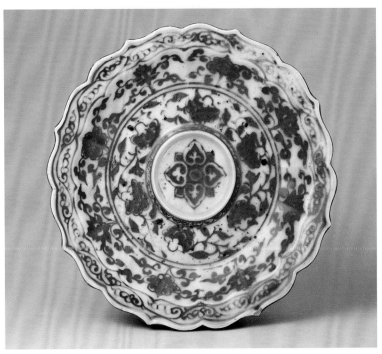

盞托菱花口，折沿，淺弧腹，圈足。釉裏紅紋飾，裏心飾十字小花紋，
外環飾纏枝花卉紋，裏壁飾折枝蓮花紋、牡丹紋，裏口飾忍冬紋，外
口下飾回紋，外壁飾仰蓮瓣紋。

釉裏紅纏枝花紋盞托
明洪武
高 3 厘米　口徑 20 厘米　足徑 13 厘米

Underglaze red cup-saucer with interlocking flower
design
Hongwu period, Ming Dynasty
Height: 3cm　Diameter of mouth: 20cm
Diameter of foot: 13cm

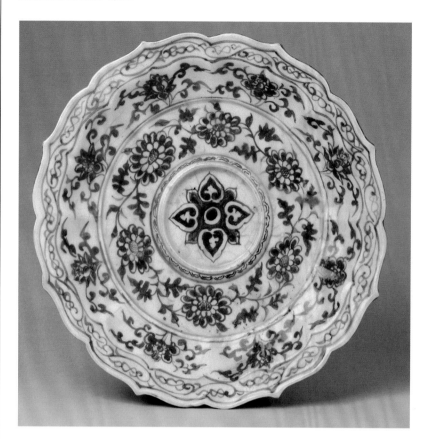

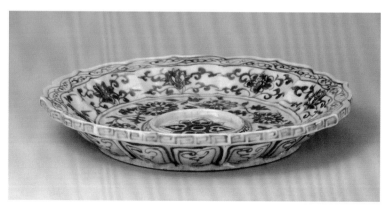

盞托菱花口，折沿，淺弧腹，圈足。釉裏紅紋飾，裏心飾小朵十字花紋，外環以纏枝菊花紋，裏壁飾折枝蓮紋，裏口飾忍冬紋，外壁飾仰蓮瓣紋。

釉裏紅三魚紋高足杯
明宣德
高 8.8 厘米　口徑 9.9 厘米　足徑 4.4 厘米

Underglaze red stem-cup with three fish design
Xuande period, Ming Dynasty
Height: 8.8cm　Diameter of mouth: 9.9cm
Diameter of foot: 4.4cm

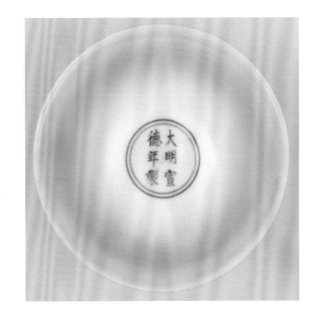

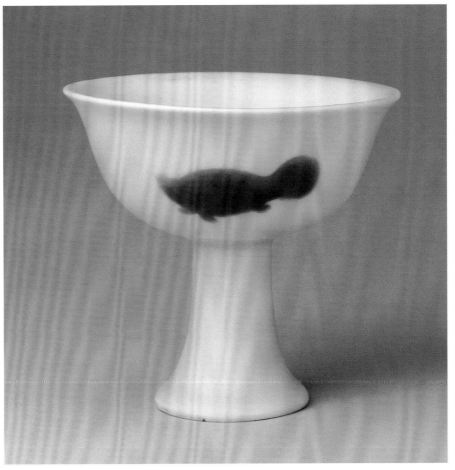

杯撇口，深弧腹，高足中空外撇。外壁繪釉裏紅鱖魚。杯心青花雙圈內書"大明宣德年製"楷書款。

宣德釉裏紅燒製極為成功，形成鮮豔的寶石紅色，擺脫了元末明初那種黑紅、粉紅的晦暗色調。此器色彩濃鬱鮮亮，自然明快，是宣德釉裏紅瓷器的傑出代表。

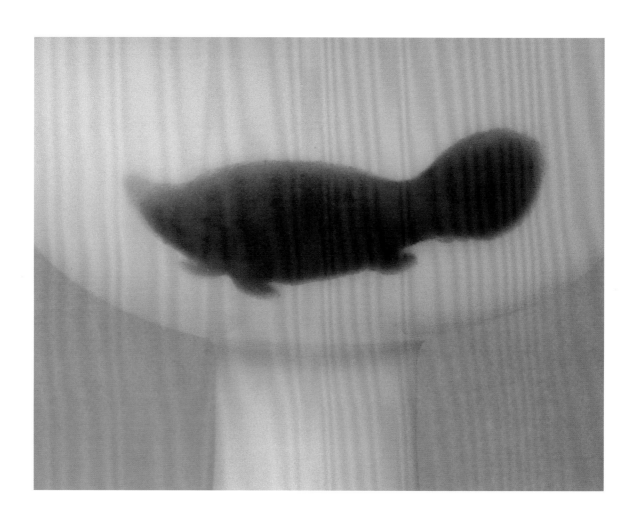

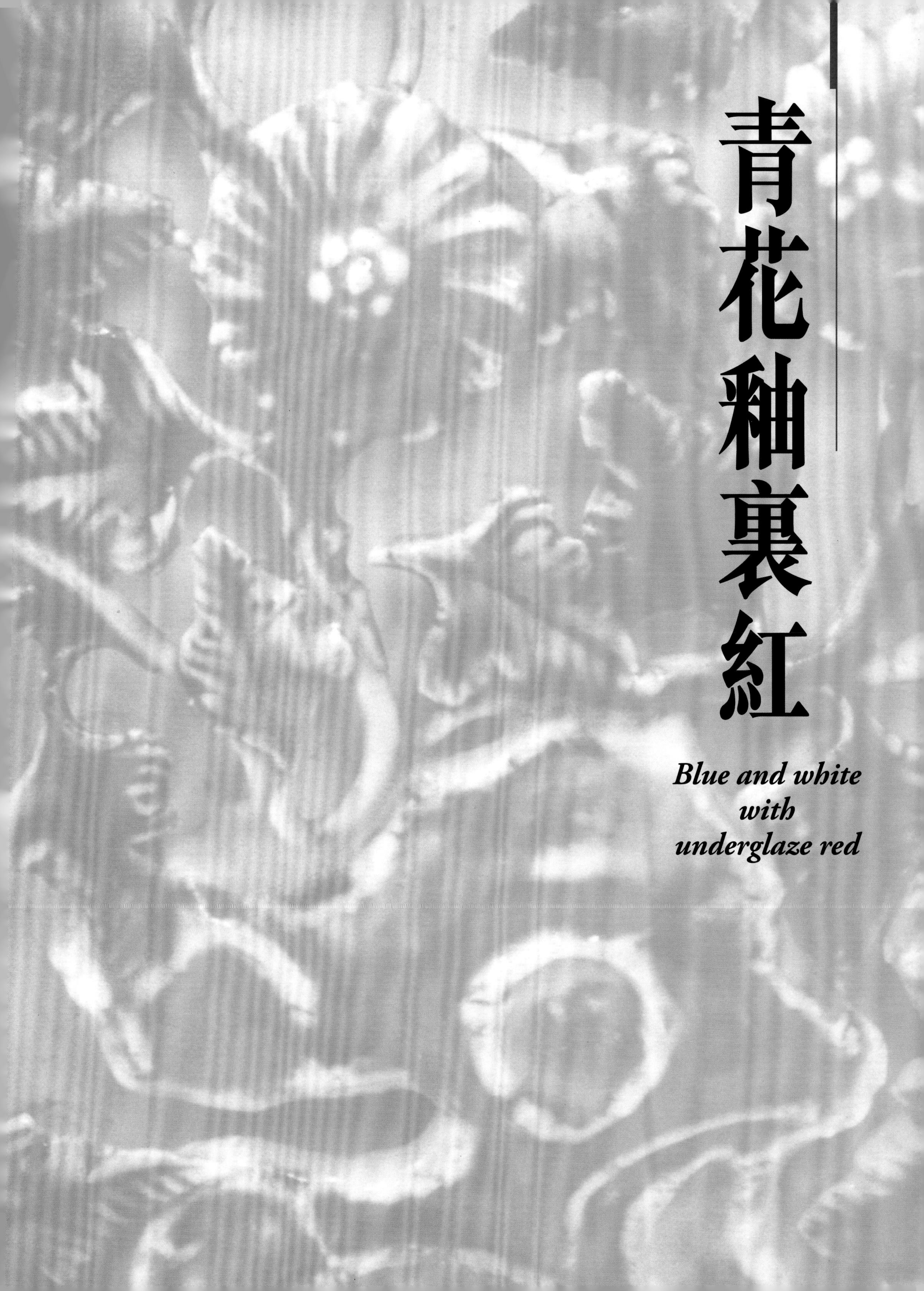

青花釉裏紅

Blue and white
with
underglaze red

青花釉裏紅鏤花花卉紋蓋罐

元

通高 42.3 厘米　口徑 15.2 厘米　足徑 18.5 厘米
1965 年河北保定窖藏出土

Blue and white jar with underglaze red floral design in open work
Yuan Dynasty
Overall height: 42.3cm　Diameter of mouth: 15.2cm
Diameter of foot: 18.5cm
Unearthed in Baoding, Hebei Province, 1965

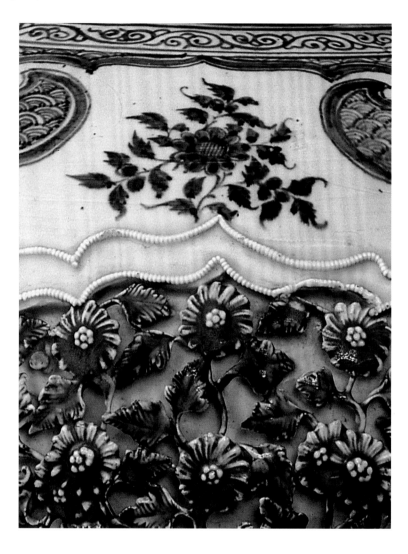

罐直口，溜肩，圓腹下漸斂，圈足。蓋面隆起，直邊，獅鈕。通體青花釉裏紅紋飾，頸飾纏枝牡丹紋，肩飾青花忍冬紋，並飾下垂如意雲頭紋，雲頭紋內飾蓮池紋，雲頭紋之間飾對稱折枝牡丹紋。腹貼塑雙菱形串珠開光，內分別鏤雕山石牡丹、菊花等四種花卉紋，其中以青花飾葉，釉裏紅飾花朵及山石。腹下部飾翻捲蓮花紋、忍冬紋，近足處飾蓮瓣紋，其紋內飾倒垂寶相花紋。蓋面飾倒垂蓮瓣紋內繪朵雲紋。

工藝如此複雜的器物目前傳世品僅見四件，其鏤花裝飾在元代瓷器上較罕見，製作技藝嫻熟。由於與青花相比，高溫銅紅釉對燒成條件的要求更為苛刻，因此，在二者共飾一器的情況下，欲使青花和紅釉均發色純正，難度就更大。由此可知，此件大罐的成功燒造，實屬不易。

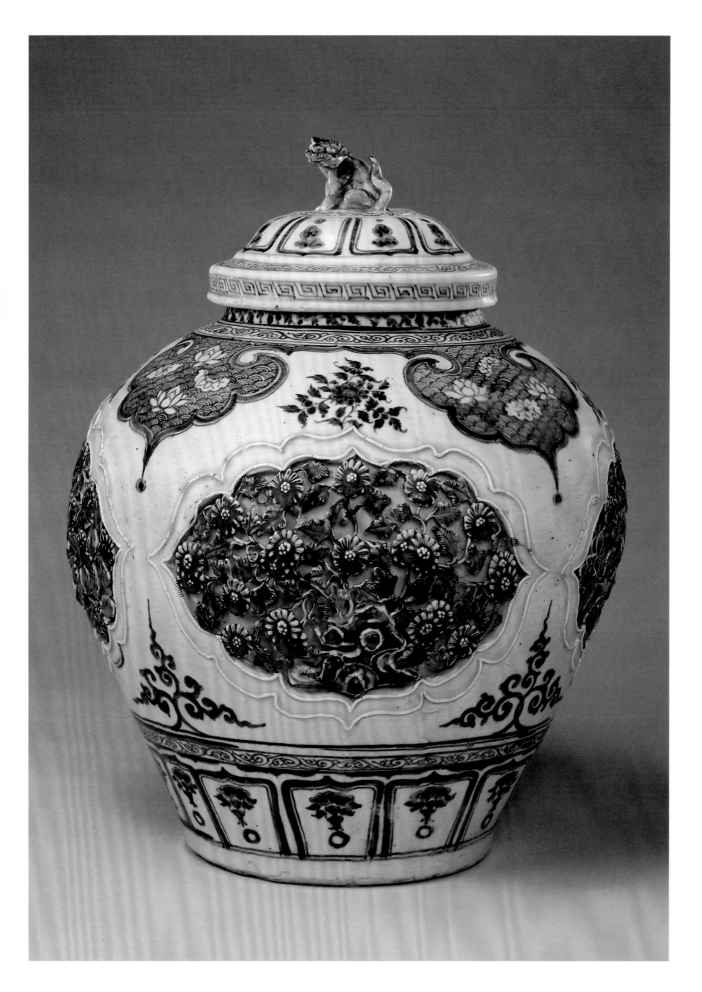

249

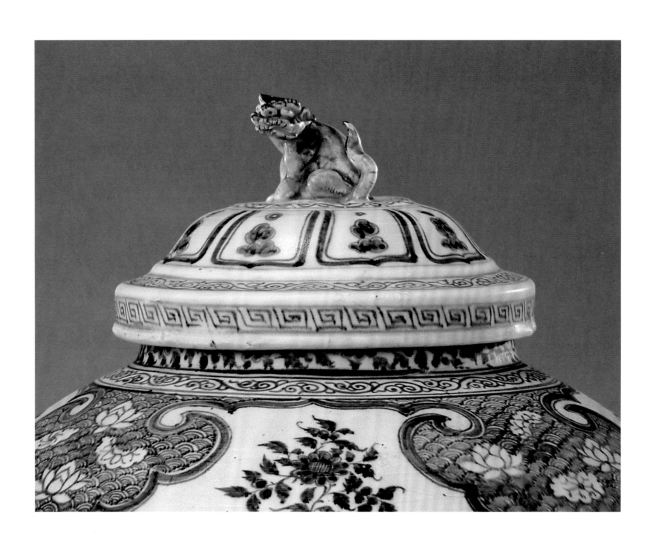

青花加彩

*Blue and white
over
gold colours*

青花紅彩海水龍紋盤

明宣德
高 4.4 厘米　口徑 22 厘米　足徑 14 厘米
清宮舊藏

Blue and white plate with design of dragons in red waves
Xuande period, Ming Dynasty
Height: 4.4cm　Diameter of mouth: 22cm
Diameter of foot: 14cm
Qing court collection

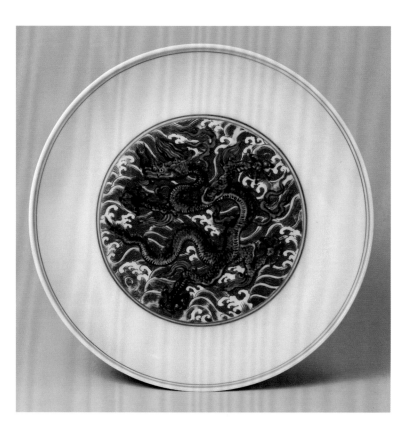

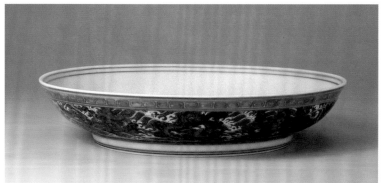

盤敞口，淺弧腹，圈足。青花紅彩紋飾，盤心繪海水蛟龍，外口下飾回紋，外壁飾九條蛟龍翻騰於海水浪花間。

此器青花與紅彩相結合，是當時一種新穎的工藝形式，兩種色彩互相輝映，襯以素白釉，十分鮮明。

229

青花紅彩海水龍紋碗
明宣德
高 10.7 厘米　口徑 15.3 厘米　足徑 7.6 厘米
清宮舊藏

Blue and white bowl with design of dragons in red waves
Xuande period, Ming Dynasty
Height: 10.7cm　Diameter of mouth: 15.3cm
Diameter of foot: 7.6cm
Qing court collection

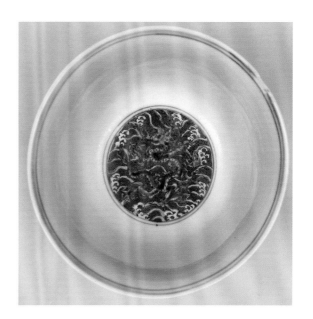

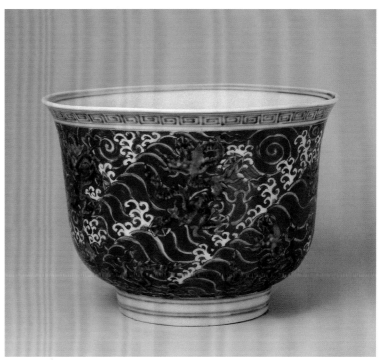

碗墩式，敞口，深弧腹，圈足。碗心飾青花龍紅彩海水；外口沿飾青花回紋，外壁飾青花龍九條翻騰於礬紅彩海水浪花之中，足牆飾青花綫兩道。

此器先繪九條青花龍，再用以氧化鐵為着色劑的礬紅畫出浪花，經低溫燒成，這是一種以釉上礬紅烘托釉下青花主題紋飾的大膽嘗試。這種不拘一格的誇張手法收到不同凡響的藝術效果。

230

青花紅彩海水龍紋合碗

明宣德

高 7.4 厘米　口徑 17.4 厘米　足徑 9.3 厘米

Blue and white bowl with fitted cover decorated with design of red dragons in waves

Xuande period, Ming Dynasty

Height: 7.4cm　Diameter of mouth: 17.4cm
Diameter of foot: 9.3cm

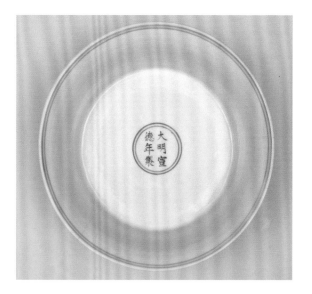

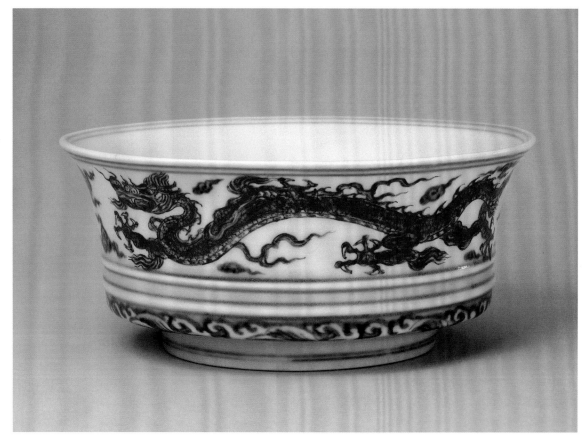

碗撇口，折腹，圈足。外壁凸起弦紋兩道，上部繪青花朵雲紋及紅彩行龍，下繪青花海水。碗心青花雙圈內書 "大明宣德年製" 楷書款。

此碗色彩處理細膩，兩條紅龍僅以青花點睛，間繪小朵青花雲，其下襯托大片海水，形成紅藍兩個色彩層次，頗為典雅。

青花紅彩海水海獸紋高足杯
明宣德
高 9 厘米　口徑 10 厘米　足徑 4.4 厘米
清宮舊藏

Blue and white stem-cup with design of red sea monsters in waves
Xuande period, Ming Dynasty
Height: 9cm　Diameter of mouth: 10cm
Diameter of foot: 4.4cm
Qing court collection

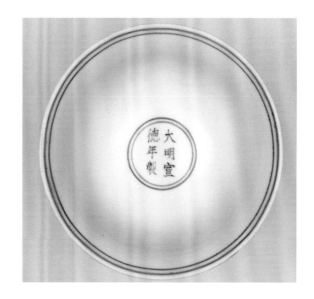

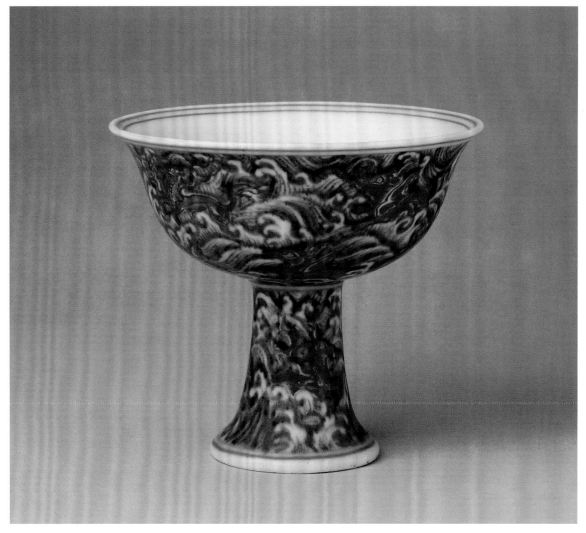

杯撇口，深弧腹，高足外撇，足端實心平底。外壁滿繪青花海水地，
上飾礬紅彩海馬、海象、海羊等傳說中的海中異獸。杯心青花雙圈內
書 "大明宣德年製" 楷書款。

青花金彩纏枝苜蓿花紋碗
明永樂
高 6.4 厘米　口徑 14.9 厘米　足徑 5.4 厘米

Blue and white bowl with interlocking alfalfa design in
gold colours
Yongle period, Ming Dynasty
Height: 6.4cm　Diameter of mouth: 14.9cm
Diameter of foot: 5.4cm

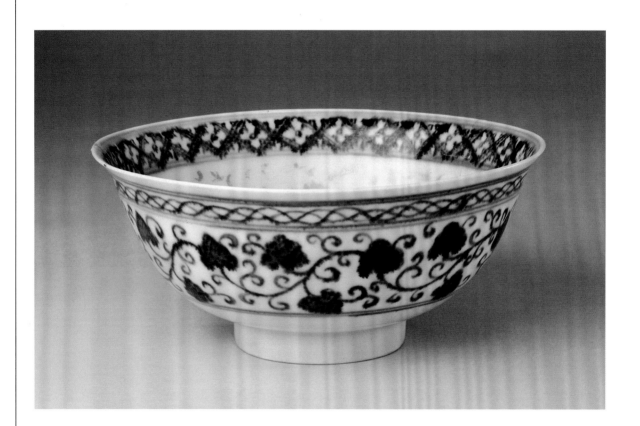

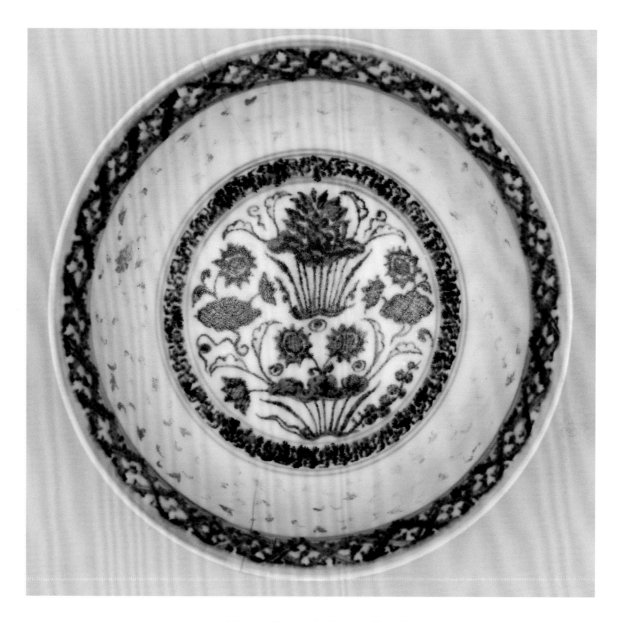

碗撇口，深弧腹，圈足。青花加金彩紋飾，碗心飾荷葉蓮花紋，裏壁
飾描金纏枝花卉紋，裏口沿下飾菱形花紋，外口沿下飾曲綫紋，外壁
飾纏枝苜蓿紋。

青花金彩始於明代永樂年間。先以青花畫出紋樣燒成後，再施以金
彩，於低溫中燒成，從而形成金碧輝煌的裝飾效果。